铁道运输行业精品教材

列车调度指挥

主　编　陈锦生　靳丽丽

副主编　桑　炜　杨雪蓉　李朝阳

编　委　高双喜　孙　莉　胡　斌　王萌萌
邓　岚　罗　斌　王　玮　陈云麟
王丽仙　贾振锋　刘友志　孙　铁
王东梁

西南交通大学出版社

·成　都·

图书在版编目（CIP）数据

列车调度指挥／陈锦生，靳丽丽主编. —成都：西南交通大学出版社，2020.3
铁道运输行业精品教材
ISBN 978-7-5643-7384-9

Ⅰ. ①列… Ⅱ. ①陈… ②靳… Ⅲ. ①列车调度－高等职业教育－教材 Ⅳ. ①U284.59

中国版本图书馆 CIP 数据核字（2020）第 034658 号

铁道运输行业精品教材

Lieche Diaodu Zhihui
列车调度指挥

主编　陈锦生　靳丽丽

责任编辑　周　杨
封面设计　墨创文化

出版发行　西南交通大学出版社
（四川省成都市二环路北一段 111 号
西南交通大学创新大厦 21 楼）
发行部电话　028-87600564　028-87600533
邮政编码　610031
网　　址　http://www.xnjdcbs.com
印　　刷　四川森林印务有限责任公司
成品尺寸　185 mm × 260 mm
印　　张　11.75
字　　数　286 千
版　　次　2020 年 3 月第 1 版
印　　次　2020 年 3 月第 1 次
书　　号　ISBN 978-7-5643-7384-9
定　　价　36.00 元

课件咨询电话：028-81435775
图书如有印装质量问题　本社负责退换

前 言

Preface

铁路运输调度担负着组织客货运输、保证国家重点运输、提高客货服务质量、确保运输安全的重要责任，对完成铁路运输生产经营任务，提高铁路运输企业效益起着重要作用。随着我国铁路的快速发展，铁路运输调度指挥面临的压力也越来越大。目前各铁路局都存在一个共同的问题，那就是缺乏优秀的调度指挥人才。

作为铁路职业院校最主要的任务就是为铁路培养高技能人才，而人才的培养需要系统的、细致的、与专业岗位所需理论知识及操作技能联系紧密的专业教材，本书就是以工作项目为导向开发的适合培养高技能人才的新型教材。本书以《铁路运输调度规则》（技术规章编号：TG/CW103-2017）为基础，按项目的形式进行编写，以铁路运输行车专业岗位所需的理论知识和操作技能为主，对铁路运输调度工作的内容做了全面的描述，内容主要包括铁路运输调度基础知识、列车运行图、调度工作计划、调度命令、列车调度指挥、调度工作图表绘制、调度工作分析等。

本书由湖南高速铁路职业技术学院铁道运输学院陈锦生和靳丽丽主编，湖南高速铁路职业技术学院应夏晖教授和中国铁路广州局集团有限公司调度所副主任谢郡明主审。具体编写人员如下：项目一：湖南高速铁路职业技术学院靳丽丽、孙莉；项目二：湖南高速铁路职业技术学院桑炜、杨雪蓉、陈锦生；项目三、项目四、项目五：湖南高速铁路职业技术学院陈锦生；项目六：湖南高速铁路职业技术学院陈锦生、靳丽丽、李朝阳、胡斌；项目七：湖南高速铁路职业技术学院陈锦生、靳丽丽；项目八：湖南高速铁路职业技术学院陈锦生。广铁集团人事部（党委组织部）直属干部科高级经济师陈云麟、职工培训部教育科王丽仙、科技和信息化部王东梁、广州南车站职教科贾振锋、衡阳车务段刘友志、中国铁路北京局集团有限公司计统部孙轶参与了部分内容的讨论与编写。

本书在编写过程中得到了中国铁路广州局集团有限公司、中国铁路北京局集团有限公司、中国铁路南昌局集团有限公司、中国铁路上海局集团有限公司、兰州交通大学、西南交通大学等单位许多教授、专家的大力支持，在此表示衷心的感谢。本书编写过程中参考引用了许多关于铁路运输调度指挥的文献和规章规定，在此谨向有关专家及中国国家铁路集团有限公司致以衷心的感谢。

由于编写时间较为仓促，且鉴于编写人员知识水平和实践经验的局限性，书中不妥之处在所难免，我们真诚期待广大读者多提宝贵意见，以便今后修订和完善。

编　者

2019年10月

目 录

Contents

项目一　运输调度基础知识认知

【项目表述】

该项目是学习铁路运输调度指挥的基础，主要介绍铁路运输调度的机构设置情况，各级调度职责范围以及调度工作的制度，使学生先在整体上对调度指挥系统有个整体的认识，为后续的各种调度指挥工作任务的学习打下良好的基础。

【拟实现的目标】

1. 能力目标

能够对铁路运输调度的基本任务和组织机构进行较为完整的描述，会说出各个调度工种之间的关系，能描述各个调度机构的职责范围。

2. 知识目标

掌握铁路调度指挥的原则，运输调度的基本任务，各级调度机构的设置与人员分工情况，各级调度的作业内容与职责范围，以及调度工作的基本制度；熟知《铁路技术管理规程》等规章的有关规定。

3. 素质目标

培养学生吃苦耐劳、爱岗敬业的品质，从学习各级调度之间的关系中学会联劳协作，培养学生的组织能力和团队协作能力。

1.1　工作任务

任务一：绘制铁路运输调度组织机构图，并说明各级调度和各个调度工种的职责；学生充当各级调度人员，模拟进行调度指挥联系工作。

任务二：以一个铁路局为例，请学生对该铁路局合理设置各调度台，并划定各调度台的管辖范围。

任务三：请根据本项目的知识点，制定一个详细的铁路局调度工作制度细则，例如制定详细的调度学习制度细则或卫生制度细则。

任务四：模拟开展日常工作会议（交班会、接班会、碰头会等）。

1.2 任务前准备

完成任务以小组为单位，每个组 5 ~ 7 人为宜，组内进行一定的分工，共同协调完成工作任务，工作任务中所需的备品、材料、资料、参考文献等由小组成员提前准备。

人员安排情况：根据实际情况具体安排行车调度员 1 名、计划调度员 1 名、机车调度员 1 名、车站值班员 2 名、值班主任 1 名。

1.3 相关知识点

1.3.1 铁路调度基本概念和意义

什么是调度？“调”指的是调动、指挥、决策，即工作组织、任务分配、决策落实；“度”指的是尺度、进度、平衡，即效果、效率、质量。两者只有结合起来才能完全地概括“调度”工作的综合性，调度既是生产也是管理，更是效率、效益的体现。铁路运输调度不仅要调动铁路各部门组织生产，还要把握各部门生产的过程、生产的结合、生产的效率、生产的结果。

铁路各部门涉及种类多，互相之间基本都有直接联系。所有部门的存在，其实都是围绕一个工作：以快捷、方便、舒适、成本最低的方式将人、物按照要求输送到目的地。铁路运输具有持续性、全天候性的特点，其涉及工种、部门、专业繁多：车、机、工、电、辆、建设、信息等部门；客运、货运、行车、计划等专业；还有我国铁路的基础性质、公益性功能，更加需要某个部门，具备统一指挥、协调、组织功能，将铁路这个复杂的大联动机组织起来顺利运转，这就是铁路调度部门。

1.3.2 铁路运输调度原则

铁路运输调度工作是整个铁路运输组织过程中不可缺少的核心组成部分，它担负着铁路日常运输的组织、协调、指挥工作。由于铁路运输具有高度集中、各个工作环节紧密联系的特点。因此，铁路运输组织工作，必须贯彻“安全生产、集中领导、统一指挥、逐级负责”的原则。铁路运输调度是铁路日常运输组织的指挥中枢，各级调度机构分别代表各级领导组织指挥日常运输工作。对完成铁路运输生产经营任务，提高铁路运输企业效益起着重要作用。各级调度人员必须精心组织，科学调度指挥，努力增运增收、节支降耗，保证铁路运输的安全。

1.3.3 铁路运输调度的基本任务

铁路运输调度就是要科学合理地组织车流，经济合理地使用车辆和其他运输设备，各部门密切配合、协同动作，确保列车按图行车，完成各项运输生产任务，为经济建设和人民生活服务，其基本任务是：

（1）贯彻执行国家运输政策，完成国家重点运输任务，如军事运输、重点物资运输等。

（2）根据运输市场的变化，科学地组织客流和货流，提高客、货运输服务质量，不断提高铁路运输企业的社会效益和经济效益。

（3）正确地编制和执行运输工作日常计划。

（4）在确保铁路运输安全的基础上，完成和超额完成各项经营指标和技术指标。

（5）组织列车按运行图行车，实现列车编组计划和列车运行图的要求，经济合理地使用机车车辆和运输设备，充分利用现有通过能力，提高运输效率。

凡与运输有关各部门、各工种都必须在运输调度的统一组织指挥下，进行日常生产活动。为此各级调度人员应做到：

（1）熟悉有关站段及列车的技术设备、作业过程、各项技术作业标准及各站接发列车的有关规定，正确地指挥列车运行。

（2）值班中要精力集中、坚守岗位、严格遵守规章制度，正确及时处理问题。

（3）遇有施工慢行、设备故障、设备技改、“空隙”施工、区间装卸、天气不良等情况和对区间封锁、开通的处理，除列车调度员严格遵守有关规定外，值班主任（值班副主任）应加强检查。

（4）当得到现场关于列车、线路出现危及行车安全的报告时，应及时指示有关人员立即停车，查明情况，妥善处理。

（5）双线反方向行车，必须确认区间空闲。

（6）超限超重货物车辆的挂运，必须纳入日（班）计划，根据超限超重货物运输批示电报和超限超重车辆挂运通知单规定的运行条件，由列车调度员以调度命令下达有关站段。

（7）遇车辆动态安全系统预报的故障，列车调度员根据红外线调度员的通知，确认车次，及时安排列车停车检查。

1.3.4　调度组织机构的设置

我国铁路实行中国国家铁路集团有限公司（以下简称国铁集团）、各铁路局集团有限公司（以下简称铁路局）和车站三级调度管理制度。各级调度机构在国铁集团统一领导下实行分级管理。

铁路运输调度工作实行“分组管理、集中统一指挥”的原则。国铁集团设调度部，铁路局设调度所（设综合、安全、技术教育、生产分析、统计室，行车、计划、货运、客运、特运、施工、机车、车辆、供电、工务、电务调度室等），技术站设调度室。

国铁集团设值班处长、调度员；铁路局值班调度设值班主任、值班副主任、主任调度员、调度员；技术站值班调度设值班站长、车站调度员（设调度室的技术站应设室主任、副主任）。国铁集团、铁路局、技术站调度分别代表国铁集团董事长、铁路局局长、车站站长，根据分级管理、统一指挥的原则，分别负责全国铁路、铁路局和车站的日常运输组织指挥工作。

国铁集团值班处长、铁路局值班主任、车站值班站长分别领导一班工作。在组织日常运输工作中，下级调度必须服从上级调度的指挥；国铁集团、铁路局、车站各工种调度及有关人员分别由值班处长、值班主任、值班站长统一组织指挥。在确保安全生产的前提下，国铁集团调度统一指挥各铁路局和专业公司完成运输生产经营任务；铁路局调度统一指挥管内运输生产单位完成运输生产经营任务；技术站调度统一指挥本站完成运输生产经营任务。

铁路三级调度机构关系如图 1-1 所示。

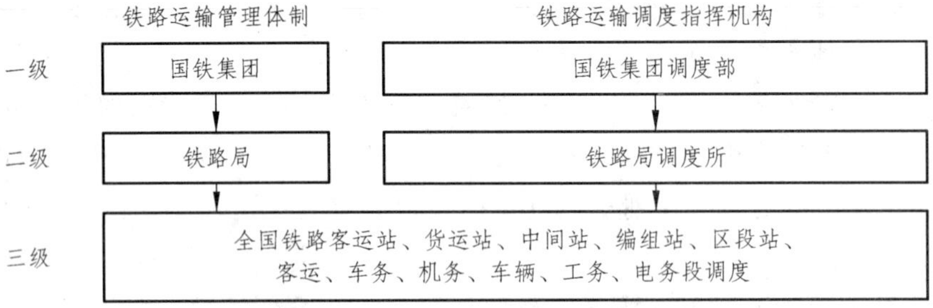

图 1-1　铁路三级调度指挥机构示意图

图 1-2　国铁集团调度大厅模拟效果图

图 1-3　国铁集团调度大厅（实景）

图 1-4　某铁路局调度所调度台

铁路局调度是铁路运输生产的直接指挥者，通过编制和执行调度工作日班计划、组织管内各站装卸、指挥列车运行，统一指挥协调车站和各单位完成班工作任务，车站值班站长统一指挥技术站运输工作，车站调度员统一指挥完成车站作业计划任务，车站值班员统一完成车站的接发列车任务。

日常运输组织工作中，调度处、调度所按照业务分工，设置了若干不同职务的调度员，分别负责一定的工作。调度所一般设有：

（1）列车调度员，又称行车调度员，负责管辖区段内列车运行的组织指挥工作，实现按图行车，保证列车运行安全。

（2）计划调度员，负责管辖范围内的列车工作计划的编制和计划的组织实现。

（3）货运调度员，负责管辖区段内的装卸车组织以及管内重车的输送。

（4）客运调度员，负责旅客运输组织和客运的运用工作。

（5）机车调度员，负责机车运用的调度指挥工作。

此外根据需要还设有预确报调度员、军事运输调度员、特运调度员、施工调度员、集装箱调度员、篷布调度员、电力调度员、车辆检修调度员、罐车调度员等。值班主任负责领导全班各工种调度员实现运输工作日计划，协调各工种调度员的工作。规模较大的路局往往划定不同的调度区，设调度区主任，负责本调度区的调度工作，并相应地配备有关工种的调度人员，形成分级、分工管理的铁路运输调度工作系统。

铁路局调度所的调度组织系统如图 1-5 所示。

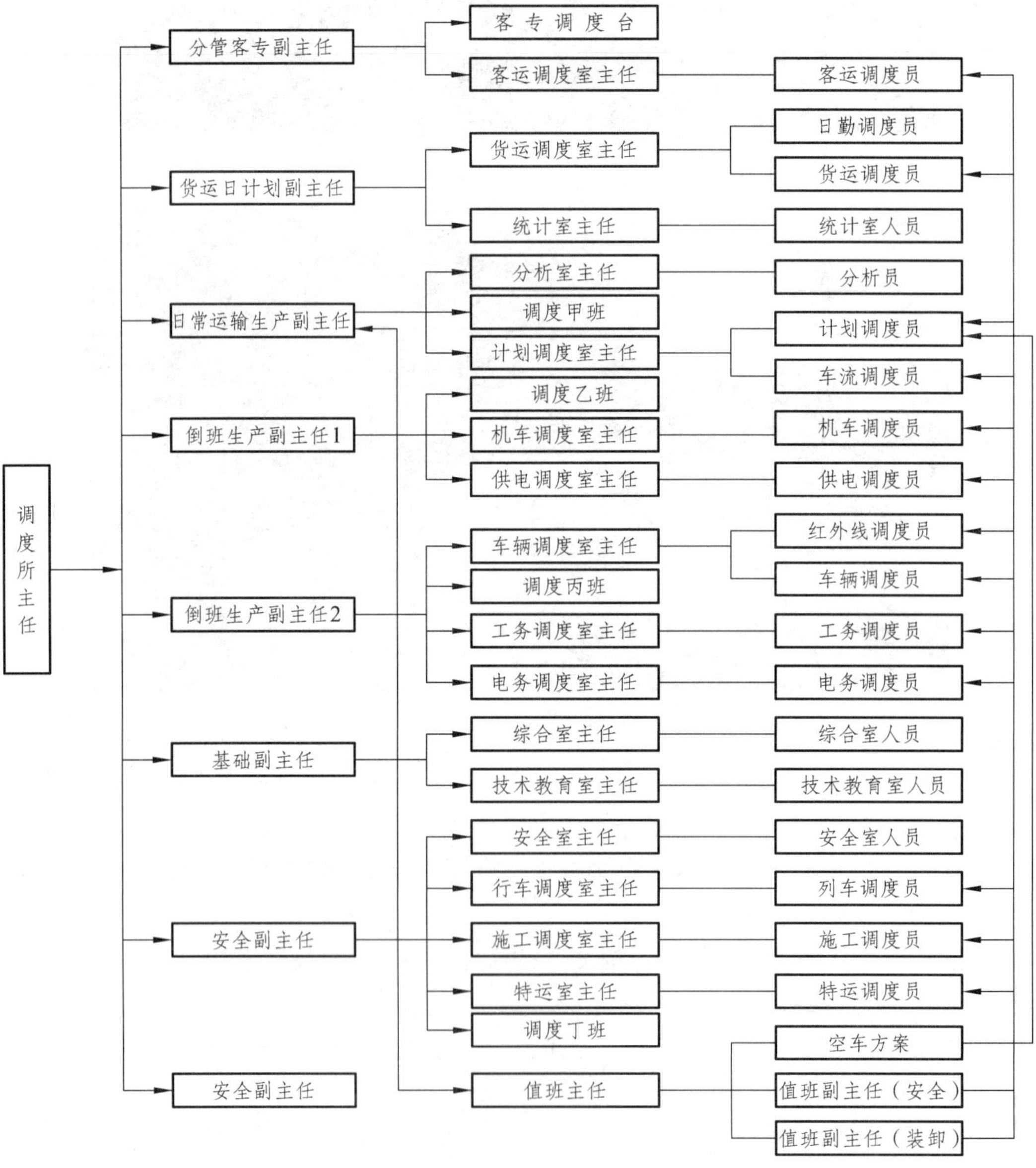

图 1-5　某铁路局调度所调度组织结构图

1.3.5 铁路局调度台的设置与管辖

铁路局调度台的设置一般根据区域或工作内容进行设置。计划调度台和货调、机调台一般按枢纽或管辖区域设置；行车调度由于工作较为繁重，一般按区段设置，枢纽地区则单独设置；其他调度台一般按区域，如工作量相对较小，也可以不分别设置。

各铁路局的调度台的设置都是大同小异，例如某个时期，北京铁路局调度所主要调度台设置情况如下：

计划调度台 14 个，空车方案调度台 1 个，列车调度台 28 个，机车调度台 6 个，货运调度台 8 个，客运调度台 2 个，特运调度台 2 个，货监台 1 个，工务调度台 1 个，电务调度台 1 个，供电调度台 1 个，车流调度台 1 个，动车组调度台 1 个，施工调度台 3 个，红外线调度台 2 个。

图 1-6 某铁路局列车调度台一角

为避免调度产生混乱，保证调度的单一指挥原则，因此每个调度台都有一定的管辖范围。北京铁路局行车调度管辖范围划分如表 1-1 所示。

表 1-1 北京铁路局行车调度台管辖范围表

序号	台别	管辖区段	管辖里程/km	管辖站数	结合点车站主体指挥权
1	京广一台	京广线：北京西—保定—琉周支线：琉璃河—周口店	117.7	19	长阳、周口店
2	京广二台	京广线：柳辛庄—保定—保满线：保定南—满城	131.7	13	柳辛庄、保定、满城
3	京广三台	京广线：平南—安阳、邯郸西	218	22	邯郸西
4	京九一台	京九线：肃宁—西枣林、双口	230	11	西枣林、双口

续表

序号	台别	管辖区段	管辖里程/km	管辖站数	结合点车站主体指挥权
5	京九二台	京九线：肃宁—临清 邯济线：邯郸南—堂邑	310	27	肃宁
6	京沪一台	京沪线：黄村—汉沟镇 京九线：广安门—西枣林	163	9	黄村
7	京沪二台	京沪线：天津西—德州	241	27	德州
8	京哈一台	京哈线：北京—怀柔、望京、通州	136	17	怀柔、望京
9	京哈二台	京哈线：通州—狼窝铺、贾庵子、石人沟	212	22	通州、贾庵子、石人沟
10	唐山枢纽台	津山线：七道桥—狼窝铺、滦县、沙河驿镇 七滦线：七道桥—滦县	188	20	狼窝铺、滦县
11	京哈三台	京哈线：滦县—秦皇岛 津山线：义卜寨—山海关	133	19	秦皇岛、义卜寨
12	津山一台	津山线：天津—七道桥、北环线：南仓—北塘沽	156	14	七道桥
13	津山二台	津山线：狼窝铺—义卜寨、沙河驿镇	131	11	沙河驿镇
14	北京集中台	北京—黄村、石景山南、长辛店、丰台西、北京西	130	15	广安门、石景山南、长辛店、
15	天津集中台	天津—汉沟镇、朗园、天津西、曹庄、南仓	25	15	天津、汉沟镇、天津西、柳青
16	石家庄集中台	石家庄—头泉、柳辛庄、工业站、平南	23	7	石家庄、头泉、工业站、平南
17	京包台	京包线、北京北—郭磊庄	229	35	北京北、郭磊庄
18	丰沙台	丰沙线：石景山南—沙城、沙河、五路、木城涧	177.9	33	沙城、五路、木城涧
19	京承台	京承线：怀柔—承德、隆化、平泉	279	32	平泉
20	京原台	京原线：石景山南—灵丘	234	29	
21	京通台	京通线：昌平北—隆化	241	34	昌平北、隆化
22	石德台	石德线：工业站—德州	176	13	衡水
23	石太台	石太线：头泉—赛鱼、凤山、新井	117	21	赛鱼
24	邯长台	邯磁线、邯长线、马磁线：磁山—邯郸	259	38	磁山、悬钟、午汲
25	天津南环台	地方铁路：南疆港—西营门、北塘西	130	17	南疆港、西营门、北塘西
26	津蓟台	天津—津蓟	92	9	蓟县
27	京津城际	北京南—天津	120	5	北京南、天津
28	石太客专	获鹿—太原东	189.9	5	

1.3.6 各级调度工作职责范围

一、国铁集团调度主要职责范围

（1）按规定对铁路局调度安全指挥进行监督管理和监督检查工作。维护调度纪律，检查各铁路局调度执行国铁集团调度命令和规章制度的情况，对违令、违章造成不良后果的单位和人员进行通报批评并提出处理意见。

（2）负责全路日常客运、货运和车流组织工作。组织各铁路局及时输送旅客和货物，平衡各铁路局货车保有量，经济合理地使用机车车辆，充分利用运输能力，挖掘运输潜力，提高运输效率和效益。

（3）编制和下达国铁集团调度轮廓计划和日计划，督促、检查各铁路局按调度日（班）计划均衡地完成运输生产经营任务。

（4）监督检查各铁路局按列车编组计划编车、按列车运行图行车、按运输生产经营计划组织运输，督促、组织各铁路局按国铁集团批准的计划均衡地完成铁路局间分界站列车、车辆交接任务、远程技术直达列车开行计划，及时协调处理铁路局间运输工作中出现的问题，实现铁路局间分界口畅通。

（5）掌握各铁路局及重点用户、主要港口和车站的装卸车情况。

（6）掌握国际旅客列车和跨铁路局（简称跨局）旅客列车的运行情况，收集、分析晚点原因，组织有关铁路局及相关单位（人员）采取措施，恢复运行秩序。

（7）了解各铁路局、主要站客流波动及旅客列车票额利用情况，组织指导行包运输工作；处理跨局旅客列车的临时加开、停运、变更径路、途中折返、车辆甩挂和调整编组（1个月以内的软卧、行李、邮政、餐车）等工作；根据需要安排跨局客车回送；组织和部署专运、中央大型会议及重点任务的乘车计划，并掌握运行情况。

（8）组织和掌握军运、特运工作，安排新兵和退役士兵运输，重点掌握与其有关的列车始发、运行情况。

（9）负责国铁集团抢险救灾物资、人员运输组织工作，跟踪掌握输送情况。

（10）负责审批国铁集团管理施工项目的日计划，组织各铁路局兑现施工日计划，做好施工期间分界口车流、机车调整工作。

（11）掌握各铁路局调度工作情况，检查各铁路局日常运输工作完成情况。

（12）掌握国铁集团备用货车，批准国铁集团备用货车的备用、解除备用，检查各铁路局对备用货车的管理情况。

（13）负责全路专用货车的统一调整，新造车辆出厂组织，军运备品回送，集装箱的运用，篷布的运用和备用、解除备用。

（14）检查、通报安全情况，及时收取、掌握铁路交通事故、设备故障、自然灾害等突发事件信息，按规定进行应急处置，通报信息、组织救援、调整运输。负责跨局调动救援列车、救援队。

（15）负责国铁集团日常运输工作完成情况和调度安全监督检查情况的分析工作，及时总结、推广调度工作先进经验。

（16）负责检查指导铁路局调度基础管理和技术培训工作，规范调度管理、加强队伍建设。

（17）负责调度信息化需求管理，积极采用、推广先进技术和设备，组织调度信息系统开发和应用，负责调度信息系统运用管理，促进调度指挥工作现代化。

二、铁路局调度主要职责范围

（1）在国铁集团调度的集中统一指挥下，负责铁路局管内运输组织和调度指挥工作。

（2）严格执行各项规章制度、安全管理制度和安全卡控措施，遵守和维护调度纪律，及时处理影响行车安全的有关情况，保证调度指挥安全。

（3）组织铁路局管内各运输生产单位密切配合、协同动作，经济合理地使用机车车辆，充分利用运输能力，挖掘运输潜力，压缩运输成本，提高运输效率和效益，完成运输生产经营任务。

（4）负责编制和下达铁路局调度日（班）计划，并组织各站段落实，提高计划兑现率。

（5）负责组织铁路局管内各运输生产单位按列车编组计划编车、按列车运行图行车、按运输生产经营计划组织运输，督促、组织各站段按调度日（班）计划均衡地完成运输任务，及时协调处理铁路局运输工作中出现的问题。

（6）组织调整铁路局管内的货流、车流，按阶段均衡地完成国铁集团下达的车流调整方案和去向别装车方案，重点掌握分界口排空、快运货物和重点物资运输。

（7）按国铁集团批准的计划组织列车在分界站均衡交接，保证机车与列车的紧密衔接，与邻局密切联系、及时交换列车计划、积极协商解决出现的问题，保证分界站畅通。

（8）掌握铁路局管内各站和主要用户、港口装卸车情况，提高直达列车和成组装车比重，提升运输能力。

（9）组织旅客列车按列车运行图正点运行，遇晚点时，积极采取措施，组织有关单位（人员）恢复运行秩序，做好正晚点分析并上报国铁集团。

（10）掌握铁路局管内客车配属、客流波动、票额利用、旅客列车开行及运行情况，重点掌握动车组列车、特快旅客列车、国际旅客列车、重点旅客列车的运行情况及旅客列车超员情况；处理旅客列车的临时加开、停运、变更径路、途中折返、车底编组、客车回送、整列换乘、车辆甩挂和调整编组（管内列车，跨局列车 1 个月以内硬卧、硬座、软座车）、客车底试运行和实施票额临时调整等工作；组织落实专运及重点任务，并掌握运行情况；组织做好旅客列车行包运输工作。

（11）组织完成铁路局管内军运、特运、超限、超重、挂有装载危险货物车辆等重点列车运输组织工作，组织落实新兵和退役士兵运输任务，重点掌握与其有关的列车始发、运行情况。

（12）负责铁路局管内抢险救灾物资、人员运输组织工作，跟踪掌握输送情况。遇自然灾害或事故中断行车时，铁路局要及时采取措施，并提出有关旅客列车停运、加开、折返和变更径路等方案，并及时发布调度命令（跨铁路局旅客列车报国铁集团批准后发布）。

（13）负责编制、下达铁路局施工日计划，安排实施维修计划，发布运行揭示调度命令和施工、维修作业的调度命令，协调组织施工、维修作业按计划进行。

（14）向国铁集团调度报告铁路局调度工作情况，检查铁路局管内各站段运输工作完成情况。

（15）认真执行国铁集团备用货车的管理制度，严格掌握铁路局管内备用货车的备用、解除备用。

（16）负责铁路局管内专用货车的调整，军运备品回送，集装箱和篷布的运用。

（17）及时收取、上报铁路交通事故、设备故障、自然灾害等突发事件信息，按规定进行应急处置，通报信息、组织救援、调整运输。负责调动救援列车、救援队或向国铁集团调度申请跨局调动救援列车、救援队。

（18）检查各站段执行调度命令和规章制度的情况；对违令、违章的单位和人员，进行通报批评并提出处理意见。

（19）负责铁路局日常运输工作完成情况和调度安全工作情况的分析工作，及时总结、推广调度工作先进经验。

（20）负责铁路局调度基础管理和技术培训，规范调度管理、加强队伍建设，指导站段调度日常运输生产工作。

（21）负责铁路局调度信息化需求管理，积极采用、推广先进技术和设备，促进调度指挥工作现代化，组织调度信息系统实施应用，负责调度信息系统运用管理。

三、车站（技术站）调度主要职责范围

（1）严格执行各项规章制度，遵守和维护调度纪律，认真执行上级调度命令和指示，及时处理影响行车安全的有关情况，保证车站调度指挥安全。

（2）掌握车流、货流，根据铁路局下达的调度日（班）计划，正确编制和组织实现车站班计划和阶段计划，按列车编组计划、列车运行图和重点要求解编列车，不间断地接发列车。

（3）经济合理地运用车站技术设备和能力，掌握调车机运用，组织有关单位、人员密切配合，协同动作，按作业计划、技术作业过程和时间标准，完成编组和解体列车的任务，提高作业效率，加速机车车辆周转。

（4）及时收集到达列车预确报，掌握车流变化，正确推算现车和指标，按阶段向铁路局调度汇报车流和车站作业情况。

（5）重点组织旅客、军运、货物班列、重载、超限、超重、超长和重点货物列车的开行。

（6）主动与厂矿企业联系，及时预报车辆到达情况和取送车作业计划，组织开行路企直通列车。组织回送客车（机车）、货物作业车、检修车（修竣车）和专用车的取送，缩短待取、待送时间。

（7）发生铁路交通事故时，积极组织救援，减小事故对行车的影响。

（8）正确、及时填画技术作业图表，认真分析车站作业计划兑现情况和运输生产完成情况并及时上报。

1.3.7 调度工作制度

为检查、落实当日运输生产情况，不断提高调度指挥水平，更好地完成各项经营指标和技术指标，必须加强调度基础工作，建立各种调度工作制度，强化提高调度人员的综合素质，我国铁路调度各级机构依据《调规》的要求，成功地建立了自己的基本工作制度。

一、培训学习制度

各级调度必须配备专业技术教育人员，由具备中级及以上技术职称或具有较强业务水平和实践经验的人员负责技术业务培训工作。

铁路局应对新招聘调度员制定培训计划，组织进行任职资格培训，列车调度员培训时间不少于6个月，其他工种调度员培训时间不少于3个月，其中理论培训（脱产）不少于1个月，培训期满进行考试和考核，合格后方准持证上岗。

对转岗、转台调度人员必须经过跟班学习，经考试、考核合格后，方准独立工作。为不断提高调度人员的业务水平，各级调度可采取脱产与不脱产相结合的方式，轮流对现职运输调度人员进行培训，脱产培训学习每年不得少于10天；对新设备投入运用、新规章实施、运行图调整等必须提前进行业务培训，考试（考核）不合格不得上岗。

二、电视电话会制度

为了检查、落实当日运输生产情况，布置、审批次日计划，国铁集团和各铁路局每日各召开两次电话会议。

（1）上午电话会议。国铁集团每日7：00前召开运输生产电视电话会议，由各铁路局值班主任汇报第一班运输安全和班计划任务完成情况及保证完成全日计划的措施，国铁集团值班处长向铁路局布置第二班工作重点；铁路局每日10：00前召开电话会议（各个铁路局会议时间不尽相同），由主管生产的站（段）长汇报第一班计划任务完成情况及保证完成全日计划的措施。铁路局根据国铁集团布置的次日轮廓计划，向站段下达次日计划任务、布置重点工作要求。

国铁集团每日10:50召开全路运输生产电视电话会议，由各铁路局分管运输副局长（总调度长）汇报第一班运输安全和运输生产经营任务完成情况及保证完成全日运输生产经营任务的措施，国铁集团向铁路局提出运输生产经营任务要求和工作重点。

（2）下午电话会议。国铁集团每日16:00前召开，由各铁路局调度所主任（副主任）汇报预计全日运输情况，国铁集团向铁路局提出次日日（班）计划的安排要求和布置工作重点。

三、交接班与班中会制度

为保证调度工作的持续性，调度指挥工作不能随着调度员的交接班而中断、停顿，因此，要求接班调度员必须提前到岗，认真了解接班前现场作业情况，调度员之间必须详细交接下列事项：各种行车备品情况；列车运行调整阶段计划的安排和下达情况；折返机车和调度机车的使用情况；待办的有关列车运行命令的内容和下达情况；施工慢行的有关事项；阔大货物的挂运条件；各级领导的重点指示；待办的公文电报等。

国铁集团、铁路局交接班和班中会，分别由值班处长、值班主任负责主持，各有关工种调度人员参加。

（1）接班会议主要任务是传达有关文件、电报内容；介绍上班工作情况、提出本班工作重点；各工种调度员根据自己了解到的情况，汇报工作要点，研究制定本班确保安全、完成运输生产经营任务的具体措施。

（2）交班会议主要任务是分析总结本班运输任务、各项经营指标和技术指标的完成情况，总结调度指挥和现场工作中成功的经验，分析本班运输工作中的不足之处，吸取经验教训。各工种调度的交班内容和待办事项必须清楚、完整，不得遗漏。

（3）班中会每班至少召开一次，根据日（班）计划执行情况，研究确保完成本班和全日任务的具体措施。铁路局调度所班中会由值班主任主持，由计划调度员、货运调度和机车调度的值班负责人、客运调度员等可以暂时离开调度台的调度人员参加。

班中会主要解决两个问题：一是落实本班和全日运输工作任务，根据当时工作进度以及预计情况，提出安全、正点以及完成卸车、排车、装车、中时、停时等主要指标等方面存在的问题，研究具体措施，分工负责，突破关键，争取全面完成本班和全日运输工作任务；二是根据上级调度下达的次日轮廓计划，提出次日（或下一个班）计划的重点要求，使计划编制人员目标明确，为编好次日（或下一个班）计划打下良好的基础。

四、报告制度

为保持各级调度的持续联系，加强与有关安全监察、专业部门之间的信息沟通，准确地掌握工作进度和不失时机地处理问题，铁路运输调度应建立以下制度：

（1）车站应向铁路局报告的情况。

车站在列车到、开或通过后，及时报告车次、时分和列车状态（具有自动采点设备的防外）。列车始发站和有摘挂列车作业的车站，应及时报告列车编组进度、编组内容和列车编组变化情况，对出发列车还应报告车次、机车型号、司机姓名、现车辆数、牵引总重、换长等情况；列车在非始发站摘挂作业，作业站要及时报告摘挂列车作业、占用股道及作业后的编组变化情况。机车及股道占用情况、安全情况和必要事项等应随时报告。

车站有关工种每 3 h 应向铁路局所属工种调度上报各项规定的内容。具备信息系统上报条件的车站，须通过系统及时准确上报。

（2）铁路局应向国铁集团报告的情况。

每班 10:00（22:00）前，铁路局值班主任向国铁集团调度报告接班后的管内运输情况，预计本班分界站列车交接、排空、机车运用情况；19:00（7:00）前，以书面形式向国铁集团值班处长报告运输安全和运输生产经营任务完成情况的综合分析。

铁路局各工种调度每 3 h 向国铁集团所属各工种调度上报各项规定的内容。安全情况和重要事项应随时报告。

（3）当上级调度向下级调度和站段了解有关运输情况时，有关人员应及时、认真汇报。

（4）采用计算机联网和列车实时跟踪报告时，应实现车站与铁路局、国铁集团报告信息共享。

（5）调度部门接到铁路交通事故、行车设备故障等安全情况的报告后，应按规定填写《铁路交通事故（设备故障）概况表》，及时通知相关部门和安全监察部门，并建立相互签认和定期核对制度。

五、分界站会议制度

为加强铁路局之间的协作，保证分界站运输的畅通，铁路局间分界站会议每年至少召开一次，由两铁路局轮流主持，必要时也可由国铁集团组织，研究改进列车交接工作，制定、修改分界站协议。

六、深入现场制度

为了提高调度人员组织指挥水平，加强各级调度之间、调度与站段有关人员的工作联系，各级调度人员每季度深入现场应不得少于 1 次，熟悉设备、人员情况，交换工作意见，改进工作作风，解决好日常运输生产中存在的问题。深入现场前要有计划，返回后要有报告。

深入现场的活动可采用添乘机车、列车，召开座谈会、联劳会、同班会，跟班劳动，专题调查研究等多种形式。调度人员应持机车添（登）乘证添（登）乘机车、列车，并准许在乘务员公寓食宿。

七、领导值班制度

1. 值班人员

铁路局总调度长或调度所主任（副主任）、书记。

2. 值班时间

工作日 18:00 至次日 8:00、非工作日 8:00 至次日 8:00。

3. 值班要求

（1）对重点运输任务，按等级认真盯控，确保安全正点。

（2）对 Ⅰ、Ⅱ级施工，严格监控，按施工日计划组织实施，对临时发生的问题采取果断措施及时正确处置。

（3）遇恶劣天气，提前预想，对设备运行、运输组织造成影响时，立即组织应急处置，保证运输安全。

（4）遇旅客列车大面积晚点或运输不畅时，要详细了解、掌握情况，采取有效措施，尽快恢复列车运行秩序。

（5）发生铁路交通事故或繁忙干线、干线行车设备故障时，亲自组织处理，减少对运输秩序的影响。

1.3.8 调度人员基本素质要求

（1）具有较高的思想政治觉悟，有大局意识和较强的协调组织能力。

（2）具有较强的专业知识和工作经验，技术业务熟练，具有计算机基本操作能力，较强的文字处理和语言表达能力。

（3）遵章守纪、爱岗敬业、服从指挥、团结协作。

（4）身体健康。

1.3.9 调度人员选拔要求

调度人员招聘（选拔）须按照公平、公正、公开的原则进行，新招聘（选拔）调度人员除具备上述调度人员基本素质要求外，还须满足以下条件：

年龄要求：新招聘调度人员年龄一般应在 35 岁及以下。

学历要求：国铁集团调度须有全日制大学本科及以上文化程度，铁路局调度须有大专及以上文化程度。

工作经历要求：新招聘（选拔）调度人员从事现场相关岗位工作须满 2 年。国铁集团调度应从下级调度人员或优秀行车人员中招聘。铁路局列车调度员应从车站值班员、车站调度员、机车（动车组）司机或优秀行车人员中招聘，其他工种调度员应从基层运输生产单位专业对口的优秀人员中招聘。车站调度员应从有实践工作经验和指挥能力的优秀行车人员中选拔。

1.4 模拟实践技能训练

1.4.1 模拟接班会

主持人：值班主任。

参加会议人员：调度所值班领导，行车、计划、货运调度室两班倒主任，调度分析、施工调度室主任（副主任）、其他所有参加倒班调度人员。

夜班包括值班所有领导，安全、行车、计划、货运调度室两班倒主任，其他所有参加倒班调度人员。

发言顺序及内容：

（1）客调通报重点客车及客运重点工作。

（2）特调通报军运重点、“特警”、剧毒品、扩大货物运输信息。

（3）各计划员汇报本班工作难点、需相关台配合的工作。（顺序：由小组自定）

（4）各列调台及辆调、电调等其他各调根据接班了解情况，即时发言。

（5）值班副主任传达有关文件、电报、通知并部署本班工作重点。

（6）值班主任部署本班工作重点。

（7）行车、计划、货运、施工调度室部署本班工作重点。

（8）调度所值班领导部署当班重点工作。

时间掌握：值班主任（副主任）及各调度室主任发言时间 15 min，各调度台总体发言时间 20 min，调度所领导 5 min。

1.4.2 模拟交班会

主持人：值班主任（副主任）。

参加会议人员：值班所有领导，安全、技教、行车、计划、调度分析室，其他所有参加倒班调度人员。

发言顺序及内容：

（1）客调通报本班客车晚点及恢复正点情况、重点客车组织情况。

（2）特调通报军运重点、“特警”、剧毒品、扩大货物运输组织情况。

（3）各计划员汇报本班工作小结、白班工作难点。（顺序：由小组自定）

（4）各列调台及辆调、电调等其他各调根据情况汇报本班工作。

（5）值班副主任点评本班工作。

（6）值班主任点评本班工作。

（7）安全、行车、计划、货运调度室点评本班工作。

（8）调度所值班领导点评本班工作。

点评工作要体现：总结经验、表扬先进、分析问题，制定改进措施。对典型问题或需重点分析的问题，根据其严重程度由调度所或各调度室组织班后专题分析会。

1.4.3 模拟日（班）计划碰头会

调度所每日 7:40 召开综合情况交班会，会议地点××室，15:00 召开当日生产碰头及次日班计划部署会议，会议地点××室。

1. 7:40 综合情况交班会

主持人：调度所主管生产副主任

参加会议人员：值班主任、货调值班员，计划、货运、机车、客运、施工、特运、行车、分析室主任或副主任。

会议内容：由值班主任、货调值班员及各调度室主任（副主任）汇报：第一班工作完成情况及存在问题，第二班工作重点，预计全日生产任务完成情况；调度所值班领导对全局第一班工作进行点评，提出第二班工作重点及努力方向；调度所主管生产副主任根据各室工作汇报，提出当日运输生产组织重点工作和重点任务的要求，具体安排次日货运工作日计划大纲（包括各区装车、装煤、卸车、使用敞车，全局总体装车去向）、列车工作日计划大纲（包括分界口列车交接及排空任务）、重点企业、重点物资装运安排。

2. 15:00 生产碰头及次日班计划部署会议

主持人：调度所主管生产副主任

参加会议人员：分析室，行车调度室、计划调度室、机车调度室、货运调度室、客运调度室、施工调度室、车辆调度室、特运调度室、供电调度室主任（副主任），值班主任。

会议内容：由各调度室主任（副主任）汇报：预计当日工作完成情况及存在问题，次日工作预想及班计划重点；调度所主管生产副主任点评当日工作并提出全日各项生产任务量化目标，并对次日货运、列车、机车工作计划提出重点要求，围绕次日班计划重点工作对相关调度室提出工作重点。

1.4.4 模拟班中会

每班 11：00（23：00）在××室召开班中碰头会，由值班主任主持，调度所生产副主任（夜班为值班领导），值班副主任，货调值班员、机调值班员、列车计划员参加。计划、货运调度室副主任及各计划台参加。

碰头会内容：一是围绕接班会布置重点工作的落实情况，预计本班工作完成情况，对未完成的任务共同研究措施，分工负责突破关键，以保证日班计划任务的完成。二是需要调度所领导及值班主任或各调度室主任解决的问题。

复习思考题

1. 铁路运输调度有什么意义？
2. 铁路运输调度的原则是什么？
3. 各级调度指挥机构的任务是什么？
4. 目前我国铁路的调度组织机构是如何设置的？请查阅相关资料，画出一个铁路局的调度组织机构设置情况。
5. 请大致说说各级调度工作的职责范围。
6. 请结合本项目所学的知识点，您认为在目前的调度工作制度中是否有些不够合理的地方？请结合实际举例说明。

项目二　列车运行图的编制与区间通过能力

【项目表述】

列车运行图是调整列车运行的基本依据，调度员的基本职责就是调整列车运行，实现按图行车。所以列车调度员必须对列车运行图基本知识进行掌握，以便顺利地完成列车运行调整任务。该项目主要介绍列车运行图基本知识、编制方法及区间通过能力计算，使学生熟悉并掌握列车运行图，为后续各种调度指挥工作打下良好的基础。

【拟实现的目标】

1. 能力目标

能够较为全面地认知、理解列车运行图；能够根据相关要求编制较为均匀、合理的列车运行图；能够正确计算运行图通过能力。

2. 知识目标

掌握列车运行图的作用和分类，列车运行图组成要素，列车运行图编制要求、方法及步骤，列车运行图主要指标计算，铁路通过能力以及平行、非平行运行图通过能力计算。

3. 素质目标

培养学生吃苦耐劳、爱岗敬业的品质；通过学习列车运行图相关知识学会将专业知识融会贯通，培养分析问题、解决问题的能力；联劳协作，培养学生的组织能力和团队协作能力。

2.1　工作任务

任务一：请根据本项目的知识点，结合给定数据材料，编制合理的列车运行图。并按要求计算运行图通过能力。

2.2　任务前准备

完成任务以小组为单位，每个组 5 ~ 7 人为宜，组内进行一定的分工，共同协调完成工

作任务，工作任务中所需的备品、材料、资料、参考文献等由小组成员提前准备。

人员安排情况：根据相关数据资料情况，安排行车调度员 2 名、车站值班员若干。

2.3 相关知识点

2.3.1 列车运行图的意义

在组织旅客和货物运输的生产过程中，列车运行是一个很复杂的环节，它要利用多种铁路技术设备，要求各个部门、各工种、各项作业之间互相协调配合，才能保证行车安全和提高运输效率。

列车运行图是用以表示列车在铁路区间运行以及在车站到发或通过时刻的技术文件，它规定各次列车占用区间的程序，列车在每个车站的到达和出发（或通过）时刻，列车在区间的运行时间，列车在车站的停站时间以及机车交路、列车重量和长度等，是全路组织列车运行的基础。

列车运行图一方面是铁路运输企业实现列车安全、正点运行和经济有效地组织铁路运输工作的列车运行生产计划，它规定了铁路线路、站场、机车、车辆等设备的运用，以及与行车各有关部门的工作，并通过列车运行图把整个铁路网的运输生产活动联系成为一个统一的整体，严格地按照一定的程序有条不紊地进行工作，保证列车按运行图运行，它是铁路运输生产的一个综合性计划。另一方面它又是铁路运输企业向社会提供运输供应能力的一种有效形式。从这个意义上讲，供社会使用的铁路旅客列车时刻表及“五定”货运班列运行计划，实际上就是铁路运输服务能力目录。因此，列车运行图又是铁路组织运输生产和产品供应销售的综合计划，是铁路运输生产联结厂矿企业生产和社会生活的纽带。

铁路通过能力与列车正点运行及列车运行的流水性密切相关。列车运行生产计划即列车运行图的实现有赖于铁路区段通过能力的保证，特别是当列车运行过程发生波动，亦即发生偏离于计划的情况时，只有在有充分通过能力保证的条件下，才能确保运输生产按计划准时进行，列车才有可能重新恢复正点运行。

2.3.2 列车运行图的表示方法

列车运行图是运用坐标原理对列车运行时间、空间关系的图解表示，因而实际上它是对列车运行时空过程的图解。在列车运行图上，对列车运行时空过程的图解可以有两种不同的形式。其一为以横坐标表示时间，纵坐标表示距离。这时，列车运行图上的水平线表示分界点的中心线，水平线间的间距表示分界点间的距离；垂直线表示时间。其二为以横坐标表示距离，纵坐标表示时间。这时，列车运行图上的水平线表示时间；垂直线表示分界点中心线，垂直线间的间距表示分界点间的距离。目前我国铁路列车运行图采用第一种图形表示形式。

为了适应使用上的不同需要，列车运行图按时间划分方法的不同，可有如下三种格式：

（1）二分格运行图（见图 2-1）。它的横轴以 2 min 为单位用细竖线加以划分，10 分钟格和小时格用较粗的竖线表示。二分格图主要在编制新运行图时作草图使用。

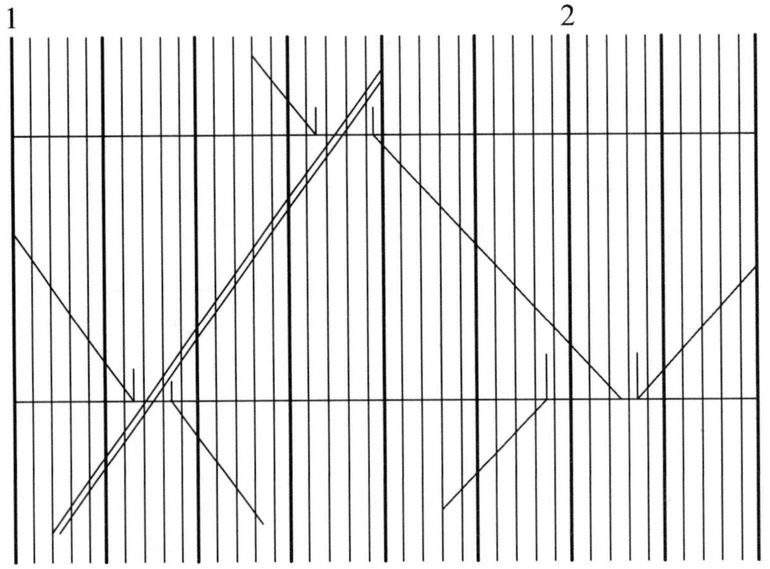

图 2-1　二分格运行图

（2）十分格运行图（见图 2-2）。它的横轴以 10 min 为单位用细竖线加以划分，半小时格用虚线表示，小时格用较粗的竖线表示。十分格图主要供列车调度员在日常调度指挥工作中编制调度调整计划和绘制实绩运行图时使用。

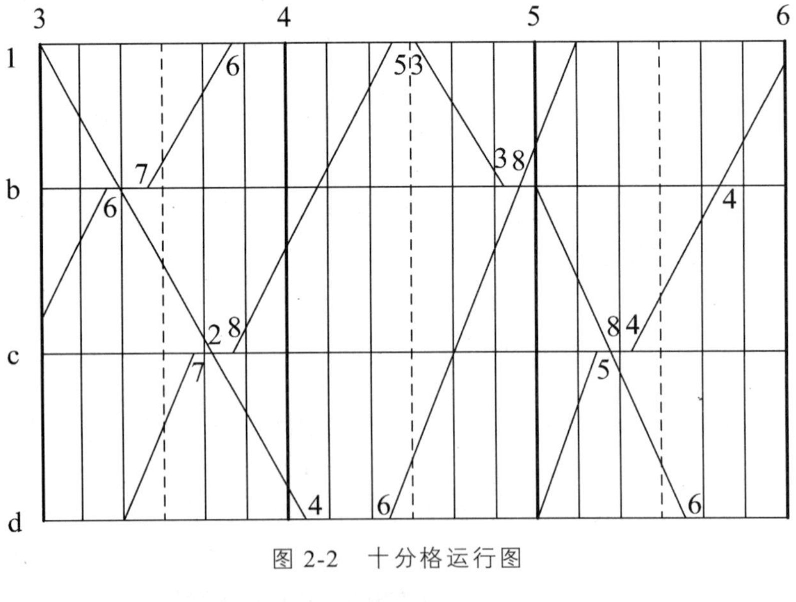

图 2-2　十分格运行图

（3）小时格运行图（见图 2-3）。它的横轴以 1 h 为单位用竖线加以划分。小时格图主要在编制旅客列车方案图和机车周转图时使用。

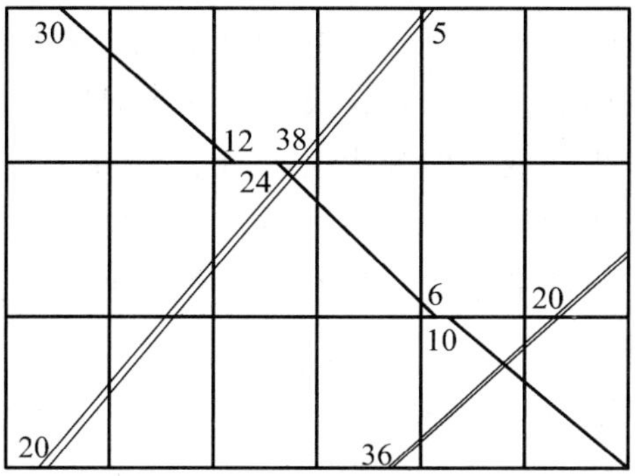

图 2-3　小时格运行图

2.3.3　站名线的画法

在运行图上，以横线表示车站中心线的位置，它可有下列两种确定方法：

（1）按区间实际里程的比率确定，即按整个区段内各车站间实际里程的比例来确定横线位置。采用这种方法时，运行图上的站间距离完全反映实际情况，能明显地表示出站间距离的大小。但由于各区间线路平面和纵断面互不一样，列车运行速度有所不同，这样列车在整个区段的运行线往往是一条斜折线，既不整齐，也不易发现列车区间运行时分上的差错，所以一般不采用这种方法。

（2）按区间运行时分的比率确定，即按整个区段内各车站间列车运行时分的比例来确定横线位置。采用这种方法时，可以使列车在整个区段的运行线基本上是一条斜直线，既整齐美观，也易于发现列车区间运行时分上的差错，所以一般采用这一方法。

如图 2-4 所示，A-B 区段下行方向货物列车运行时分共计为 180 min，采用这种方法确定横线位置时，首先确定技术站 A、B 的位置，然后在代表 A 站的横线上任取一点 A，并

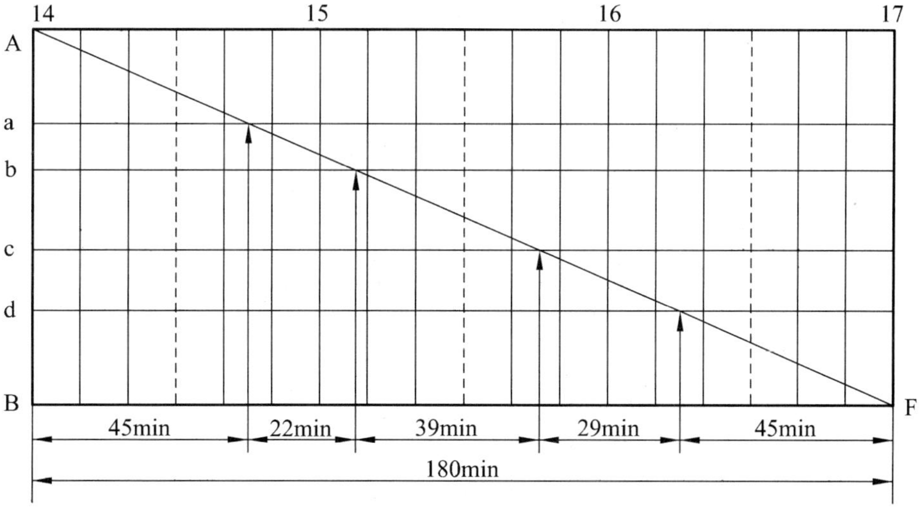

图 2-4　按区间运行时分比率确定车站位置示意图

以 A 点所对应的时间为原点，在代表 B 站的横线上向右截取相等于 180 min 的 BF 线段，

得 F 点，同时按 A—a、a—b、b—c、c—d 和 d—B 区间的列车运行时分，将 BF 线段划分为 5 个时间段，联结 A、F 两点，得一斜直线。过 5 个时间段端点作垂直线，在 AF 斜直线上可得交点，过各交点作水平线，即为代表 a、b、c、d 车站的横线。

运行图上的列车运行线（斜线）与车站中心线（横线）的交点，即为列车到、发或通过车站的时刻。根据列车运行图的格式，到发时刻有不同的表示方法。在二分格图上，以规定的标记符号表示，不需填写数字（例如："|" 表示分钟，"⌈" 表示 30 秒）；在十分格图上，填写 10 min 以下数值；在小时格运行图上，填写 60 min 以下数值。所有表示时刻的数字，都填写在列车运行线与横线相交的钝角内。列车通过车站的时刻，一般填写在出站一端的钝角内。

在运行图上，铺画有许多不同种类列车的运行线。为了便于识别起见，对各种列车采用不同的表示方法，并对每一列车冠以规定的车次，标在区段的首末两端区间相应列车运行线的上方。上行列车的车次为双数，下行列车的车次为单数。我国铁路规定向首都的方向为上行方向，反之为下行方向。

2.3.4 列车运行图的分类

按使用范围以及铁路线路的技术设备（如单线、复线）和列车运行速度、上下行方向的列车数量、列车的运行方式等条件，列车运行图可以分为多种不同类型的列车运行图。

1. 按照区间正线数分类

（1）单线运行图。在单线区段，上下行方向列车都在同一正线上运行，因此，两个方向列车必须在车站上进行交会，如图 2-5 所示。

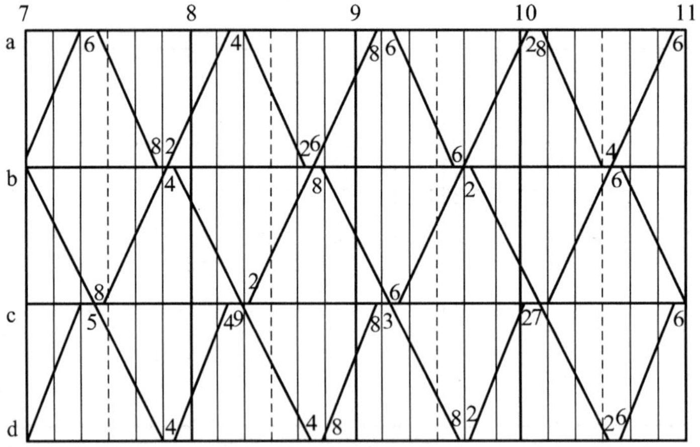

图 2-5　单线成对平行运行图

（2）双线运行图。在双线区段，上下行方向列车在各自的正线上运行，因此，上下行方向列车的运行互不干扰，可以在区间内或车站上交会。但列车的越行必须在车站上进行，如图 2-6 所示。

（3）单双线运行图。在有部分双线的区段，单线区间和双线区间各按单线运行图和双线运行图的特点铺画运行线，如图 2-7 所示。

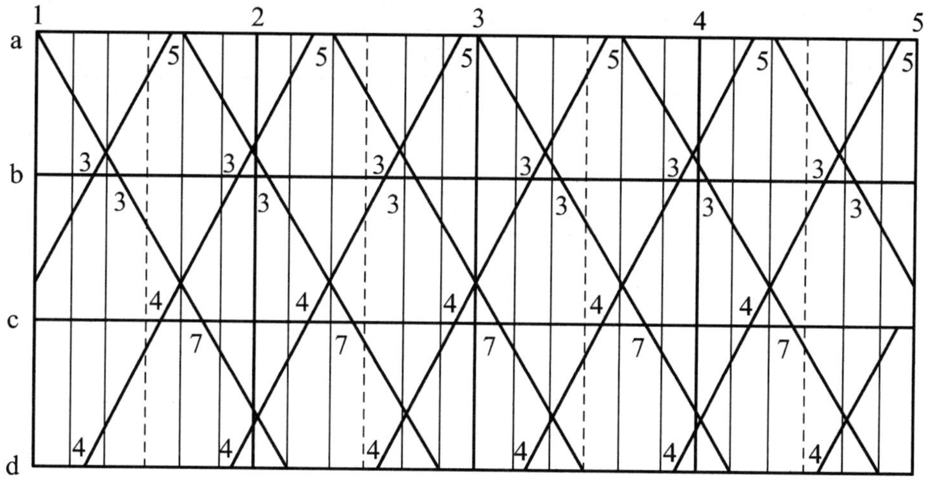

图 2-6　双线成对平行运行图

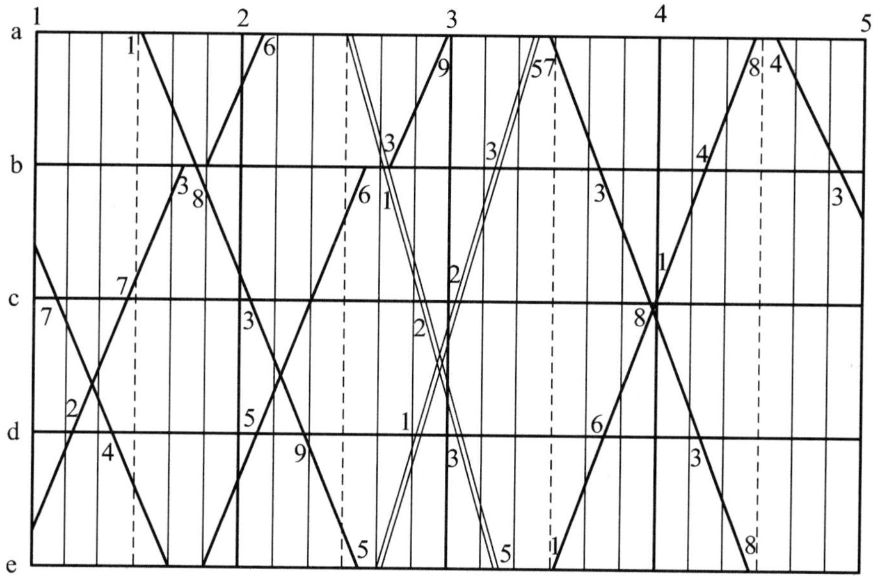

图 2-7　单双线运行图

2. 按照列车运行速度分类

（1）平行运行图。在同一区间内，同一方向列车的运行速度相同，且列车在区间两端站的到、发或通过的运行方式也相同，因而列车运行线相互平行，如图 2-5 和图 2-6 所示。

（2）非平行运行图。在运行图上铺有各种不同速度的列车，且列车在区间两端站的到、发或通过的运行方式不同，因而列车运行线不平行，如图 2-8 所示。

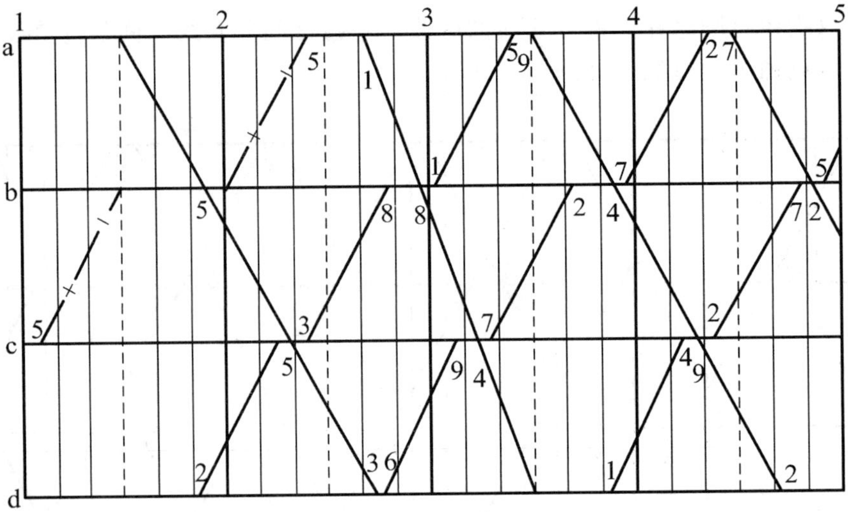

图 2-8　单线非平行运行图

3. 按照上下行方向列车数分类

（1）成对运行图。这是上下行方向列车数相等的列车运行图，如图 2-5 和图 2-6 所示。

（2）不成对运行图。这是上下行方向列车数不相等的列车运行图，如图 2-9 所示。

4. 按照同方向列车运行方式分类

（1）连发运行图。在这种运行图上，同方向列车的运行以站间区间为间隔。单线区段采取这种运行图时，在连发的一组列车之间不能铺画对向列车，如图 2-9 所示。

（2）追踪运行图。在这种运行图上，同方向列车的运行以闭塞分区为间隔，在装有自动闭塞的单线或双线区段上采用，如图 2-10 所示。

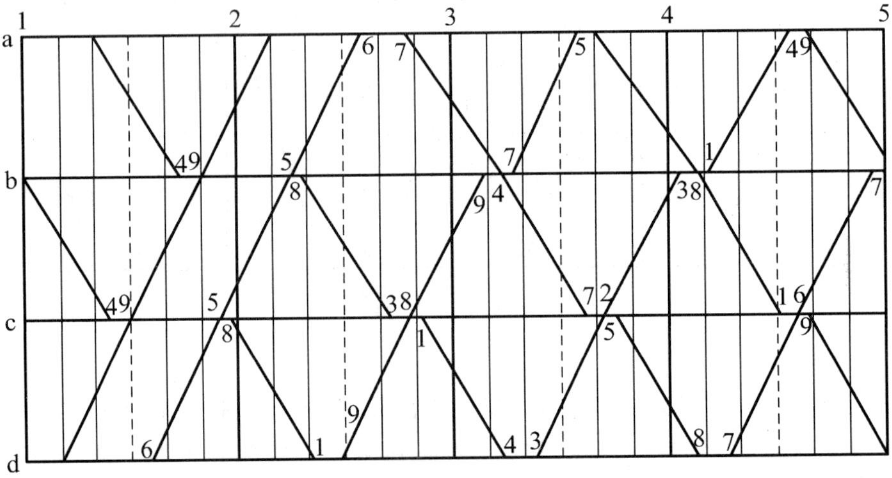

图 2-9　单线不成对运行图

应该指出，上述分类都是针对列车运行图的某一特点而加以区别的。实际上，每张列车运行图都具有多方面的特点，例如某一区段的列车运行图（见图 2-10），它既是双线的、非平行的，又是追踪的。

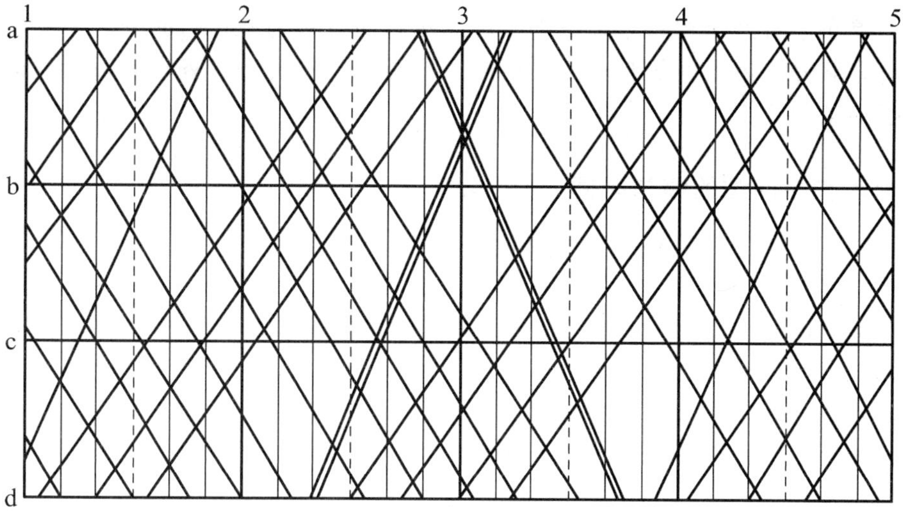

图 2-10 双线追踪非平行运行图

2.3.5 列车运行图要素

列车运行图虽有各种不同的类型，但它总是由一些基本要素所组成的。因此，在编制列车运行图之前，必须首先确定组成列车运行图的各项要素。

列车运行图要素包括：列车区间运行时分；列车在中间站的停站时间；机车在基本段和折返段所在站的停留时间标准；列车在技术站、客运站和货运站的技术作业过程及其主要作业时间标准；车站间隔时间；追踪列车间隔时间。

一、列车区间运行时分

列车区间运行时分是指列车在两相邻车站或线路所之间的运行时间标准，它由机务部门采用牵引计算和实际试验相结合的方法进行查定。

列车区间运行时分按车站中心线或线路所通过信号机之间的距离计算。当到发场中心线与车站中心线不一致时，按到发场中心线计算（见图 2-11）。

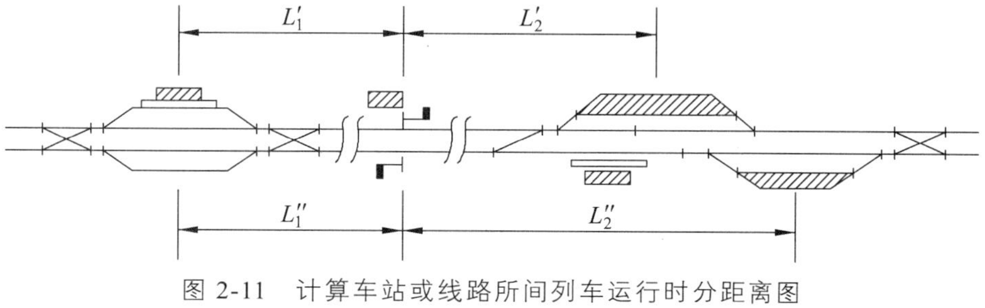

图 2-11 计算车站或线路所间列车运行时分距离图

由于旅客列车和货物列车的运行速度各不相同，上下行方向的线路平面、纵断面条件和列车重量也不相同，所以列车区间运行时分应按各种列车和上下行方向分别查定。此外，列车区间运行时分还应根据列车在每一区间两个车站上不停车通过和停车两种情况分别查定。列车不停车通过两个相邻车站所需的区间运行时分称为纯运行时分。列车到站停车的停车附加时分和停站后出发的起动附加时分，应根据机车类型、列车重量以及进出站线路平面、纵断面条件查定。

二、列车在中间站的停站时间

列车在中间站的停站时间由下列原因产生：

（1）进行必要的技术作业，如摘挂机车，试风和列车技术检查，机车乘务组换班等；

（2）客货运作业，如旅客乘降，行李、包裹、邮件的装卸，车辆摘挂，货物的装卸等；

（3）列车在中间站的会车和越行。

摘挂机车作业在采用补机地段的起点站和终点站上进行。列车在中间站的技术检查和试风，一般在长大下坡道之前的车站上进行。当牵引区段较长，机车乘务组的连续工作时间超过规定标准时，也可能要采用中途换班的方式。

客货运作业停站时间，应根据各种列车的不同需要分别规定。对旅客列车规定旅客乘降、行李包裹和邮件的装卸所需要的停站时间；对摘挂列车规定摘挂车辆、取送车及不摘车装卸作业所需要的停站时间。

列车进行技术作业和客货运作业的时间标准，由每一车站用分析计算和实际查标相结合的方法分别确定。列车在中间站的各项作业，应尽可能平行进行。在满足实际需要的条件下，应最大限度地缩短列车停站时间，以提高列车的旅行速度。

三、机车在基本段和折返段所在站停留时间标准

机车在基本段和折返段所在站停留时间标准，取决于机车的运用方式。铁路机车的基本运用方式可有如下几种：

（1）肩回运转制交路。机车担当与基本段相邻区段的列车牵引任务。除需进折返段整备外，机车每次返回基本段所在站时，也需要入段作业，如图 2-12 所示。

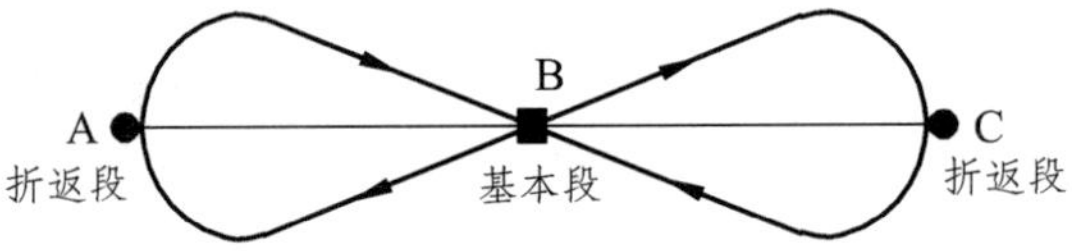

图 2-12　肩回运转制交路图

（2）半循环运转制交路。机车担当与基本段相邻两个区段的列车牵引任务，除需进折返段整备外，机车第一次返回基本段所在站时不入段，继续牵引列车向前方区段运行，到第二次返回基本段所在站时，才入段进行整备作业，如图 2-13 所示。

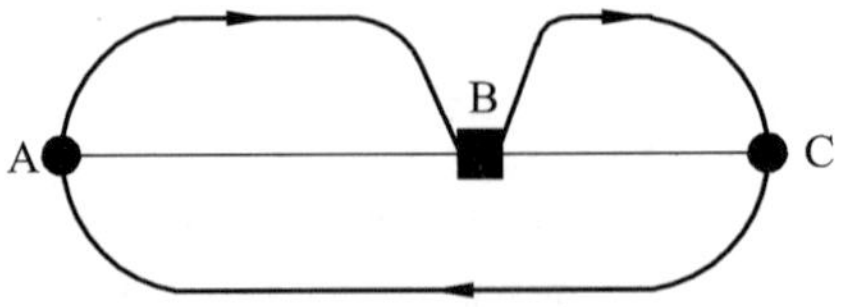

图 2-13　半循环运转制交路图

（3）循环运转制交路。机车担当与基本段相邻两个区段的列车牵引任务，除需进折返段整备及因中间技术检查需入基本段外，每次返回基本段所在站，都在车站上进行整备作业，如图 2-14 所示。

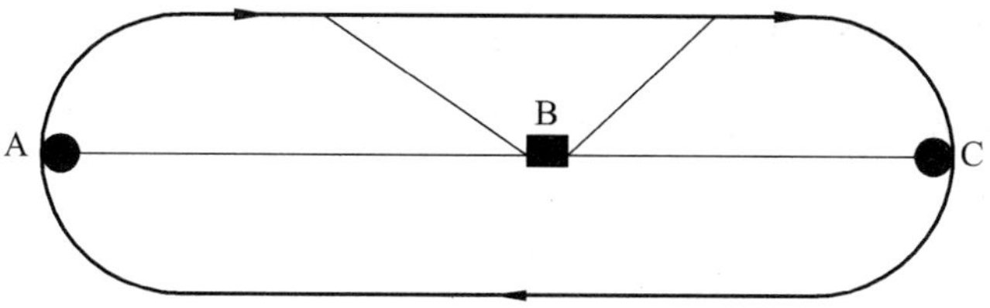

图 2-14　循环运转制交路图

（4）环形运转制交路。机车在一个区段或枢纽内担当两个及以上往返的列车牵引任务之后，才入段进行整备作业，机车不需要转向，如图 2-15 所示。这种交路适用于担当市郊列车和小运转列车的牵引任务。

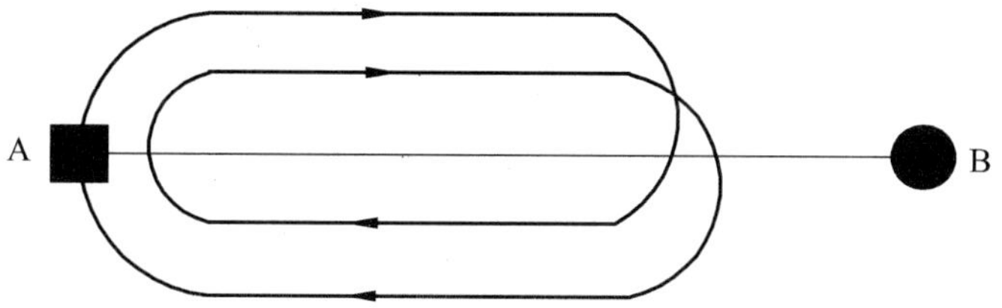

图 2-15　环形运转制交路图

机车在基本段和折返段所在站办理必要作业所需要的最小时间，称为机车在基本段和折返段所在站的停留时间标准。机车在折返段所在站应办理的作业有：在到发线上的到达作业，包括到达试风、摘机车、准备机车入段进路等；机车入段走行；机车在段内作业；机车出段走行；在到发线上的出发作业，包括挂机车、出发试风等。综合以上各项作业所需要的时间，便可得出机车在折返段所在站的停留时间标准。如图 2-16 所示，10001 次列车机车自到达折返段所在站之时起至牵引 10004 次列车出发时止，在该站的停留时间（包括在段内的停留时间）为

$$t_{折}=t_{到达}+t_{入段}+t_{整备}+t_{出段}+t_{出发}\ \text{（min）}$$

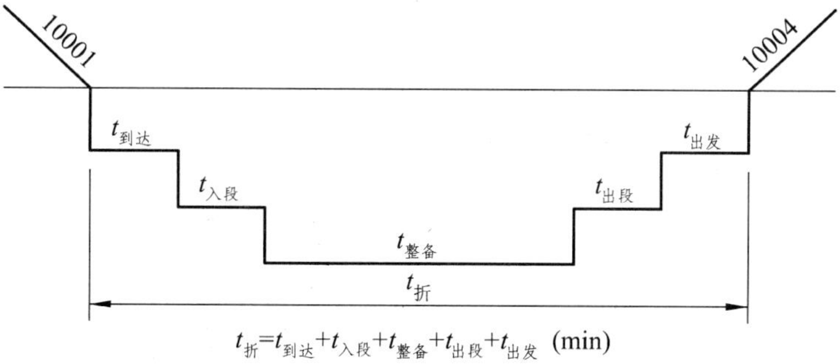

图 2-16　机车在折返段所在站作业过程图

上列各项作业时间，可根据分析计算和查标相结合的方法确定。

在基本段所在站上，不采用循环运转制时，机车也需办理上述各项作业，而且整备作

业要更加细致，因而整备时间也要更长。

在编制运行图前，机务部门必须对每一牵引区段的机车分别查定办理各项作业的时间标准，并规定机车在基本段和折返段所在站的停留时间标准。

四、列车在技术站和客货运站的技术作业时间标准

为了保证车站与区段工作协调，必须编制与车站技术作业过程相配合的列车运行图。因此，在编制列车运行图时，需具备技术站、客货运站技术作业过程的主要作业时间标准，它包括：

（1）在到发车场内办理各种列车作业的时间标准；

（2）在驼峰或牵出线上解体和编组列车的时间标准；

（3）旅客列车车列在配属段、折返段所在站的停留时间标准；

（4）货物站办理整列或成组装卸作业时间标准。

上述标准一般可根据《车站行车工作细则》确定。

五、车站间隔时间

车站间隔时间是指在车站上办理两列车的到达、出发或通过作业所需要的最小间隔时间。在查定车站间隔时间时，应遵守有关规章的规定及车站技术作业时间标准，以保证行车安全和最有效地利用区间通过能力。

常用的车站间隔时间包括不同时到达间隔时间、会车间隔时间、同方向列车连发间隔时间、同方向列车不同时发到间隔时间和不同时到发间隔时间等几种，其值大小与车站信号、道岔操纵方法，车站邻接区间的行车闭塞方法，以及车站类型、接近车站线路的平、纵断面情况，机车类型，列车重量和长度等因素有关。在编制新列车运行图之前，每个车站都应根据具体条件，查定各种车站间隔时间。

1. 不同时到达间隔时间（$\tau_{不}$）

在单线区段，来自相对方向的两列车在车站交会时，从某一方向列车到达车站时起，至相对方向列车到达或通过该站时止的最小间隔时间，称为不同时到达间隔时间，如图 2-17 所示。为了提高货物列车的旅行速度，除上下行列车在同一车站上都有作业需要停站外，原则上应使交会的两列车中的一列通过车站，因此在运行图上较常采用的是一列停车、一列通过的不同时到达间隔时间。

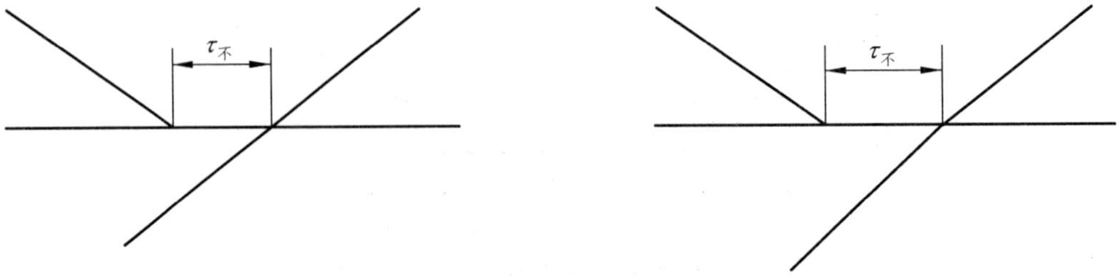

（a）一列停车，一列通过　　　　（b）两列都停车

图 2-17　不同时到达间隔时间图

为确保行车安全，在进站信号机外制动距离内进站方向为超过《技规》规定的下坡道，而接车线末端又无隔开设备的车站，禁止办理相对方向同时接车。凡不能办理相对方向同时接车的车站，由相对方向到站停车的两列车也须保持必要的不同时到达间隔时间。

不同时到达间隔时间的大小，根据如下条件确定：

（1）只有当第一列车到达车站，并为对向列车准备好接车进路以后，才能给对向列车开放进站信号；

（2）进站信号开放时，列车头部在进站信号机外方所处的位置，应等于一个制动距离及司机确认信号显示时间内所通过的距离之和，如图 2-18 所示。

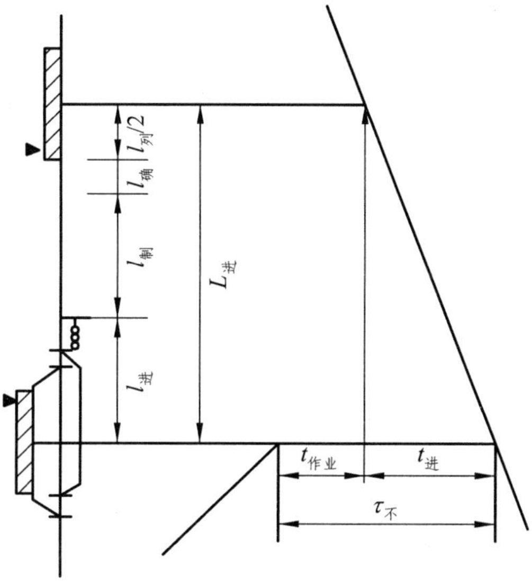

图 2-18　进站信号机开放时的列车位置与不同时到达间隔时间图

因此，不同时到达间隔时间由两个部分组成：第一部分为第一列车到达车站后，车站办理必要作业所需要的时间 $t_{作业}$；第二部分为对向列车通过进站距离 $L_{进}$ 所需要的时间 $t_{进}$。据此，可有

$$\tau_{不}=t_{作业}+t_{进}=t_{作业}+0.06\frac{L_{进}}{v_{进}}$$

$$=t_{作业}+0.06\frac{0.5l_{列}+l_{确}+l_{制}+l_{进}}{v_{进}}\ (\text{min})$$

式中　$l_{列}$——列车长度，m；

$l_{确}$——司机确认进站信号显示状态时间内列车运行距离，m；

$l_{制}$——列车制动距离或由预告信号机至进站信号机的距离，m；

$l_{进}$——进站信号机至车站中心线的距离，m；

$v_{进}$——列车平均进站速度，km/h。

由于车站两端的 $l_{进}$ 和 $v_{进}$ 不同,因此每一车站必须对上下行列车分别查定其不同时到达间隔时间。

车站办理必要作业所需时间，根据各站信联闭设备条件及其作业内容查定。

2. 会车间隔时间（$\tau_{会}$）

在单线区段，自列车到达或通过车站时起，至由该站向同一区间发出另一对向列车时止的最小间隔时间，称为会车间隔时间，如图 2-19 所示。

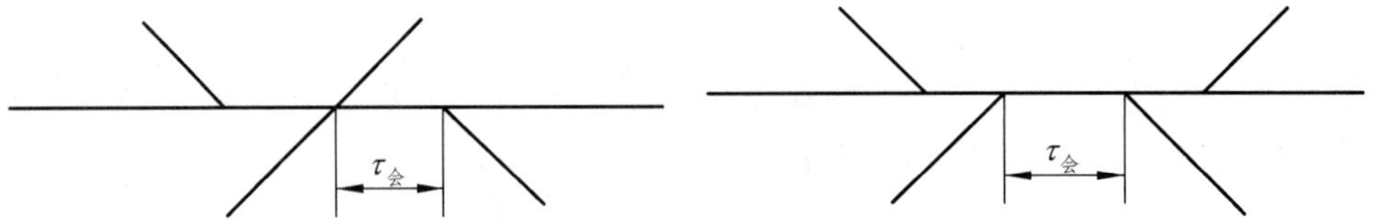

图 2-19　会车间隔时间图

会车间隔时间为由车站值班员监督列车到达或通过后，向同一区间发出另一列车所需办理必要作业的作业时间组成，根据各站信联闭设备条件及其作业内容查定。

3. 同方向列车连发间隔时间（$\tau_{连}$）

在单线或双线区段，从列车到达或通过前方邻接车站时起，至由车站向该区间再发出另一同方向列车时止的最小间隔时间，称为同方向列车连发间隔时间。根据列车在前后两站停车或通过的不同情况，连发间隔时间可有下列四种形式：

（1）两列车通过前后两车站，见图 2-20（a）;

（2）第一列车在前方站停车，第二列车在后方站通过，见图 2-20（b）;

（3）第一列车在前方站通过，第二列车在后方站停车，见图 2-20（c）;

（4）两列车在前后两站均停车，见图 2-20（d）。

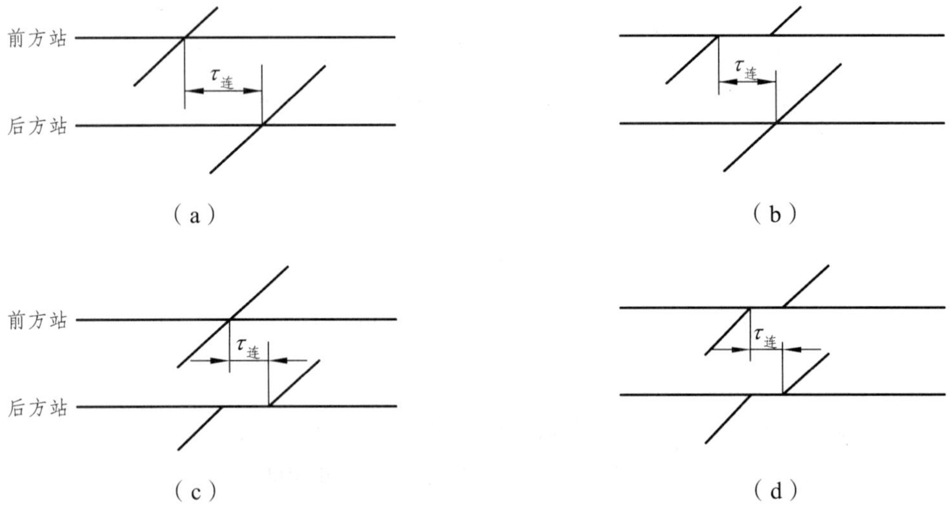

图 2-20　连发间隔时间图

按照连发间隔时间组成因素的不同，可以将上述四种形式的连发间隔时间归纳为两种类型。第一种类型为图 2-20（a）、（b）两种形式。其共同点是列车均在后方站通过，其不同点仅在于前者是前方站值班员监督列车通过，后者是监督列车到达。这一类型的连发间隔时间由两部分组成（见图 2-21）。

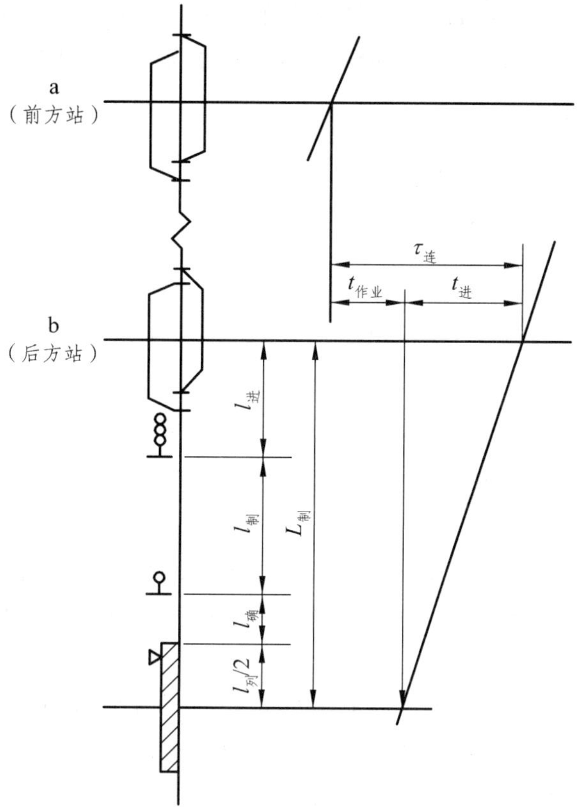

图 2-21　两列车通过前后站连发间隔时间组成图

（1）前后两站办理作业所需的时间 $t_{作业}$；

（2）第二列车通过后方站进站距离 $l_{进}$ 的时间 $t_{进}$。这种类型的连发间隔时间可按如下公式计算

$$\tau_{连}=t_{作业}+t_{进}=t_{作业}+0.06\frac{L_{进}}{v_{进}}$$

$$=t_{作业}+0.06\frac{0.5l_{列}+l_{确}+l_{制}+l_{进}}{v_{进}}\ \text{（min）}$$

第二种类型为图 2-20（c）、（d）两种形式。其共同点是列车均在后方站停车，其不同点仅在于前者是前方站值班员监督列车通过，后者是监督列车到达。

通过对连发间隔时间组成因素的分析可以看出，第一种类型连发间隔时间的组成因素及车站办理作业的内容与不同时到达间隔时间基本相同；第二种类型连发间隔时间所包括的作业内容则与会车间隔时间基本相同。但必须注意，连发间隔时间是发生在前后两个车站上，而不同时到达和会车间隔时间是发生在同一个车站上。

4. 同方向列车不同时到发间隔时间（$\tau_{到发}$）和不同时发到间隔时间（$\tau_{发到}$）

自某方向列车到达车站时起，至由该站发出另一同方向列车时止的最小间隔时间，称为同方向列车不同时到发间隔时间。自列车由车站发出时起，至同方向列车到达车站时止的最小间隔时间，称为同方向列车不同时发到间隔时间。这两种间隔时间在运行图上的表现形式如图 2-22 所示。

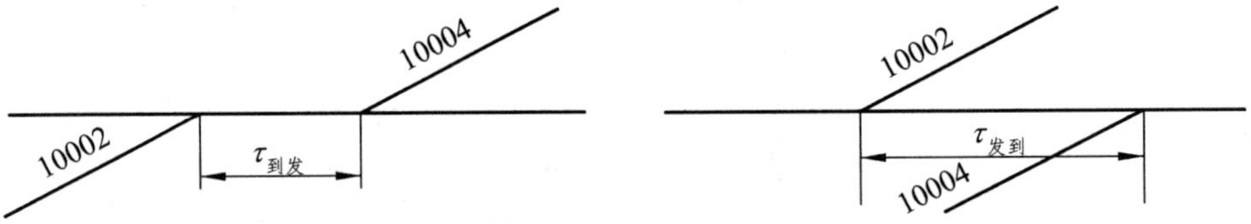

图 2-22　同方向列车不同时到发和不同时发到间隔时间图

凡禁止办理同时接发同方向列车的车站，都必须查定同方向列车不同时到发间隔时间和不同时发到间隔时间。在查定这两种间隔时间时，必须遵守以下两个条件：

（1）办理同方向列车不同时到发时，必须在列车全部到达并停在警冲标内方以后，另一个同方向列车方可从该站出发；

（2）办理同方向列车不同时发到时，必须在第一列车全部通过出发进路中的最后出站道岔以及车站办理有关作业之后，将要进站的另一同方向列车，应位于该站进站信号机外方 $l_{制}+l_{确}$ 的位置处。

根据上述条件，同方向列车不同时到发间隔时间为由车站值班员监督列车到达后，向同一方向发出另一列车所需办理必要作业的作业时间组成。而同方向列车不同时发到间隔时间，则由如下三部分组成（见图 2-23）：

（1）出发列车通过出站距离 $L_{出}$ 的时间 $t_{出}$；

（2）车站办理必要作业的时间 $t_{作业}$；

（3）到达的同方向列车通过进站距离 $L_{进}$ 的时间 $t_{进}$。

因而，可有

$$\tau_{发到}=t_{出}+t_{作业}+t_{进}\ (\text{min})$$

由图 6-23 可见

$$t_{出}=0.06\frac{l_{出}+0.5l_{列}}{v_{出}}\ (\text{min})$$

$$t_{进}=0.06\frac{0.5l_{列}+l_{确}+l_{制}+l_{进}}{v_{进}}\ (\text{min})$$

所以，同方向列车不同时发到间隔时间计算公式也可以写为

$$\tau_{发到} = t_{作业} + 0.06\left(\frac{l_{出} + 0.5l_{列}}{v_{出}} + \frac{0.5l_{列} + l_{确} + l_{制} + l_{进}}{v_{进}}\right) \text{（min）}$$

式中　$l_{出}$——由车站中心线至出发进路最外方道岔的距离，m；

$v_{出}$——列车由车站出发时，通过出站距离的平均速度，km/h。

5. 相对方向列车不同时通过间隔时间（$\tau_{通}$）

在一端连接双线区间、另一端连接单线区间的车站（或线路所）上，两个相对方向的列车不同时通过该站（或线路所）的最小间隔时间，称为相对方向列车不同时通过间隔时间。如图 2-24 所示，相对方向列车不同时通过间隔时间也由 $t_{作业}$ 和 $t_{进}$ 两部分组成。

上述各种车站间隔时间的数值大小，与列车运行速度和列车长度有关。因此，应分别对旅客列车和货物列车进行查定。

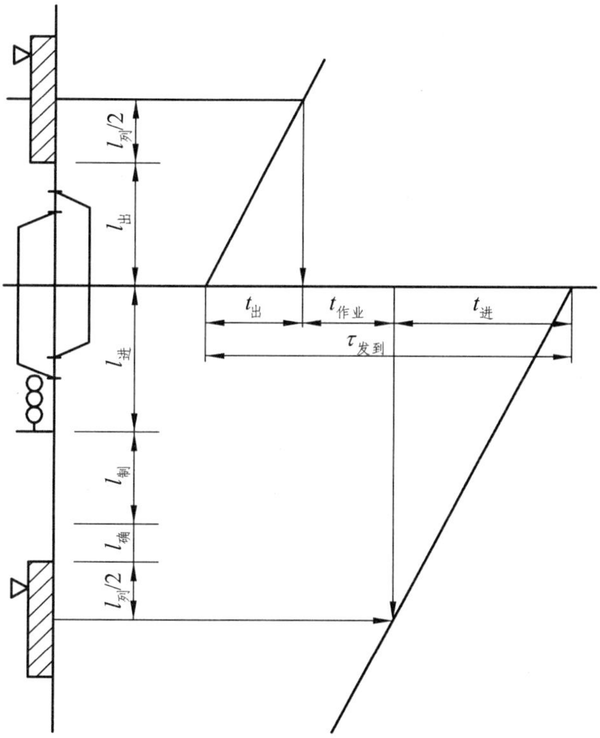

图 2-23　同方向列车不同时发到间隔时间组成图

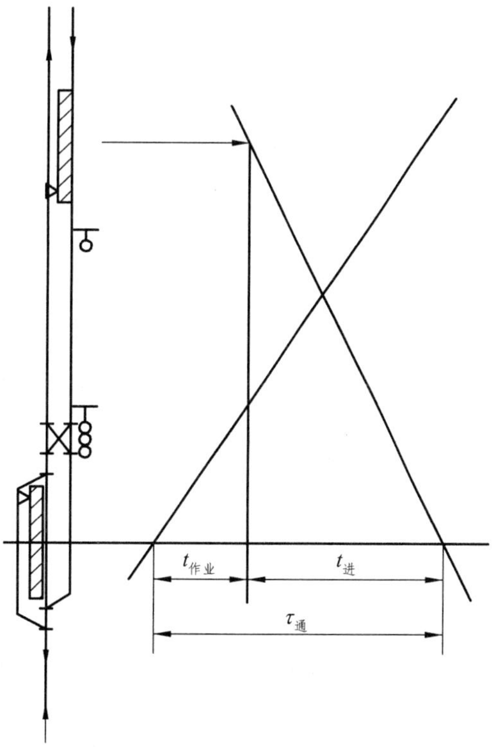

图 2-24　单双线区段相对方向列车不同时通过车站的间隔时间组成图

6. 追踪列车间隔时间

在自动闭塞区段，一个站间区间内同方向可有两列或两列以上列车，以闭塞分区间隔运行，称为追踪运行。追踪运行列车之间的最小间隔时间，称为追踪列车间隔时间 I，如图 2-25 所示。追踪列车间隔时间，决定于同方向列车间隔距离、列车运行速度及信联闭设备类型。

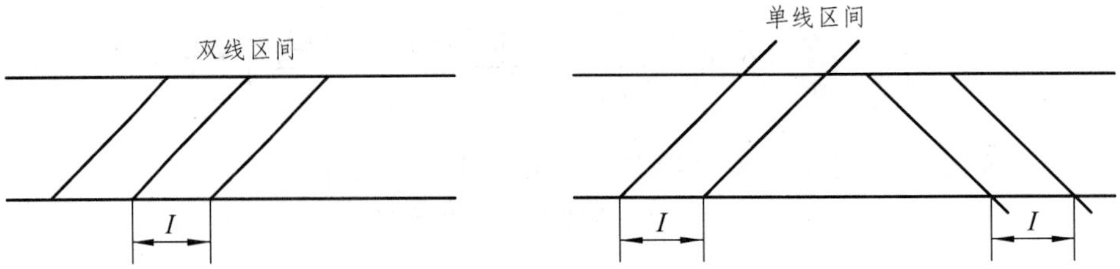

图 2-25　追踪列车间隔时间图

（1）三显示自动闭塞区段追踪列车间隔时间。

在使用三显示自动闭塞的区段，追踪列车之间的间隔，通常情况下需相隔三个闭塞分区，如图 2-26 所示。这样，可以保证后行列车经常能看到绿灯显示，从而可以使列车保持高速运行。在这种情况下，追踪列车间隔时间 $I_{追}^{绿}$ 为

$$I_{追}^{绿}=0.06\frac{l_{列}+l'_{分区}+l''_{分区}+l'''_{分区}}{v_{运}}$$

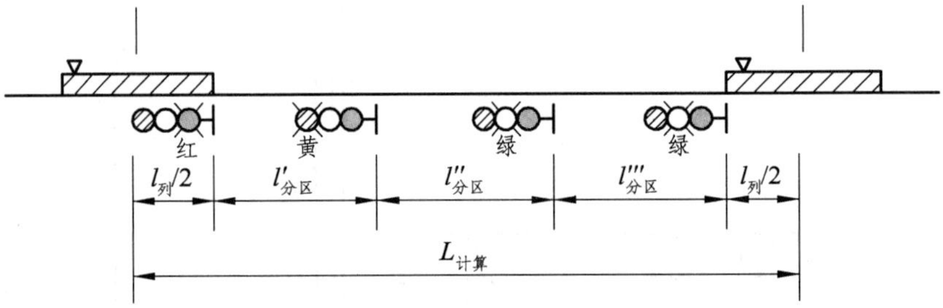

图 2-26　追踪列车向绿灯运行时的间隔距离图

但是，当列车在长大上坡道上运行时，由于运行速度较低，追踪列车间隔时间也可以按照前后列车间隔两个闭塞分区的条件（见图 2-27）来确定。这时，追踪列车间隔时间 $I_{追}^{黄}$ 为

$$I_{追}^{黄}=0.06\frac{l_{列}+l'_{分区}+l''_{分区}+l'''_{分区}}{v_{运}}+t_{确}\quad(\text{min})$$

式中　$t_{确}$——司机确认信号转换显示的时间，min。

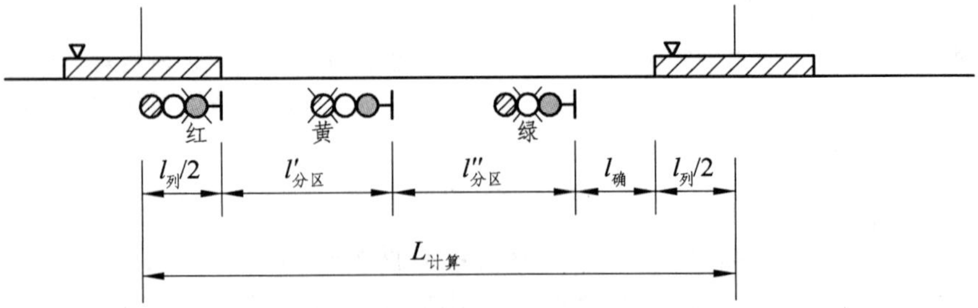

图 2-27　追踪列车向黄灯运行时的间隔距离图

根据列车在区间内追踪运行的上述条件计算出追踪列车间隔时间后，还应分别按列车

到站停车、从车站出发和两列车不停车通过车站的条件进行验算。

按到站停车条件确定追踪列车间隔时间时，应确保后行的追踪列车不因站内未准备好接车进路而减低速度。为此，车站准备好进路和开放好进站信号的时刻，应不迟于第二列车首部接近站外第二通过色灯信号机的时刻（见图 2-28）。这时，追踪列车间隔时间 $I_{到}$ 应为

$$I_{到}=0.06\frac{l_{进}+l'_{分区}+l''_{分区}+l'''_{分区}+l_{列}}{v_{进}^{平均}}+t_{确}\ （\text{min}）$$

式中 $t_{作业}$——车站准备进路和开放进站信号的时间，min；

$v_{进}^{平均}$——列车通过进站计算距离的平均速度，km/h。

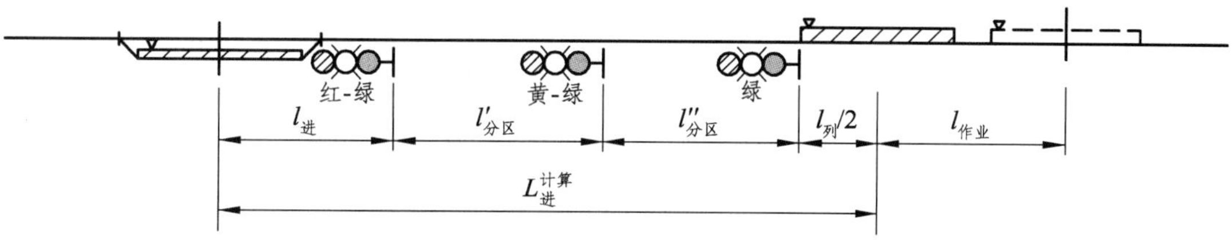

图 2-28　列车到站停车时追踪列车间隔图

按列车从车站出发条件确定追踪列车间隔时间时，应确保后行列车在出站信号机显示绿灯的条件下出发，如图 2-29 所示。只有在第一列车腾空两个闭塞分区后，出站信号机才能显示绿灯。因此，由车站发出追踪列车间隔时间 $I_{发}$ 应为

$$I_{发}=t_{作业}+0.06\frac{l_{列}+l'_{分区}+l''_{分区}}{v_{出}^{平均}}\ （\text{min}）$$

当准许列车凭出站信号机显示黄色灯光发车时，则追踪列车间隔时间 $I_{发}$ 应为

$$I_{发}=t_{作业}+0.06\frac{l_{列}++l'_{分区}}{v_{出}^{平均}}\ （\text{min}）$$

式中 $t_{作业}$——车站开放信号和司机确认信号的时间，min；

$v_{出}^{平均}$——列车通过出站计算距离的平均速度，km/h。

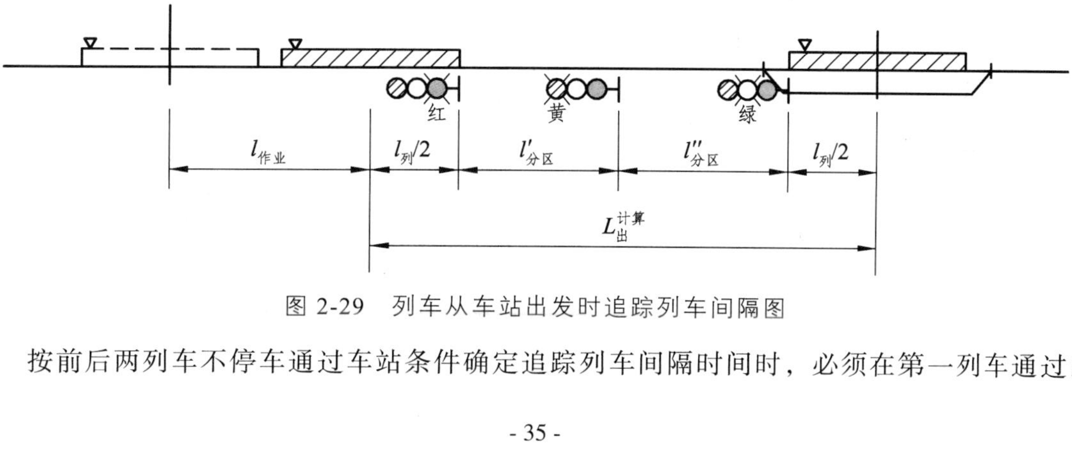

图 2-29　列车从车站出发时追踪列车间隔图

按前后两列车不停车通过车站条件确定追踪列车间隔时间时，必须在第一列车通过出

站道岔，并为后行列车开放进站信号后，后行列车才能处在与第一列车相隔三个闭塞分区（包括车站闭塞分区）距离的位置（见图 2-30）。这时，追踪列车不停车通过车站的间隔时间 $I_{通}$ 应为

$$I_{通}=t_{作业}+0.06\frac{l_{分区}^{站}+l'_{分区}+l''_{分区}+l_{列}+l_{岔}}{v_{通}^{平均}}\ \text{(min)}$$

式中　$l_{分区}^{站}$——车站闭塞分区长度，m；

$v_{通}^{平均}$——列车通过车站计算距离的平均速度，km/h，

$l_{岔}$——出站信号机至最外方道岔的距离，m；

$t_{作业}$——第二列车开放进站信号的时间，min。

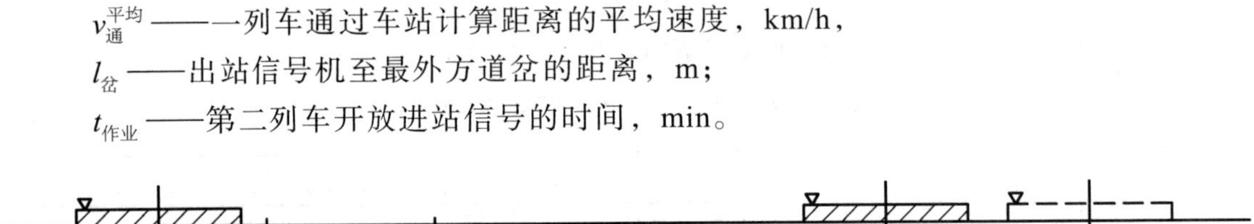

图 2-30　列车不停车通过车站时追踪列车间隔图

追踪列车间隔时间亦可用图解法确定，即根据牵引计算做出的运转时分曲线 $t=f(s)$，确定各种计算距离的列车运行时分（见图 2-31），再加上相应的办理作业时分。

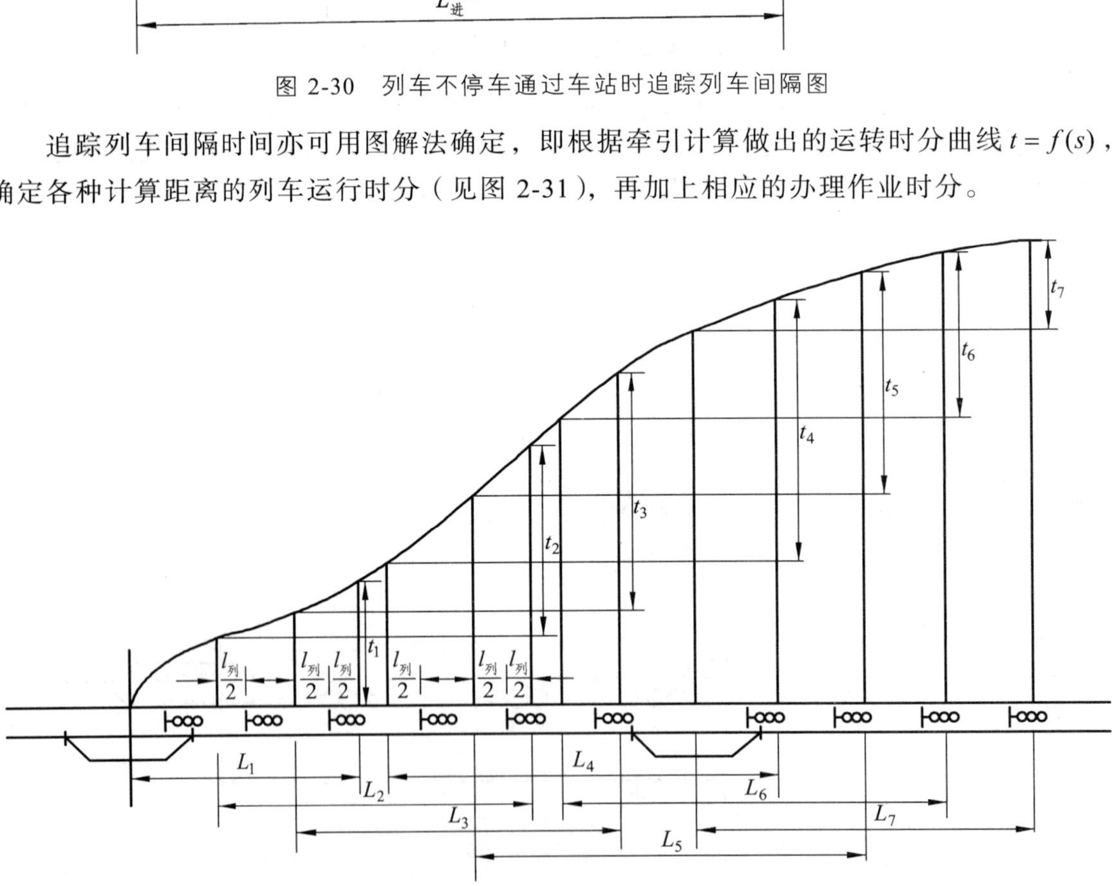

图 2-31　自动闭塞区段追踪间隔时间图解计算法图

在开行组合列车或重载列车的区段，应根据组合列车与普通货物列车前后位置的不同，

分别确定 $I_{追}$、$I_{到}$、$I_{发}$ 和 $I_{通}$。

因为旅客列车和货物列车的运行速度不同，所以在确定货物列车与旅客列车之间的追踪间隔时间时，应按到站条件计算（见图 2-32（a）），而确定旅客列车与货物列车的追踪间隔时间时，则应按从车站出发的条件计算（见图 2-32（b））。

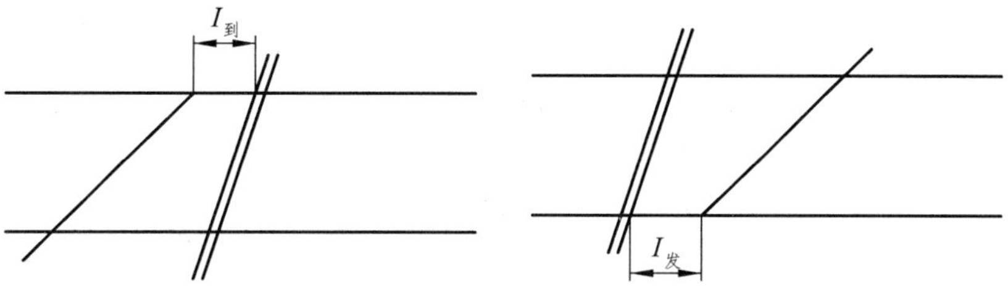

（a）　　（b）

图 2-32　旅客列车和货物列车追踪间隔时间图

对各区间求出普通货物列车之间的上述几种追踪间隔时间之后，取其中最大的数值作为计算平行运行图通过能力时的追踪间隔时间。

（2）四显示自动闭塞区间追踪列车间隔时间计算原理。

① 四显示自动闭塞的概念。

一般称通过色灯信号机能显示诸如红（*H*）、黄（*U*）、绿黄（*LU*）和绿（*L*）四种灯光信号的自动闭塞为四显示自动闭塞。在国外，四显示自动闭塞通常在既有密度大、速度低、时间集中的市郊列车，又有直快和特快等列车运行的运输繁忙的市郊铁路上或列车速度高、制动距离长、运输繁忙的高速铁路上采用。

② 四显示自动闭塞与三显示自动闭塞的区别。

四显示自动闭塞的轨道电路根据前行列车位置，发出不同的码序，表示一定的限制速度。当装设有超速防护装置时，列车超速运行，将迫使列车发生紧急制动。所以，四显示信号是具有预告功能的速差式信号。而我国铁路长期采用的是三显示自动闭塞，各种信号显示没有具体速度要求，对超速没有速度监督作用，是无明显速度级差的信号。两种自动闭塞在运用功能方面的主要区别如表 2-1 所示。

表 2-1　四显示与三显示自动闭塞运用功能比较表

项目	四显示	三显示
地面信号显示	四显示（*L*、*LU*、*U*、*H*）	三显示（*L*、*U*、*H*）
机车信号系统	自动停车装置，侧线运行机车信号指示	自动停车装置，侧线运行无机车信号指示
制动距离分区数	2 个闭塞分区	1 个闭塞分区
列车追踪间隔	5 个闭塞分区	3 个闭塞分区
列车运行方向	每线双向运行	每线单向运行
列车运行凭证	以机车信号为主	以地面信号为主
闭塞分区长度	700～900 m	1600～2600 m

③ 追踪列车间隔时间。

如图 2-33 所示，在四显示自动闭塞区间，列车追踪运行至少应保证有五个闭塞分区的间隔。其中防护区用于保护区间，要求列车停车；提醒区用于提醒司机，列车将进入减速地段。据此，在四显示自动闭塞条件下，在区间内运行的追踪列车间隔时间 $I_{追}$ 可按下式计算：

$$I_{追}=0.06\frac{5l_{分区}+l_{列}}{V_{运}}\ (\text{min})$$

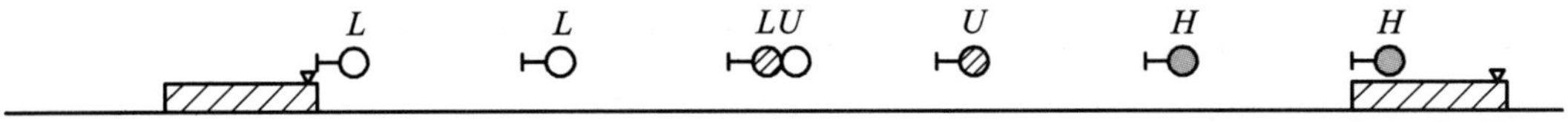

闭塞分区性质	提醒区	第一制动区	第二制动区	第三制动区	防护区	占用区
信息种类	提醒注意	预告	预告	停车		

图 2-33　四显示追踪列车间隔图

（3）移动自动闭塞追踪列车间隔时间计算原理。

移动自动闭塞是在确保行车安全前提下，以使追踪列车间的间隔达到最小为目标，以车站控制装置和机车控制装置为中心的一个闭塞控制系统。在这一系统下，区间内运行的每一列车均与前方站的中心控制装置周期性地保持高可靠度的通讯联系；车站中心控制装置接到列车信息后，根据列车牵引特性曲线及区间相关参数，解算出每一追踪列车的允许最大运行速度发送给列车，而对于接近进站的列车，则根据调度命令发出该列车进站及进入股道等信号。移动自动闭塞系统在我国已取得一定的研究成果。

采用移动自动闭塞系统可以有效地压缩追踪列车间隔时间，提高区间通过能力。在移动自动闭塞区间，追踪列车间隔时间如图 2-34 所示。据此，在区间内运行的追踪列车间隔时间 $I_{追}$ 可按下式计算：

$$I_{追}=0.06\frac{l_{制}+l_{列}+l_{安}}{v_{运}}+t_{信}\ (\text{min})$$

式中　$l_{制}$——列车制动距离，m；

$l_{安}$——系统安全防护距离，m；

$t_{信}$——列车动态信息传输时间，min。

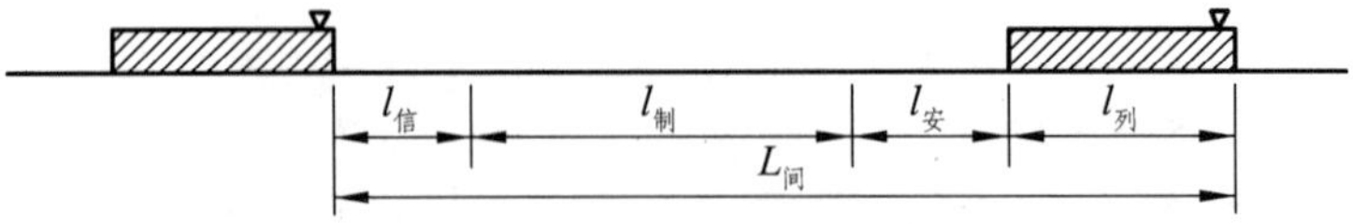

图 2-34　移动自动闭塞追踪间隔图

2.3.6 列车运行图编制

一、编制要求和步骤

随着铁路客货运量的日益增长和运输市场的发展变化，铁路技术设备和运输组织工作的不断改进，以及列车牵引重量和运行速度的逐步提高，每经过一定时期，就有必要重新编制一次列车运行图。

全路列车运行图的编制或调整工作，按国铁集团统一规定进行。必要时，各局可在运行图实行期间对管内列车进行局部调整。为了适应运量波动和线路施工的需要，除了编制基本运行图外，还可以根据具体情况，编制各种分号运行图。

（一）编图的组织领导

列车运行图的编制，在国铁集团统一领导下，由各铁路局负责做好具体工作。

国铁集团由运输、机务、车辆、工务、电务、计划等有关部门负责人组成领导小组，负责编图的组织领导工作，确定编图的原则、任务和步骤，组织有关铁路局协商拟定全路跨局旅客列车运行方案，解决局间列车交接的有关问题，审查各局提报的编图资料和各局编制的列车运行图。

各铁路局也由运输、客运、机务、车辆、工务、电务等部门的有关人员组成编图小组，按照国铁集团的统一部署，认真准备好编图资料，负责完成本局的运行图编制工作。

（二）编图要求

列车运行图的编制大致可分为三个阶段：准备阶段、编制阶段、新图实行前的准备阶段。

1. 编图资料

铁路局有关部门应按时向国铁集团有关业务局上报下列各项编图资料：

（1）各区段各种客货列车行车量；

（2）车站间隔时间和追踪列车间隔时间，以及必要的列车运行图缓冲时间；

（3）各区段通过能力；

（4）客货列车停车站名和停站时间标准；

（5）各技术站主要技术作业时间标准；

（6）客车车列在配属段、折返段停留时间标准；

（7）客货列车区间运行时分和起停车附加时分；

（8）各区段货物列车重量标准；

（9）机车在基本段和折返段作业时间标准，机车运用方式和乘务组工作制度；

（10）各区段线路允许速度；

（11）施工计划以及慢行地段和慢行速度；

（12）现行列车运行图完成情况的分析。

2. 编图要求

编制列车运行图时，必须满足如下要求：

（1）保证列车运行的安全。列车运行图必须符合《铁路技术管理规程》的有关规定，严格遵守行车的作业程序和时间标准。

（2）迅速、便利地运输旅客和货物。运行图上铺画的旅客列车应最大限度地为旅客提供方便条件，客、货列车对数应考虑到运量的波动程度，保证完成国家规定的运输任务。

（3）充分利用铁路通过能力，经济合理地运用机车车辆。在铺画列车运行线时，应消除各种不必要的停留时间，提高列车的旅行速度；要合理规定列车重量标准和机车运用方法；对直通列车要注意良好的衔接，以提高机车车辆的运用效率。同时，要妥善安排工务部门的施工计划，保证线路大修施工和日常运输两不误。

（4）应将区间通过能力利用率控制在一定的允许范围内，确保列车运行图具有一定的弹性，以适应日常运输生产和列车运行秩序变化的需要。

（5）列车运行图要与列车编组计划和车站技术作业过程相协调，使列车运行线与车流很好地结合起来。

（6）保证各站、各区段间工作的协调和均衡。在运行图上铺画列车运行线时，应力求在一昼夜内各个阶段大体均衡，以充分利用车站到发线和咽喉通过能力、车站改编作业能力以及区间通过能力。

（7）合理安排乘务人员的作息时间，保证不超过规定的一次连续工作时间标准。

列车运行图在很大程度上反映着整个铁路行车组织工作的水平。提高运行图编制质量，可以改善对旅客的服务，加速货物送达，改进机车车辆的运用，更好地利用区段通过能力，提高劳动生产率，降低运输成本。因此，在编制列车运行图时，必须及时总结和推广先进经验，不断提高列车运行图的质量。

列车运行图是全路与运输有关各单位的综合工作计划。因此，在编制运行图过程中，要从全局出发，统筹兼顾，正确处理列车运行与技术站作业的关系，列车运行与机车交路的关系、运输与施工的关系、跨局列车与管内列车的关系、旅客列车与货物列车的关系等。各铁路局编完运行图后，由国铁集团审查批准，并由国铁集团确定在全路统一实行新运行图的日期（与新列车编组计划同时实行）、印制行车时刻表，拟定新旧运行图的交替办法，各铁路局应组织各站段切实做好实行新运行图的各项准备工作。

3. 编图步骤

在列车运行图的编制阶段，通常分三步进行：

（1）编制列车运行方案图。

编制列车运行方案图的目的是解决列车运行线的布局衔接问题，尽量使列车运行线均衡排列。合理勾画机车交路，压缩机车运用台数。列车运行方案图，一般用小时格图纸进行编制，只标明列车在主要站（技术站、分界站及较大的客、货运站）的到、发时刻，如图 2-40 所示。

在编制客车运行方案时，应充分考虑旅客旅行的方便，客车与客车之间的衔接，旅客车底和客运机车的经济使用等；在编制直达列车运行方案时应考虑列车在技术站的良好接续；在编制快运货物列车运行方案时，应考虑鲜活、易腐等快运货物的上站时间以及终到站的合理到达时间等。

（2）编制列车运行详图。

所谓详图，即详细的列车运行图，它包括列车在所有经过车站的到达、出发或通过时刻。列车运行详图，应根据列车运行方案图进行编制。一般用二分格图进行编制，编完后再描绘在十分格运行图上。

（3）计算列车运行图指标。

在检查、确认列车运行图完全满足要求后，还应计算运行图指标，包括列车旅行速度、技术速度及机车日车公里。

二、区段管内工作列车铺画方案

对在区段内中间站上须办理货物作业的车辆所进行的工作，称为区段管内工作，它包括：货物装车或卸车作业；向中间站送车，以及由中间站取出装车完了重车或卸后空车；中间站的调车工作。

向中间站送车和由中间站取车的货物列车，主要有摘挂列车、区段小运转列车和调度机车等。其中摘挂列车是最普遍和最主要的形式。中间站的取送车作业应严格按照列车运行图的规定办理，以保证加速车辆在区段上的运行，缩短车辆在中间站和技术站上的停留时间。

中间站的调车工作主要是指：由于货物作业的需要，向货物装卸作业地点取送车辆，将车辆由某一装卸作业地点转送至另一装卸作业地点，专用线的调车和车辆过磅等；列车在中间站摘挂车辆；成组车辆的编组和解体，以及个别情况下列车的编组和解体。

一般情况下，中间站调车工作由摘挂列车和小运转列车机车、配属于一个或几个中间站的专用调车机车，以及调度机车担当。此外，必要时也还可以利用担任列车作业的补机进行调车。

中间站的取送车办法及时间，以及在中间站上的调车方法，通过编制区段管内工作计划图加以规定。在编制区段管内工作计划图时，应严格遵守机车和列车乘务组延续工作时间标准的规定。

（一）区段管内工作量

区段管内工作量一般是指从事区段管内工作的各种货物列车的行车量，它取决于区段管内的零散车流量，即区段管内车流量。

区段管内车流量由区段管内各中间站的重车流量、为保证中间站装车所需要的空车来源和卸后空车的去向所决定。根据计划的管内重车流量和空车流向，并参照实际车流规律，可编制区段重空车流斜表（见表 2-2）。根据列车牵引重量和各区间的车流量，即可确定摘挂列车的行车量。

表 2-2　A－B 区段管内车流表

	A	a	b	c	d	e	f	B	计
A		$\frac{2}{0}$	$\frac{15}{10}$	$\frac{2}{11}$	$\frac{8}{5}$	$\frac{3}{5}$	—	—	$\frac{30}{31}$
a	—		$\frac{0}{2}$	—	—	—	—	—	$\frac{0}{2}$
b	$\frac{20}{0}$	—		—	—	—	$\frac{2}{0}$	$\frac{7}{0}$	$\frac{29}{0}$
c	$\frac{6}{0}$	—	—		$\frac{0}{1}$	—	—	$\frac{6}{0}$	$\frac{12}{1}$
d	$\frac{10}{0}$	—	—	—		—	$\frac{1}{0}$	$\frac{8}{0}$	$\frac{19}{0}$
e	$\frac{8}{0}$	—	—	—	—		—	—	$\frac{8}{0}$
f	$\frac{3}{0}$	—	—	—	—	—		—	$\frac{3}{0}$
B	—	—	$\frac{2}{0}$	—	$\frac{5}{0}$	—	—		$\frac{7}{0}$
计	$\frac{47}{0}$	$\frac{2}{0}$	$\frac{17}{12}$	$\frac{2}{11}$	$\frac{13}{6}$	$\frac{3}{5}$	$\frac{3}{0}$	$\frac{21}{0}$	$\frac{108}{34}$

注：分子——重车；分母——空车。

列车重量标准一般是按整个区段规定的。实际上，在一个区段内，各个区间的线路平面和纵断面各不相同，因此各个区间的牵引重量可以不同。同时，由于摘挂列车在各中间站办理车辆摘挂作业，致使实际的列车重量在沿途也有变化。为了充分利用机车牵引力，在查定该区段应开行的摘挂列车数时，一般应以各区间牵引重量和各区间由摘挂列车挂运的车流量为依据，用下式分别对每一区间进行计算：

$$n_{摘挂}=\frac{U_{摘挂}^{重}q_{总重}+U_{摘挂}^{空}q_{自重}}{Q_{区间}}$$

式中　$n_{摘挂}$——该区间一日内应开行的摘挂列车数；

$U_{摘挂}^{重}$、$U_{摘挂}^{空}$——该区间一日内由摘挂列车挂运的重车数和空车数；

$q_{总重}$——货车平均总重，t；

$q_{自重}$——货车平均自重，t；

$Q_{区间}$——该区间牵引质量，t。

对每个区间分别上下行方向求出 $n_{摘挂}$ 的数值后，取其中最大值作为该区段应开行的摘挂列车对数。开行的摘挂列车对数过少，将使区段管内车流积压，延长车辆在技术站和中间站上的停留时间，影响对铁路沿线工农业生产和人民生活的服务。但增加摘挂列车的开行次数，对区段通过能力的利用和机车运用效率都将产生不利影响。如表 2-3 所示，按照计算应开行两对摘挂列车，但分析各区间的车流资料表明，下行方向需要开行两列摘挂列车的只是 A—a 和 a—b 两个区间，而上行方向需要开行两列摘挂列车的也只是 b—a 和 a—A 两个区间。为了减少摘挂列车开行次数，又能及时输送区段管内车流，也可以考虑在

A—b 间开行一对区段小运转列车，而在整个区段则开行一对摘挂列车。对上下行车流量显著不等的区段，上下行方向开行的摘挂列车数也可以不同，如开行一对半、两对半等。

表 2-3　A－B 区段各区间通过总吨数和列车牵引重量标准表

区间名称	A→B 方向（下行）				B→A 方向（上行）			
	车数		总重吨数/t	列车牵引质量/t	车数		总重吨数/t	列车牵引质量/t
	重车	空车			重车	空车		
A→a	30	31	2447	2000	47	0	3008	3200
a→b	28	33	2353	2000	47	0	3008	3200
b→c	22	21	1765	1800	29	0	1856	2000
c→d	26	11	1851	2000	23	0	1472	1800
d→e	27	5	1813	1900	18	0	1152	1800
e→f	24	0	1536	1650	10	0	640	1800
f→B	21	0	1344	1650	7	0	448	1800

注：重车总重 64 t，空车自重 17 t。

近年来，我国铁路开始了货运作业集中化的进程，即采取措施逐步将货物作业量较小中间站的货物作业集中到货物作业量较大车站。它既可以减少区段内开行的摘挂列车数，又可以减少摘挂列车的停车作业次数，对减少摘挂列车对区间通过能力利用的影响，提高铁路运输效率都有重要的意义。

（二）区段管内货物列车的铺画方案

在确定服务于区段管内工作的各种货物列车在列车运行图上的铺画方案时，必须保证摘挂车流在技术站和中间站上的停留时间为最小，保证机车乘务组的连续工作时间不超过规定标准。

在铺画时，摘挂列车在各中间站的停留时间，应满足货物装卸和调车作业的需要。对于不是经常有货物装卸和整车货物发送或到达的中间站，在方案中可不规定停站时间，或将此种车站的停站时间集中于某一个车站，在日常执行中由列车调度员机动调整。

摘挂车流在中间站的停留时间主要决定于摘挂列车运行线的相互关系。在区段内只开行一对摘挂列车时，由某方向摘挂列车送到中间站的车流，作业后可能由次日同一车次的摘挂列车挂走，也可能由相对方向的摘挂列车挂走。在这里，把由同方向列车挂走的车流称为顺向车流，由相对方向列车挂走的车流称为逆向车流。顺向车流在中间站上的停留时间与摘挂列车在运行图上的铺画方案无关，而逆向车流在中间站上的停留时间则与摘挂列车在运行图上的铺画方案有很大关系。

当上下行方向摘挂列车在区段列车运行图上按无交叉方式铺画，且下行方向列车在前，上行方向列车在后时，可称之为上开口摘挂列车铺画方案；反之，则可称之为下开口摘挂列车铺画方案。对于上开口方案，下行摘挂列车送到各中间站的逆向车流，作业后均能由上行摘挂列车挂走，是下行摘挂列车与上行摘挂列车在运行图上具有最小间隔时间的方案（见图（2-35），车辆在 i 中间站的停留时间为：

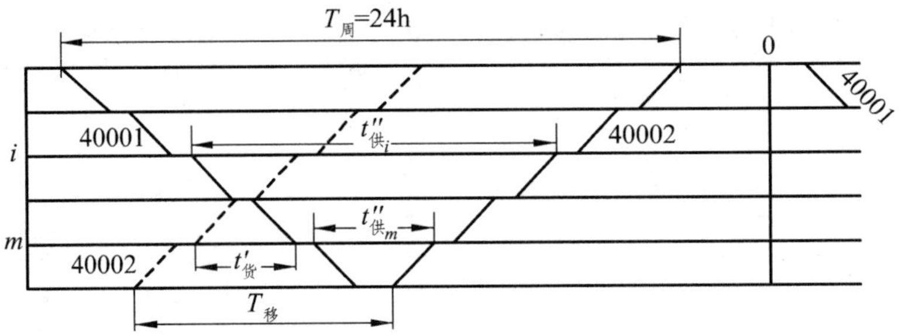

图 2-35　上开口方案示意图

$$T_i = N^{下}_{下,i}(T_{周}+t'_{调,i}) + N^{上}_{上,i}(T_{周}+t''_{调,i}) + N^{上}_{上,i}(t''_{供,i}+t_{调,i}) + N^{下}_{上,i}(T_{周}-t''_{供,i})$$

$$= (N^{上}_{下,i} - N^{下}_{上,i})(t''_{供,m} + \sum_{r=i}^{m} t_{调,r} + t_{运(i-m)}) + N^{下}_{上,i}(T_{周}+t_{调,i}) + N^{下}_{下,i}(T_{周}+t'_{调,i}) + N^{上}_{上,i}(T_{周}+t''_{调,i})$$

车辆在各中间站的总停留时间为：

$$T = \sum_{r=i}^{m} T_i$$

式中　$t''_{供,i}$——i 站可供货车办理货物作业的时间（这里 $t''_{供,i} \geqslant t''_{货,i}$，$i = 1，2，\cdots，m$），即从下行摘挂列车出发到上行摘挂列车到达之间的间隔时间；

$t''_{货,i}$——随下行摘挂列车到达 i 站的逆向车流的货物作业时间标准（不包括摘挂列车停站时间标准内可能利用的时间）；

$t_{调,i}$——一对摘挂列车在 i 站的停留时间标准（$t_{调,i} = t'_{调,i} + t''_{调,i}$）；

$t'_{调,i}$、$t''_{调,i}$——下行和上行摘挂列车在 i 站的停留时间标准；

$t_{运,(i-m)}$——$i-m$ 间上下行摘挂列车运行时间；

$T_{周}$——开行下行或上行摘挂列车的周期；

$N^{下}_{下,i}$、$N^{上}_{上,i}$——i 站顺向车流；

$N^{上}_{下,i}$、$N^{下}_{上,i}$——i 站逆向车流（$N^{上}_{下}$ 为由下行摘挂列车挂来然后由上行摘挂列挂走的车流，$N^{下}_{上}$ 为由上行摘挂列车挂来然后由下行摘挂列车挂走的车流）。

随着上下行摘挂列车运行线铺画方案的变化，如图 2-35 虚线所示，逆向车流在中间站的停留时间也发生变化。在所有可能的铺画方案中，车辆在各中间站总停留时间最小的方案，才是摘挂列车的最优铺画方案。

当区段内某方向有两列摘挂列车时，第一列摘挂列车送往各中间站的顺向车流，作业后就可以由同方向的第二列摘挂列车挂出，因而可以使该方向顺向车流在中间站的停留时间大为缩短。为了保证顺向车流能在当日由第二列摘挂列车挂出，同方向摘挂列车的间隔，应不少于作业时间最长那个中间站的一次或双重货物作业的时间和调车作业时间标准，如图 2-36 所示。至于如何确定相对方向摘挂列车的铺画位置，其原则与区段内开行一对摘挂列车时基本相同。

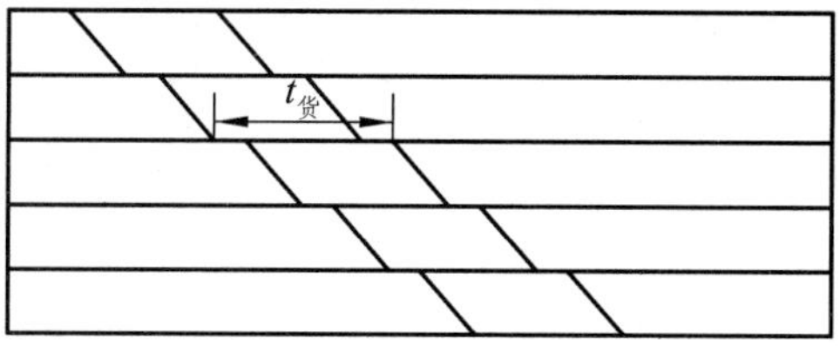

图 2-36　同方向有两列摘挂列车的铺画方式示意图

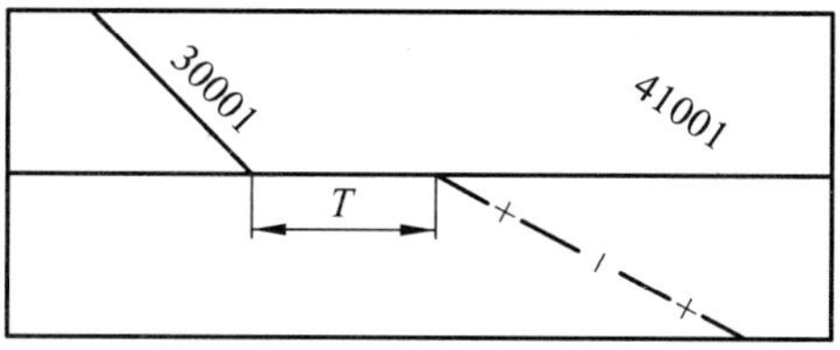

图 2-37　摘挂列车与区段列车运行时刻配合示意图

为了缩短摘挂车流在技术站上的停留时间，应保证有最良好的车流接续。摘挂列车在技术站的出发时刻，必须与挂有摘挂车流的列车的到达时刻相配合；摘挂列车到达技术站的时刻，必须与挂走摘挂车流的列车的出发时刻相配合。图 2-37 表示到达 B—C 区段的大部分摘挂车流由邻接区段的区段列车挂到技术站 B，则 41001 次摘挂列车从技术站 B 出发的时刻，应规定在 30001 次区段列车到达技术站 B 之后再加上一定的间隔时间 T 。T 值应等于区段列车的到达、解体作业时间和摘挂列车的编组、出发作业时间之和。

由于摘挂列车需要在中间站停车作业，在区段内的旅行时间较长，所以在制定摘挂列车铺画方案时，应特别注意机车乘务组的连续工作时间不超过规定标准。当摘挂列车机车乘务组的连续工作时间超过规定标准时，则应采取适当措施缩短摘挂列车在区段内的旅行时间。常用的措施可有：

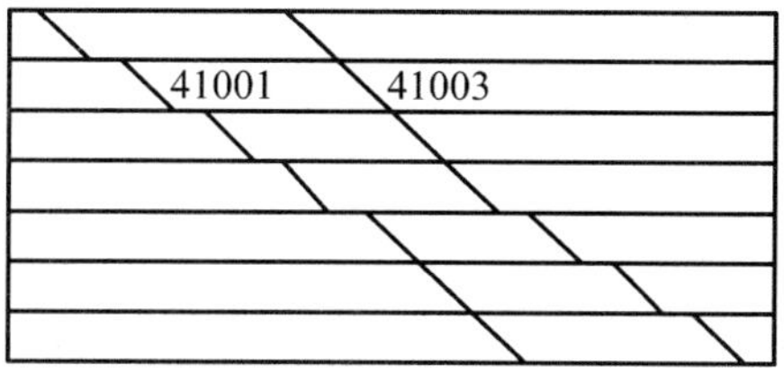

图 2-38　摘挂列车分段作业示意图

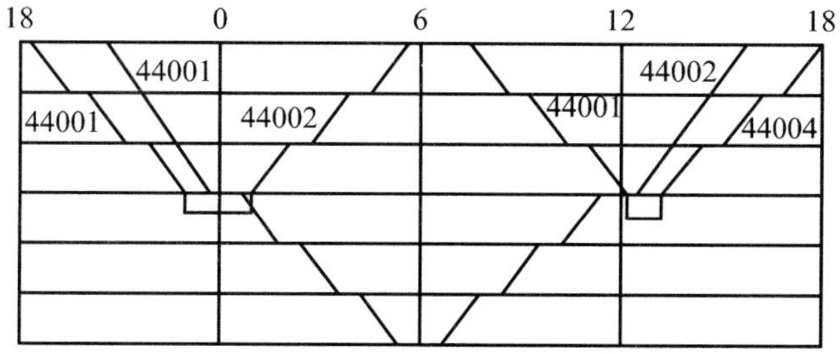

图 2-39　区段小运转列车与摘挂列车配合作业的示意图

（1）当同方向每天开行两列摘挂列车时，可以组织分段作业。如图 2-38 所示，第一列摘挂列车仅在前半段的中间站上作业，而安排第二列摘挂列车仅在后半段的中间站上作业。

（2）在日常调度工作中，组织中间站按日历装车，借以减少摘挂列车停站次数。在编图时摘挂列车的停车作业时间可集中给点，灵活运用。

（3）在有区段小运转列车或调度机车的区段，尽量使摘挂列车在区段小运转列车或调度机车运行的地段内无作业通过中间站，以提高摘挂列车的旅行速度，如图 2-39 所示。

在编制列车运行图时，应参照区段管内货物列车铺画方案，安排摘挂列车和其他为区段管内工作服务的各种列车的运行线，必要时可酌量移动或调整这些列车运行线，以免影响其他货物列车的运行，使区间通过能力得到更好的利用。

三、列车运行图的编制方法

在编制列车运行图时，一般先铺画旅客列车运行线，再铺画货物列车运行线。在铺画客货列车运行线时，要兼顾和处理好各方面的关系，安排好整个方向上的列车运行线，以提高列车运行图的编制质量。列车运行图的编制通常分两步进行：第一步编制列车运行方案图，着重解决运行图的布局问题，在方案运行图上，只画出主要站的到开时刻和机车交路，不详细画出经过每一车站的时刻。方案运行图主要考虑各区段间列车的接续、各站工作的均衡及机车合理运用等，对各种列车运行线做出初步安排。方案运行图可用小时格运行图编制，如图 2-40 所示。第二步根据运行方案图铺画详细的运行图。详图一般用二分格运行图编制，详细规定出每列车在各个车站上到、发或通过的时刻。

编制运行图时，列车运行线的铺画顺序一般为：（1）各种旅客列车；（2）快运货物列车；（3）固定运行线的货物列车；（4）摘挂列车和沿零摘挂列车；（5）其他货物列车。

在铺画顺序上，摘挂列车等先于其他货物列车，主要是在旅客列车运行线铺画后，先按摘挂列车等区段管内工作列车的铺画方案，在运行图上画出轮廓线，在铺画其他货物列车运行线时，还可以根据需要进行调整。

（一）旅客列车运行图的编制方法

编制旅客列车运行图，首先需编制旅客列车运行方案（简称客车方案）。编制客车方案主要解决如下几个方面的问题。

1. 方便旅客旅行

在安排旅客列车运行线时，必须把方便旅客旅行作为一项基本要求。

（1）应规定适宜的旅客列车始发、终到和通过各主要站的时刻。对于运程适宜的大城市间开行的旅客列车，应尽可能按“夕发朝至”的要求安排列车始发和终到时刻。直通列车宜在下午或晚间开，但不宜过晚（迟于 0 点）；宜在白天到，但不宜过早（早于 6—7 点）。为了提高客运站的通过能力，保证客运站工作的均衡，在城市交通的配合下，直通列车也可以规定不早于 7 点开，不晚于 0 点到。根据上述要求，可以对直通列车规定出合理的发车时刻范围。以全程列车运行时间为（10+24D）h 为例（D 为列车在途中过夜天数），直通列车合理发车时刻范围如图 2-41 所示。

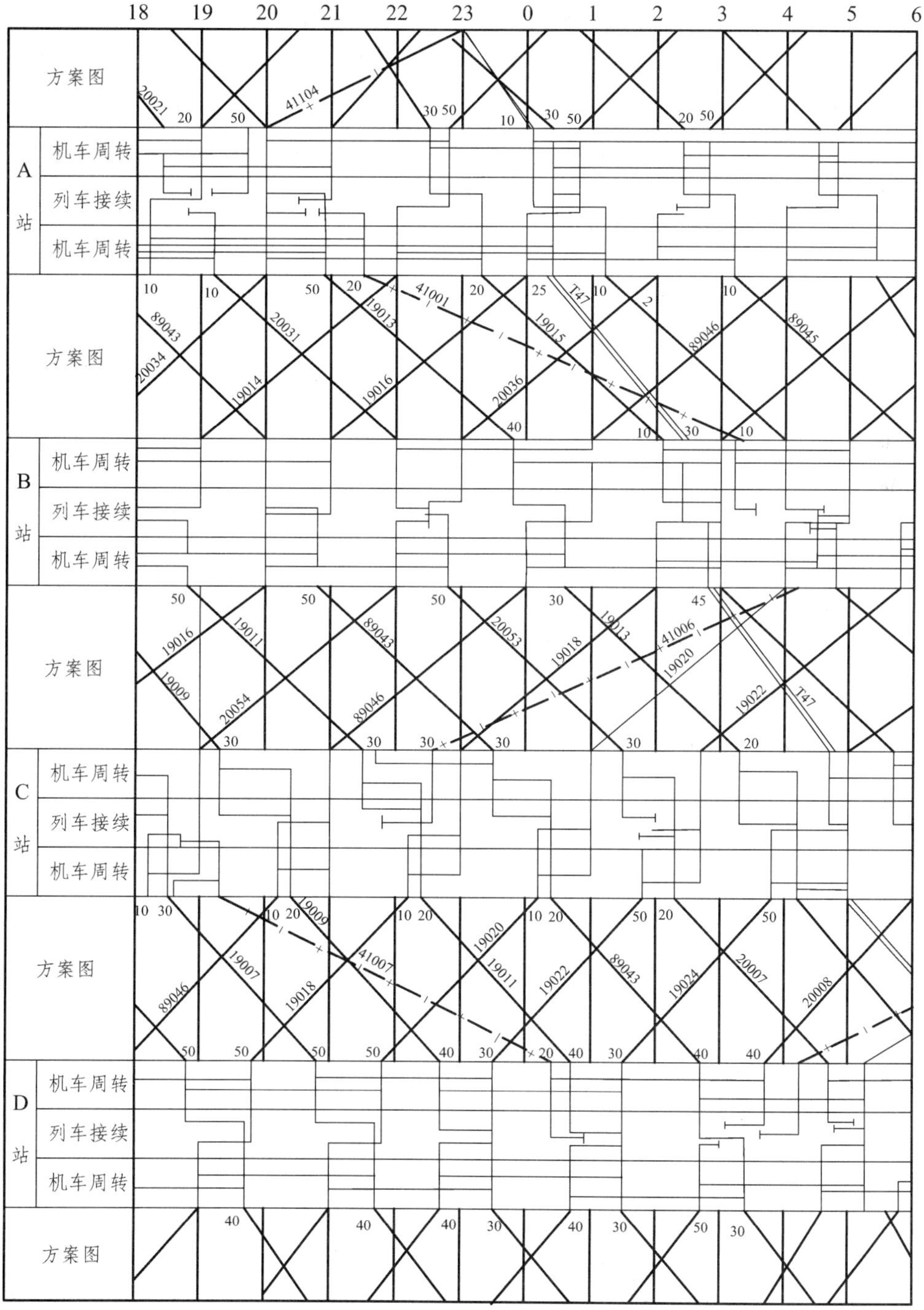

图 2-40　列车运行方案图

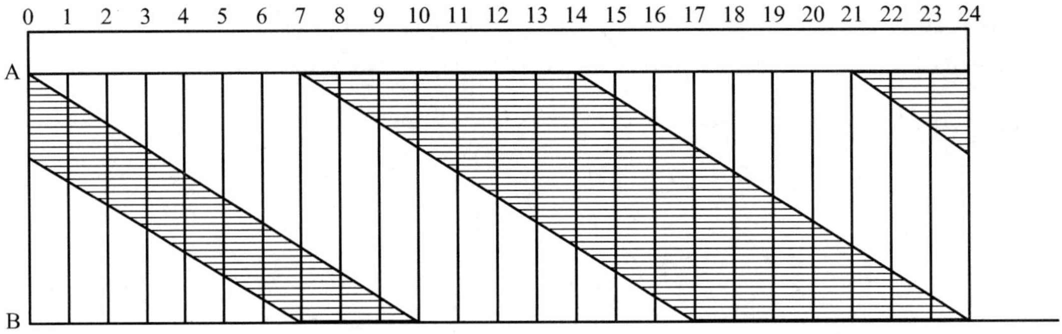

图 2-41　直通客车的合理发车时间范围

直通列车通过沿途各大站的时刻亦应力求方便旅客，若不能完全满足此项要求时，应权衡轻重，尽可能予以照顾。

管内旅客列车以运送短途旅客为主，一般运行距离较短，故以白天运行为宜。在管内列车较多的区段不可能均在白天运行时，个别列车亦可夜间运行，但始发时刻不宜过晚，到达时刻不宜过早。

（2）使各方向各种列车的运行时刻相互衔接，缩短旅客中转换乘的等待时间。在几个方向汇合的枢纽站，旅客由一方向转往另一方向时，或者通过车辆换挂，或者通过中转换乘，均要求各方向列车运行时刻适当衔接，以减少换挂车辆的停留时间或中转旅客的候车时间。如果同时满足各方向旅客的要求确有困难时，则应照顾中转直通客流较大的方向。例如，图 2-42 表示由 E 到 D 及由 C 到 A 开行直通旅客列车，但 E 至 A 的中转客流较多，C 至 D 的中转客流较少，因此 C—A、E—D 直通列车经过 B 站的时刻应照顾 E—A 方向中转旅客的方便。

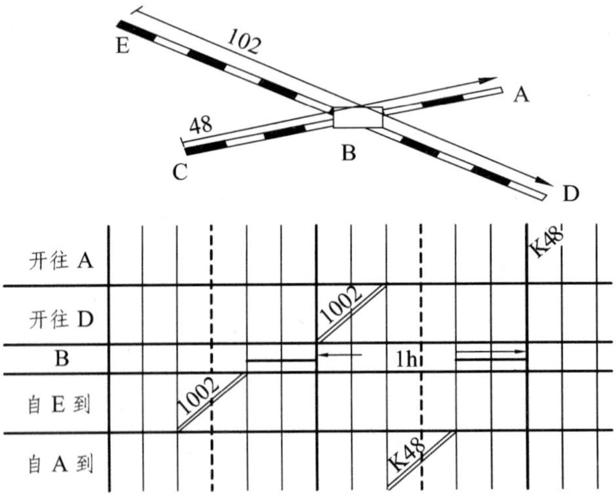

图 2-42　直通旅客列车在枢纽站相互衔接图

管内旅客列车与直通旅客列车在运行时刻上亦应力求其衔接配合，以便中小站出发的旅客由管内列车换乘直通列车，到达中小站的旅客由直通列车换乘管内列车。如管内列车数较多，则最好在直通列车前后各开一次管内列车，以利中小站旅客的换乘，其铺画方式如图 2-43 所示。

当管内旅客列车数较少而某一方向（例如上行方向）直通列车换乘管内列车的客流占优势时，亦可只在直通列车的后面开行一次管内列车，为优势方向客流服务，如图 2-44 所示。

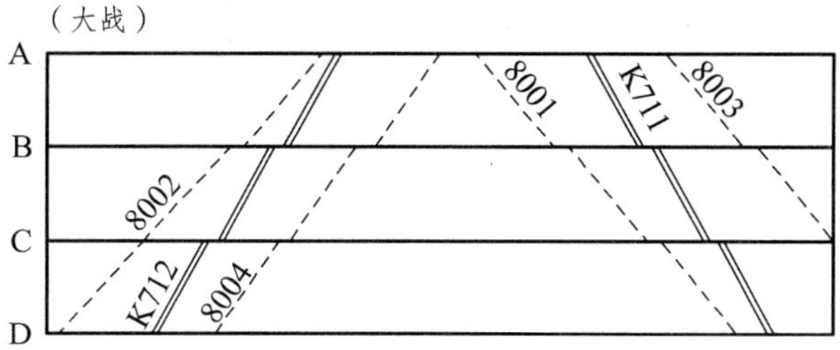

图 2-43　管内旅客列车与直通旅客列车运行时刻的配合示意图（一）

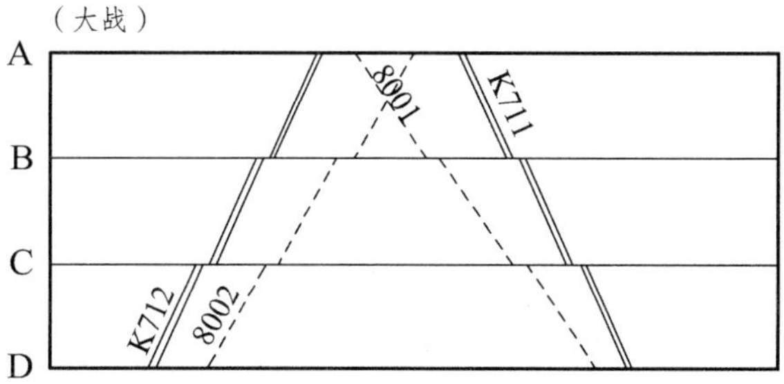

图 2-44　管内旅客列车与直通旅客列车运行时刻的配合示意图（二）

铁路旅客列车在时刻上与其他交通工具相互配合，对于方便旅客具有重要意义，在编制列车运行方案时亦应注意这方面问题。

2. 经济合理地使用机车车辆

直通与管内旅客列车的到发时刻，除应力求便利旅客外，还应经济合理地照顾旅客车列（又称车底）和客运机车的使用。

由图 2-45 和图 2-46 可以看出，若将去程列车的到发时刻与回程列车到发时刻结合起来考虑，并适当改变列车到发时刻，就有可能减少需要的车底数。

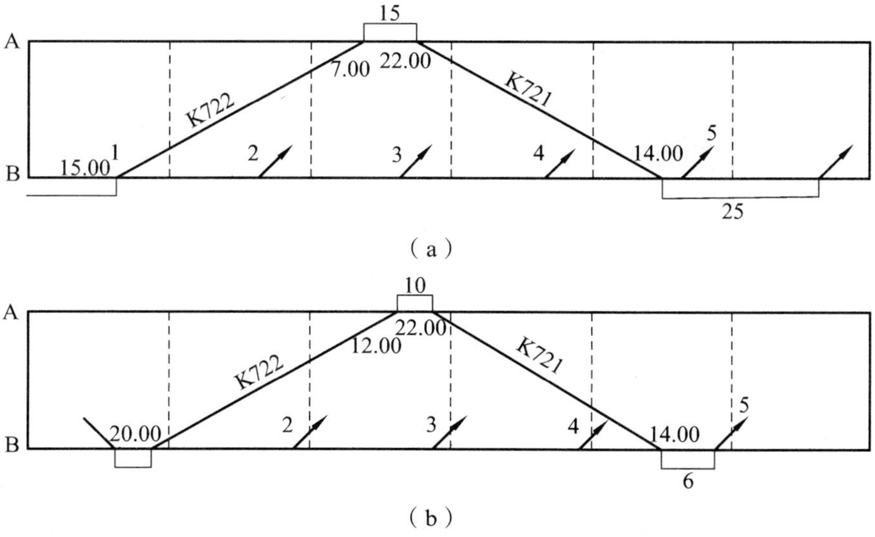

图 2-45　直通列车车列周转与到发时刻关系

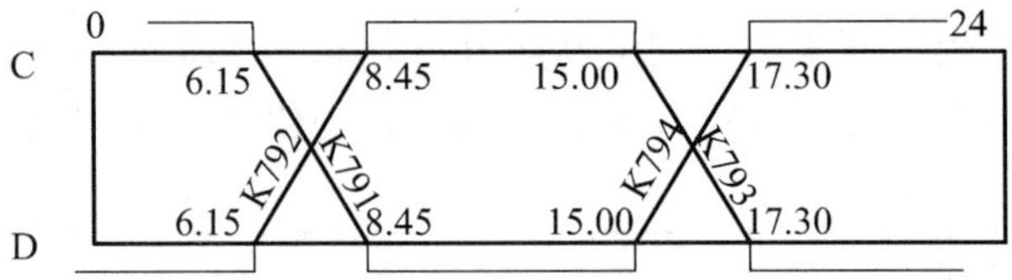

（a）

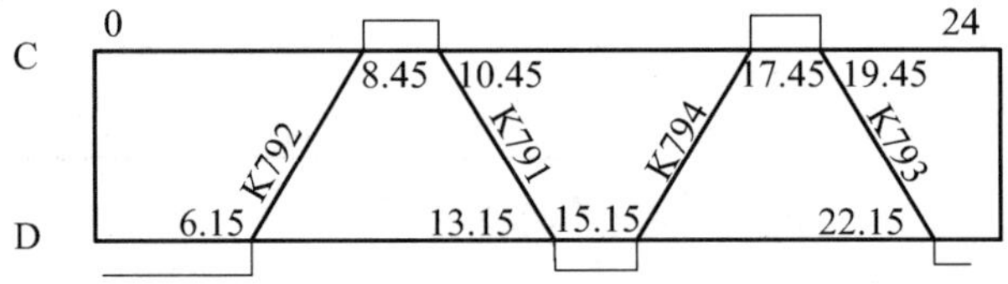

（b）

图 2-46　管内列车车列周转与到发时刻关系图

旅客列车运行方案图上运行线的铺画方式，对客运机车的运用也有很大影响。如图 2-47 所示，通过适当调整列车的到发时刻，即可使机车由四台减少至三台。因此，在编制客车方案图时，在考虑为旅客提供方便及减少车列需要数的同时，必须注意加速机车周转。由于在编制方案图时，直通列车先于管内列车铺画，所以列车运行与机车周转相互配合问题，主要是在编制管内旅客列车运行方案时才有可能加以全面考虑的。

3. 保证旅客列车运行与客运站技术作业过程的协调

由于旅客列车到发时刻的特殊要求，大客运站在一昼夜的某一段时间内，往往出现列车密集到达或出发的情况。在编制列车运行方案时，列车密集到发的间隔时间应与车站技术作业过程相协调，否则将不能保证车站正常接发列车。

大型客运站一般按方向设置候车室，因此同方向旅客列车的始发间隔时间，也应考虑到旅客站舍的负担，以免造成站内拥塞。

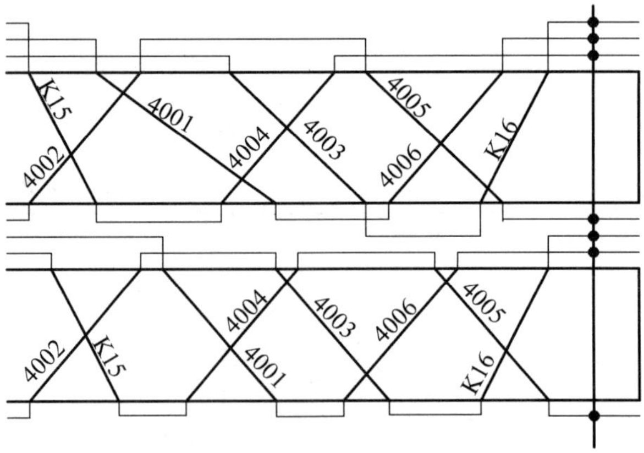

图 2-47　旅客列车运行方案与机车周转关系

4. 为货物列车运行创造良好条件

实践证明，在客车方案图上尽可能均衡地铺画旅客列车运行线，不仅有利于车站客运设备的有效利用，有利于保证旅客列车的良好运行秩序，并且有利于货物列车均衡地运行，有利于加速机车车辆周转。

在实际工作中，同时实现上述各项要求往往是困难的，在编制客车方案时，应根据具体情况，权衡利弊，合理安排。

旅客列车运行方案应按照先国际、后国内，先直通、后管内，先快车、后慢车的顺序进行编制。在铺画各种列车运行方案时，应注意区段内会车或越行地点的设备条件，考虑列车会让所需附加时分。附加时分随单线、复线及信、联、闭设备的条件而有所不同。一般来说，会车附加 10 ~ 12 min，等待越行附加 30 ~ 35 min，如图 2-48 所示。

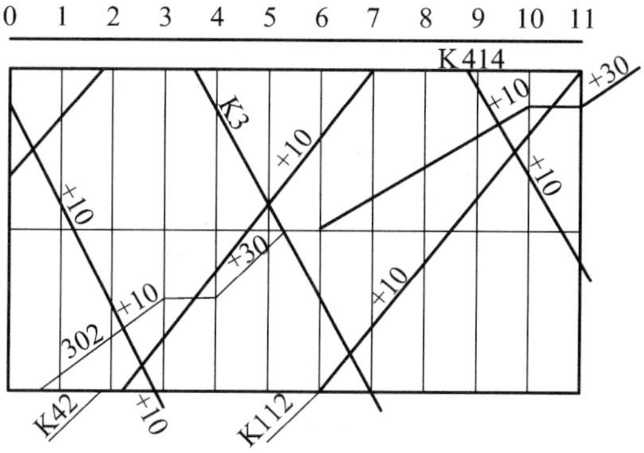

图 2-48　旅客列车会让额外增加时间图

根据旅客列车运行方案，按照上述各种列车的铺画顺序，可在二分格运行图上详细铺画各种列车运行线，即所谓铺画详图。在编制列车运行详图时，除国际联运的旅客列车在国境站的接续时刻不得变更外，其他列车的运行时刻尚可作小量必要的调整，以便创造更好的会让和运行条件，与货物列车运行取得较好的配合。

（二）货物列车运行图的编制方法

1. 货物列车运行图的编制步骤

为了保证各邻接区段、各相邻铁路局间列车运行的紧密衔接，以及列车运行图与列车编组计划、车站技术作业过程、机车周转图的相互协调，在旅客列车运行图编制以后，货物列车运行线的铺画也可分两步进行，即先编方案图，然后再根据方案图编制详图。但在运量大、区间通过能力比较紧张的单线区段，由于在编方案图时很难对限制区间给予准确的安排，所以一般不编方案图，而直接在二分格运行图上编制详图。

编制方案图时，各种货物列车在每一区段的旅行时间，可按下列方法确定：

（1）对于摘挂列车，根据区段管内货物列车铺画方案规定；

（2）对于其他货物列车，在双线区段为各区间运行时分与列车在各中间站技术作业停站时分之和；单线区段为各区间运行时分与列车在各中间站平均停站时间之和。

2. 货物列车运行方案图的编制

在编制货物列车运行方案图时，应注意解决如下几方面的问题。

（1）列车运行图与列车编组计划的配合。

为了使列车运行图与列车编组计划相配合，编制列车运行图时必须做到：

① 按照列车编组计划所规定的列车种类和列车数（并考虑适当波动）。在运行图上铺画相应的货物列车运行线。

② 对有稳定车流保证的定期运行列车，应在运行图上定出固定运行线，从始发站到终点站使用统一的车次，这种列车通过沿途各技术站时要有良好的接续，如图 2-49 所示。

③ 对没有稳定车流保证的技术直达列车和直通列车，在两编组站间使用直通列车车次。经过编组站时，相邻区段不同车次的运行线也要考虑适当的衔接，如图 2-49 所示。

④ 运行图上铺画的运行线，应与车流密切结合。例如装车地直达列车由始发站出发的时间，要结合有关厂矿、企业的生产和装车情况；空车直达列车的运行线要根据空车产生的规律，从始发站开始铺画，使运行线与车流最大限度地结合起来。

（2）列车运行图与车站技术作业过程的配合。

列车运行不均衡是导致货车在车站产生各种等待停留时间和浪费车站通过能力、改编能力的主要原因。因此，在编制运行图时应力求使各方向列车在技术站均衡到发，并使各方向改编列车和中转列车交错到开，为车站创造均衡而有节奏的工作条件。

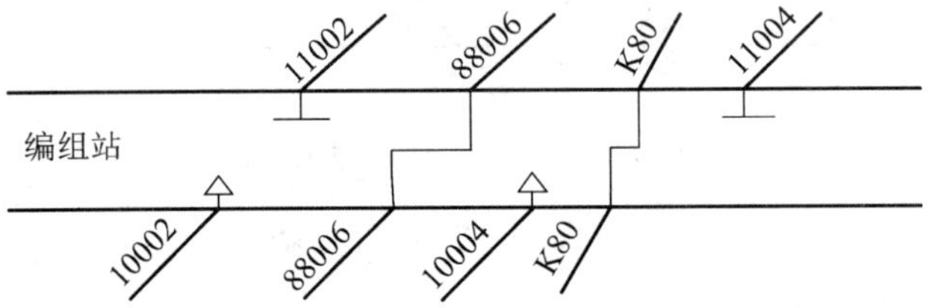

图 2-49　列车运行线紧密衔接图

由于受旅客列车铺画位置的影响，以及为保证邻局、邻区段货物列车有良好的运行条件，往往会造成货物列车运行线在运行图上不能均衡排列，而在一段时间内产生列车密集到开现象。在这种情况下，铺画运行图时应注意符合下列要求：

① 列车到达技术站和由技术站出发的间隔时间，应考虑车站的到发线数目及列车占用到发线的时间，以保证车站能不间断地接发列车。

② 到达技术站解体的列车，其间隔时间应与驼峰或牵出线的作业进度相适应，以减少列车待解停留时间。如图 2-50 所示，因解体列车到达间隔时间与车站技术作业过程相协调，而不致产生待解时间。如果解体列车到达间隔时间与车站技术作业过程不协调（见图 6-51），则可能产生大量待解时间。

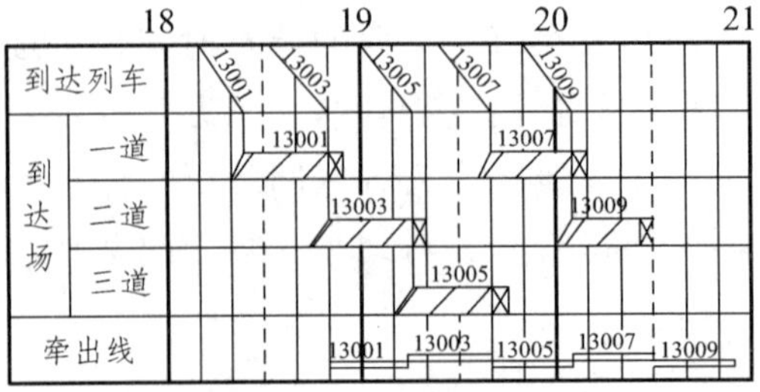

图 2-50　列车到达间隔与解体作业相协调图

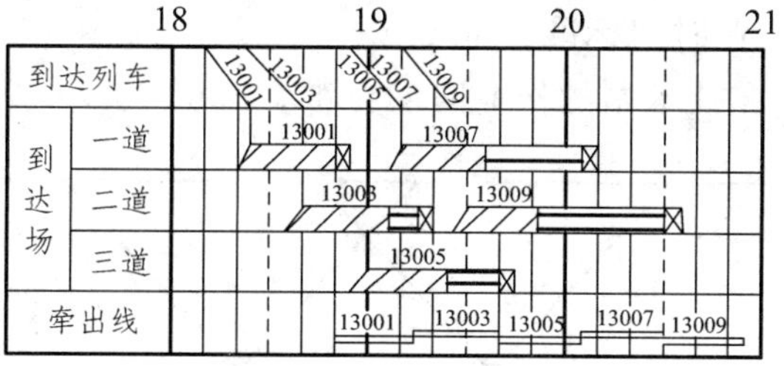

图 2-51　列车到达间隔与解体作业不相协调图

③ 由技术站编组出发的列车，其间隔时间应与编组牵出线的编组作业进度相适应，以减少待发停留时间。在编制列车运行图时，对于组织始发直达列车的车站，应使空车列车到达与重车列车出发之间的间隔与该站各项作业时间相协调（见图 2-52），否则将延长货车停留时间或不能保证重车列车按规定时刻出发。

（3）列车运行图与机车周转的配合。

为了加速机车周转，保证机车在自外段停留时间符合规定的标准，不断改进机车运用指标，在编制列车运行图时，应考虑列车运行与机车周转有良好的配合。

为实现列车运行与机车周转相配合，一般采用根据规定行车量、机车运用方式和机车在自外段停留时间标准，并考虑机车乘务组连续工作时间等因素，顺序地将列车运行线和机车周转画在运行图上的方法。为了避免产生机车等候列车的额外停留时间，应使相对方向的列车配合地到达更换机车的技术站。其到达的间隔时间（ $I_{到}$ ），应等于机车和列车技术作业时间标准的差额（见图 2-53），即

$$I_{到}=t_{机}-t_{作业}$$

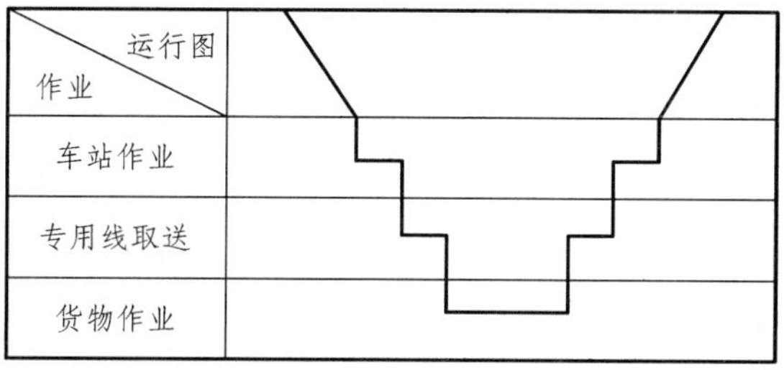

图 2-52　列车运行图与货运站作业过程相协调图

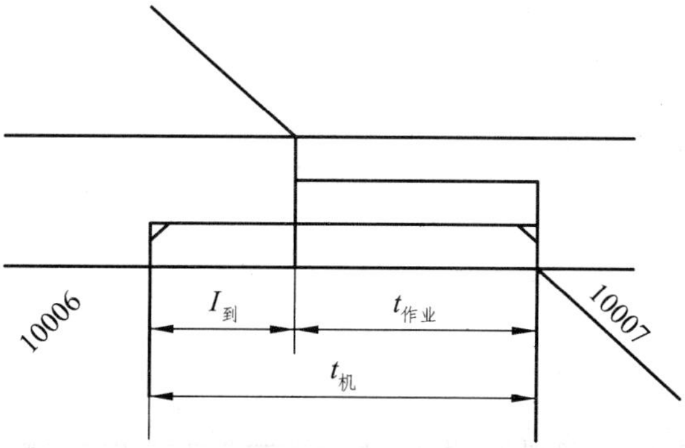

图 2-53 相对方向列车配合到达更换机车的技术站图

式中　$t_{机}$——机车技术作业时间标准，min；

$t_{作业}$——中转列车在技术站的作业时间标准，min。

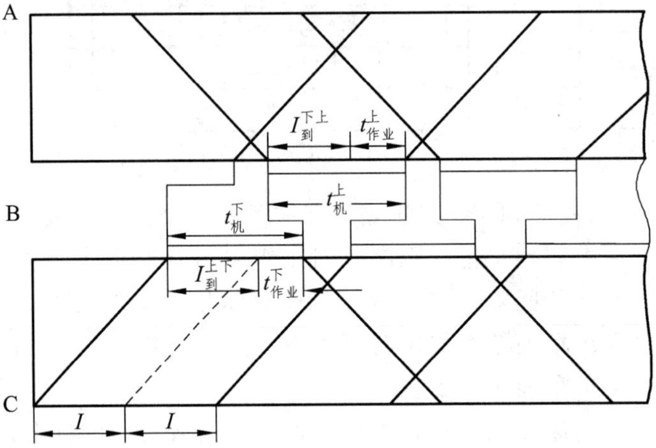

图 2-54　列车运行与机车周转协调配合图

由图 2-54 可以看到，上行方向和下行方向列车到达机车折返站的间隔时间为：

$$I_{到}^{上下}=t_{机}^{下}-t_{作业}^{下}$$

而下行方向和上行方向列车到达机车折返站的间隔时间为：

$$I_{到}^{下上}=t_{机}^{上}-t_{作业}^{上}$$

式中　$I_{到}^{上下}$、$I_{到}^{下上}$——B—C 区段上（或 A—B 区段下行列车和用该列车机车牵引的 A—B 区段下（或 B—C 区段上）行列车之间的到达间隔时间，min；

$t_{机}^{上}$、$t_{机}^{下}$——由 B—C 区段和 A—B 区段到达的机车在机车折返站的技术作业时间标准，min；

$t_{作业}^{上}$、$t_{作业}^{下}$——下行和上行列车在技术站 B 的技术作业时间标准，min。

由图 2-54 可以看出，两个对向列车到达折返站的间隔时间之和等于 K 个同向列车到达的时间间隔，即

$$I_{到}^{上下}+I_{到}^{下上}=KI$$

式中　K——某一正整数；

I——同向列车的间隔时间，min。

上式也可以写为：

$$(t_{机}^{下}-t_{作业}^{下})+(t_{机}^{上}-t_{作业}^{上})=KI$$

或　$$t_{机}^{下}+t_{机}^{上}=t_{作业}^{下}+t_{作业}^{上}+KI$$

上述公式表达了中转列车停站时间和机车在折返站停留时间两者之间的关系。利用这个关系，可以确定最适当的技术作业时间如图 2-54 所示列车运行与机车周转协调配合图标

准，使得列车和机车在技术站的停留时间得到最好的配合。

当列车和机车的技术作业时间标准固定时，则可由上式求出同向列车间隔时间，即

$$I=\frac{(t_{机}^{下}-t_{机}^{上})-(t_{作业}^{下}+t_{作业}^{上})}{K}$$

在编制运行图时必须考虑这个间隔时间，使列车和机车得到最好的配合。

在非平行运行图上，由于旅客列车运行线的铺画先于货物列车，因而货物列车运行线的分布不可能完全均衡。在编制列车运行图时，应尽可能按照上述公式所要求的间隔时间，使列车和机车的额外停留时间达到最小。

货物列车运行方案的编制可有下列两种方法：

（1）由方向的一端开始，顺序铺画货物列车运行线；

（2）由方向中间的某一局间分界站向两端延伸铺画。

在个别区段，当通过能力利用率接近饱和时，运行图编制最好就由这一最繁忙的区段开始。

3. 货物列车运行图的详图

根据货物列车运行方案图，可在二分格运行图上具体铺画各区段的货物列车运行线。在详细铺画列车运行图过程中，对方案图所规定的运行线一般可作适当移动，但应尽可能不改变分界站的到开时刻。

在单线区段，如果通过能力有较大后备，则可优先铺画定期运行的快运货物列车和直达列车。在中间站交会时，应尽量使其他货物列车等会这些列车；在经过技术站时，应保证其紧密接续，以加速这些列车的运行。

对于摘挂列车，应先按区段管内货物列车铺画方案在图上铺画轮廓运行线，然后结合其他货物列车一起铺画。

在铺画详图时，应注意如下三个方面的问题。

（1）保证行车安全和旅客乘降安全。

① 遵守不准同时接发列车的有关规定。

② 保证车站间隔时间及列车追踪间隔时间符合各站所规定的标准。

③ 避免某方向列车在禁止停车的车站上停车。

④ 遵守规定的机车乘务组工作、休息的时间标准。

⑤ 列车在车站会车和越行时，同时停在车站上的列车数应与该站的到发线数相适应。

（2）有效地利用区间通过能力。

在单线区段，如果通过能力有较大富余时（利用率在 70%以下），为保证机车的良好运用，货物列车运行线可以从机车折返站开始成对地铺画。如图 2-55 所示，这时应尽可能使列车到达折返站与由该机车牵引相反方向列车出发的间隔时间，等于机车在折返段所在站的作业时间标准。

当在运行图上铺画的列车对数达到区间通过能力利用率的 80%以上时，为了有效地使

用区间通过能力，该区段应从限制区间开始铺画货物列车运行线，即在运行图上铺完旅客列车运行线之后，从限制区间开始铺画规定数量的货物列车运行线，然后再从限制区间分别向其他区间顺序铺画，如图 2-56 所示。

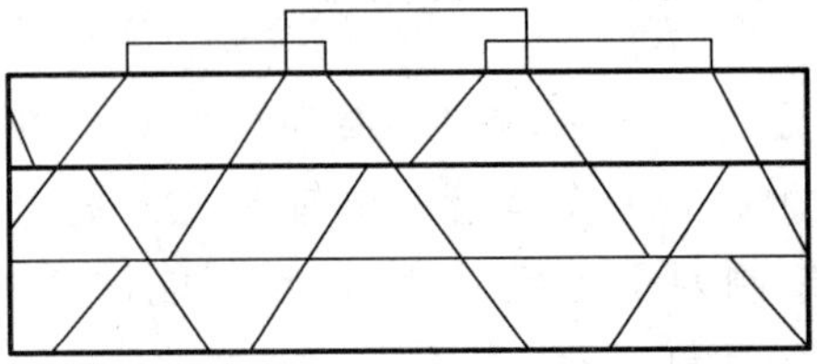

图 2-55　机车从折返站开始铺画货物列车运行线方法示意图

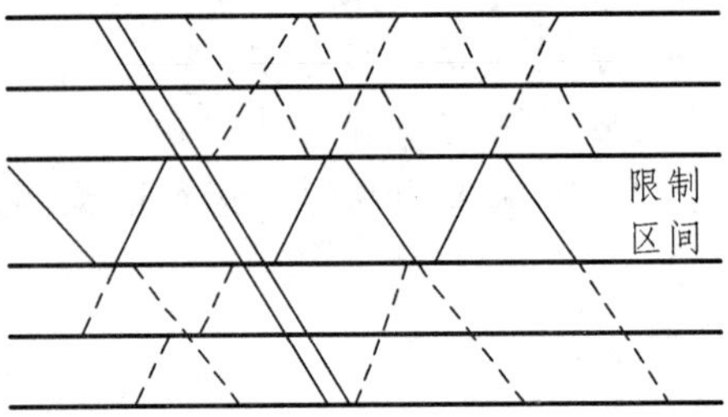

图 2-56　从限制区间开始铺画运行线方法示意图

（3）提高货物列车旅行速度。

影响旅行速度的主要因素是会车和越行次数及其停站时间。因此，在铺画运行图时，必须尽量减少列车的会车和越行次数及其停站时间。

① 铺画在旅客列车之前的货物列车，尽可能使之通过各中间站，以避免在区段内被旅客列车越行。如图 2-57 所示，（a）为不合理的铺画方法，（b）为合理的铺画方法。

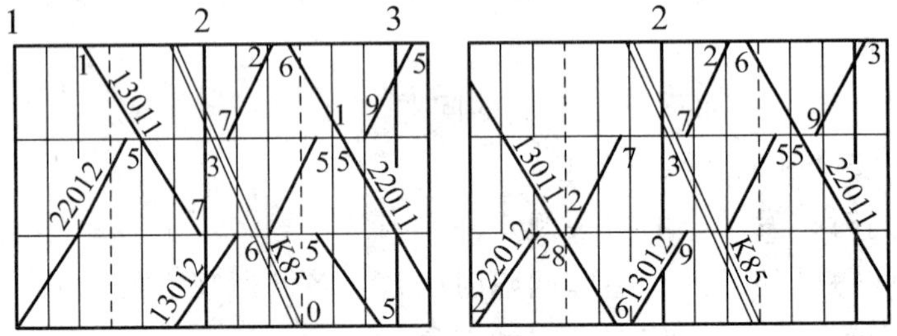

（a）　　　　　　　（b）

图 2-57　在旅客列车之前铺画货物列车方法示意图

② 当在区段内不能避免越行时，尽可能将越行地点规定在有技术作业的车站上，或者规定在两相邻区间运行时分最小的车站上。如图 2-58 所示，若 b 站为上行列车技术作业停车站，则列车在等待越行的同时可以进行技术作业，从而减少甚至取消了由于越行而产生的额外停留时间；又若 b 站两相邻区间的运行时分最小，则可使列车在 b 站的待避停留时间为最短。

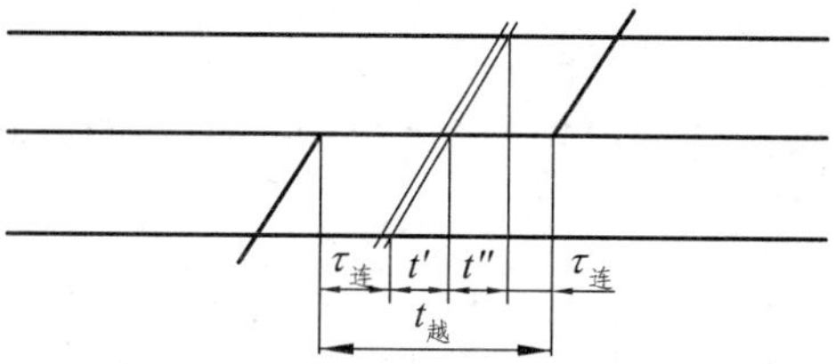

图 2-58　列车待避停留时间示意图

③ 在旅客列车之后铺画货物列车时，尽量使客货列车之间能够铺画交会的对向货物列车，以减少会车停站时间。如图 2-59 所示，（a）为不合理的铺画方法，（b）为合理的铺画方法。

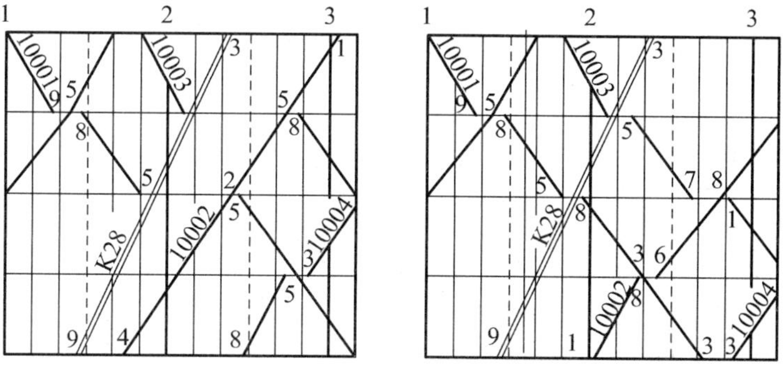
图 2-59　在旅客列车之后铺画货物列车的方法示意图

④ 在单双线区段，可从最困难的单线区间开始铺画列车运行线，并尽可能使列车的交会在双线区间内进行。

在运量很大的区段上，为确保列车运行图与车站作业相协调，在铺画运行图之后，应对区段站、编组站、主要客运站和货运站的咽喉道岔和到发线的占用情况进行图解检查。当某些车站的接发车条件不能满足运行图的要求时，需要适当修改运行图，或采取必要的技术组织措施，例如重新调整到发线的使用，以保证运行图的顺利实行。

四、分号列车运行图的编制

1. 分号列车运行图的种类

分号列车运行图根据其所适应需要不同可分为两类，即在运量波动较大的铁路区段或方向上，为适应运量波动需要而编制的不同客货行车量分号运行图，以及为进行隧道、桥梁修理和线路改造、大中修等施工，须在列车运行图上规定施工“空隙”区段的施工分号列车运行图。

为保证基本运行图的经常使用，基本运行图的货物列车对数，应该是经常可能实现的运量。但是，大多数的铁路区段或方向，列车运行图实行期间行车量的波动很大。为了达到更高的运行图指标和掌握必要运输量，必须对客货运量波动较大的区段，编制分号运行图。这类分号运行图既包括在一定旅客列车数条件下具有不同货物列车数的分号运行图，也包括开行大量临客的分号运行图。

2. 不同行车量的分号列车运行图

为适应运量波动需要而编制的分号列车运行图，决定于列车运行图实行期间的运量波动程度及波动期间的长短。运量波动程度及期间，一般应根据过去实际情况和计划运量的资料加以研究确定。经验证明，适应运量波动所编制的分号运行图，一般以取 2 ~ 3 个（包括基本运行图）为宜。因为分号列车运行图数量太多，换用分号列车运行图过于频繁，容易引起现场员工执行上的困难。

分号列车运行图一般采用如下两种方法编制：

（1）依照不同的行车量编制一个综合分号列车运行图。编制这种列车运行图，原则上应从最小运量的分号列车运行图开始，首先铺画运行图的基本核心列车，即定期直达列车和其他固定运行的货物列车（有稳定车流保证的货物列车及摘挂列车等），然后在此基础上再顺序铺画到最大分号运行图所规定的行车量，并分别把这些运行线和机车周转相互协调起来（见图 2-60）。

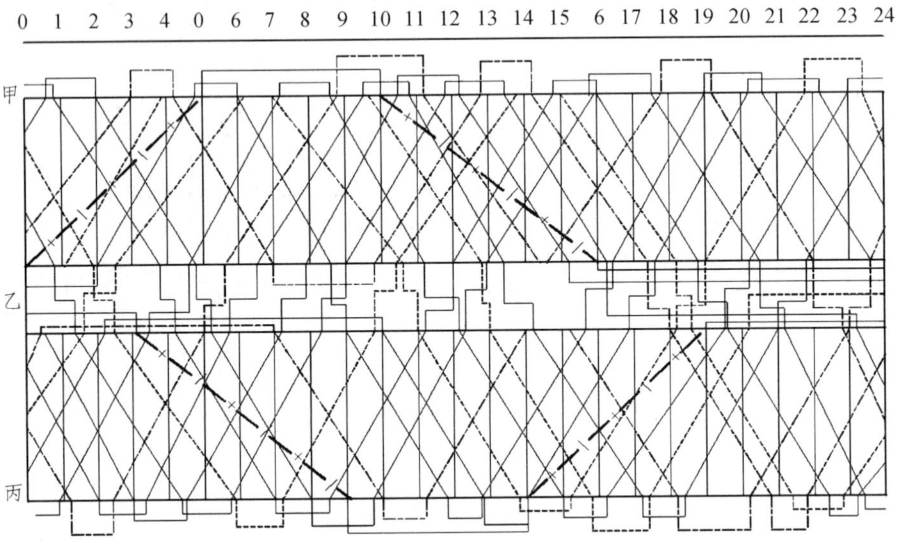

图例：——— 表示第一方案12对列车，--------- 表示在第一方案的基础上增加4对

— — — 表示在第二方案的基础上增加4对，—+—|— 表示摘挂列车

图 2-60 综合分号列车运行图

（2）按照不同的行车量，分别编制几个不同运量与不同时刻的独立分号运行图。编制这种列车运行图时，每个运行图上列车运行线的铺画及与机车周转的联系都应单独考虑。

综合分号列车运行图的优点是更换分号列车运行图时，仅变更列车运行图上运量，而不变动列车车次、时刻和运行程序；其缺点是很难编制出最有利的列车运行图和机车周转图，同时对列车密度的均衡性也有一定的不利影响。独立分号列车运行图的优点是每个列车运行图的指标都较高，列车运行和机车周转都能够取得较好的协调；但是由于每个分号列车运行图中的运行线是各自独立的，因此当更换分号列车运行图时，容易发生困难。

综合分号运行图主要使用在复线区段，独立分号列车运行图则主要使用在单线区段。但在运量不大而区间通过能力又不甚紧张的单线区段，亦可编制综合分号列车运行图。

3. 在列车运行图中预留施工“空隙”的办法及施工分号列车运行图

为了提高现有铁路的通过能力和列车运行速度，满足铁路运量不断增长的需要，必须对现有铁路有计划地进行技术改造和大中修。

改造工程一般在运输量大、通过能力比较紧张的区段进行。因此，线路施工与列车运行往往会产生一定的矛盾。在列车运行图上预留线路施工所必需的“空隙”，是解决列车运行与线路施工之间矛盾的有效措施。

所谓施工“空隙”，是指在列车运行图中，为区间或车站正线规定不放行列车的一段时间。在列车对数较少的区段，列车运行图上产生的自然“空隙”，可作为施工“空隙”；而对于通过能力比较紧张的区段，必须在列车运行图中特意预留施工“空隙”。图 2-61 为预留有施工“空隙”的列车运行图。

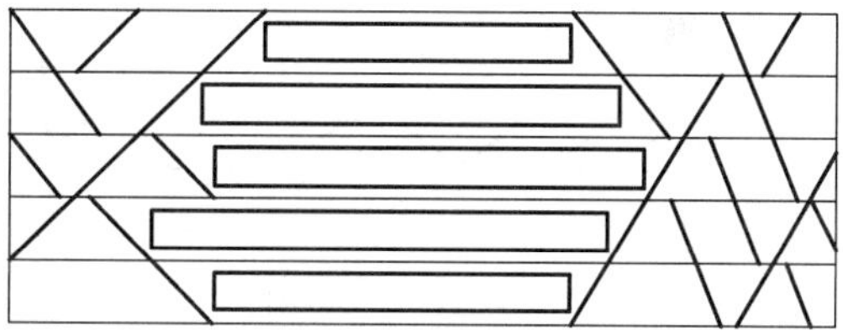

图 2-61 预留施工“空隙”的列车运行图

在运行图中预留施工“空隙”的长短，与工程内容、工程复杂程度、施工技术作业过程及线路通过能力等因素有关。一般不宜过长，以免造成列车运行极不均衡，过分降低旅行速度，延长机车和车辆在技术站的停留时间。但也不宜过短，以免造成施工机械和劳力的浪费，延长工期。

运行图上施工“空隙”时间的选定要考虑当地的气候条件。例如，炎热地区应选在早晨，寒冷地区应选在中午。旅客列车运行线必须躲开施工“空隙”时间。

在列车运行图中预留施工“空隙”的方法，主要有以下三种：

（1）在基本列车运行图中预留施工“空隙”。采用这种方法的优点是可以保证运输与施工互不干扰；缺点是在非施工期间，列车运行不均衡。因此，这种方法主要适用于应预留的“空隙”不大，而且通过能力有很大后备的区段。

由于线路施工一般并不是在区段的所有区间内同时进行，而是逐个区间顺序地进行。如果在运行图中对所有预定施工的区间都规定施工“空隙”，并相应地考虑列车慢行，势必有一些“空隙”将不能完全利用。从通过能力利用和运输观点看，这样预留“空隙”显然是不合理的。因此，可以考虑只在开始施工的某些区间预留“空隙”，然后逐步挪移到其他施工区间。

（2）在编制基本列车运行图（不考虑施工“空隙”）的同时，另编预留施工“空隙”的分号运行图。在施工期间使用施工分号列车运行图，而在不施工期间使用基本列车运行图。采用这种方法，在施工和非施工期间，运行图均能较好地符合实际需要，既保证了施工，又能照顾到列车密度的均衡。但因为只在施工区段采用施工分号列车运行图，容易使某些列车在技术站（施工区段与非施工区段相连接的技术站）上的衔接发生不协调现象，从而延长列车和机车在技术站上的停留时间。

（3）在基本列车运行图里不预留施工“空隙”，但在编制列车运行图时考虑了在施工期间留出施工“空隙”的可能性，其办法是：

① 对双线区段，在白天预定进行施工的时间内，同方向列车间隔时间应不少于限制区间单线运行图周期，以便施工时可在施工区间利用一条正线组织双方向运行，如图 2-62 所示。

② 对单线区段，在编制基本列车运行图时，不预留任何“空隙”时间，在施工期间可采取抽线的方法。如图 2-63 所示，抽掉 20003、20005、20006、20010 各次列车，在 a—b、b—c 区间即可留出一定的施工“空隙”。

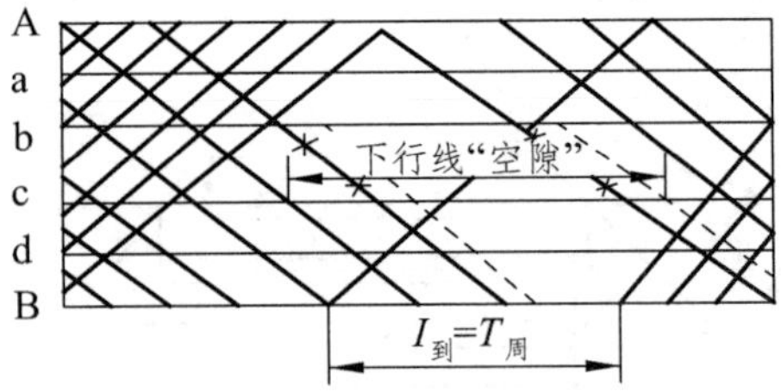

图 2-62　双线施工期间组织双方向行车示意图

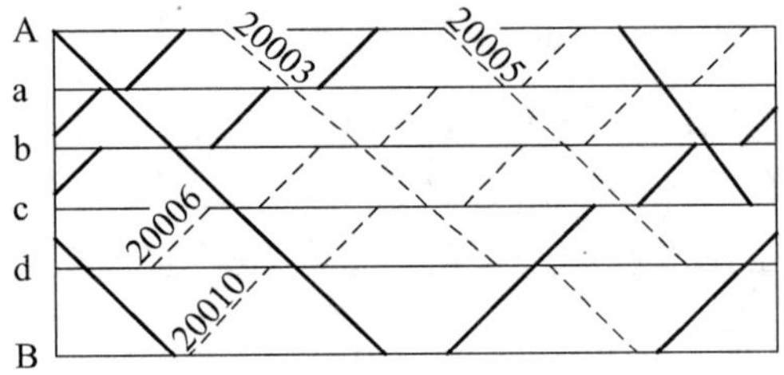

图 2-63　以抽线方法预留施工“空隙”的运行图

施工封锁区间开通后，将产生临时性的慢行，在编制施工分号列车运行图时，可将慢行附加时分规定在列车运行时分中。如不编施工分号列车运行图，而在基本列车运行图中预留施工“空隙”时，原则上不考虑慢行附加时分，可在施工前修正基本列车运行图时适当加以考虑。旅客列车慢行附加时分可以规定在列车区间运行时分内，也可预留在列车停站时分内。

为了满足铁路信联闭设备以及道岔、线路日常维修需要，汲取受多年来事故教训，确保行车安全，一定要坚持“要点”维修的办法，禁止利用列车运行图间隙抢点作业。因此，在编制基本图时应考虑预留“天窗”维修时间的可能性。

2.3.7　铁路区间通过能力

一、常用几种能力的概念

为了实现运输生产过程，完成国家规定的运输任务，铁路必须具备一定的运输能力。铁路运输能力一般采用通过能力和输送能力两种概念。

在采用一定类型的机车车辆和一定的行车组织方法条件下，铁路区段的各种固定设备，在单位时间内（通常指一昼夜）所能通过的最多列车数或对数称为通过能力。

通过能力在一定程度上取决于广大铁路职工的协同动作和铁路固定设备、机车车辆的合理运用。因此，通过能力并不是一成不变的，它随着技术设备和行车组织方法的改善而提高。计算铁路通过能力的目的，就在于能够胸中有数地安排运输生产，保证铁路运输适应国民经济不断发展和人民生活不断提高的需要。

铁路区段通过能力按照下列固定设备进行计算：

（1）区间。其通过能力主要决定于区间正线数、区间长度、线路纵断面、机车类型、信号、联锁、闭塞设备的种类。

（2）车站。其通过能力主要决定于车站到发线数，咽喉道岔的布置，驼峰和牵出线数，信号、联锁、闭塞设备的种类。

（3）机务段设备和整备设备。其能力主要决定于蒸汽机车洗修台位，内燃或电力机车的定修台位，温水洗炉设备及段内整备线。

（4）给水设备。其能力主要决定于水源，扬水管道及动力机械设备。

（5）电气化铁路的供电设备。其能力主要决定于牵引变电所和接触网。

根据以上固定设备计算出来的通过能力，可能是各不相同的。其中能力最薄弱的设备限制了整个区段的能力，该能力即为该区段的最终通过能力。

在铁路实际工作中，通常又把通过能力分为三个不同的概念，即设计通过能力、现有通过能力和需要通过能力。预计新线修建以后或现有铁路技术改造以后，铁路区段固定设备所能达到的能力，称为设计通过能力；在现有固定设备、现行的行车组织方法和现有的运输组织水平的条件下，铁路区段可能达到的能力，称为现有通过能力；在一定时期内，为了适应国家建设和人民生活的需要，铁路区段所应具备的能力，称为需要通过能力。

输送能力是指在一定固定设备、机车车辆类型和行车组织方法条件下，按照机车车辆和乘务人员的现有数量，在单位时间内所能输送的最多货物吨数。它通常以一年内所能通过的万吨数计算。

二、平行运行图通过能力计算

1. 计算平行运行图通过能力的基本原理

在平行运行图上，同一区间内同方向列车的运行速度都是相同的，并且上下行方向列车在同一车站上都采取相同的交会方式。从这种运行图上可以看出，任何一个区间的列车运行线，总是以同样的铺画方式一组一组地反复排列的。一组列车占用区间的时间，称为运行图周期 $T_{周}$。图 2-64 给出了不同类型的运行图周期。不同类型的运行图周期所包含的上下行列车数可能是不同的。若一个运行图周期内所包含的列车对数或列数用 $n_{周}$ 表示，则放行一列或一对列车平均占用该区间时间应为：

$$t_{占均} = \frac{T_{周}}{n_{周}}$$

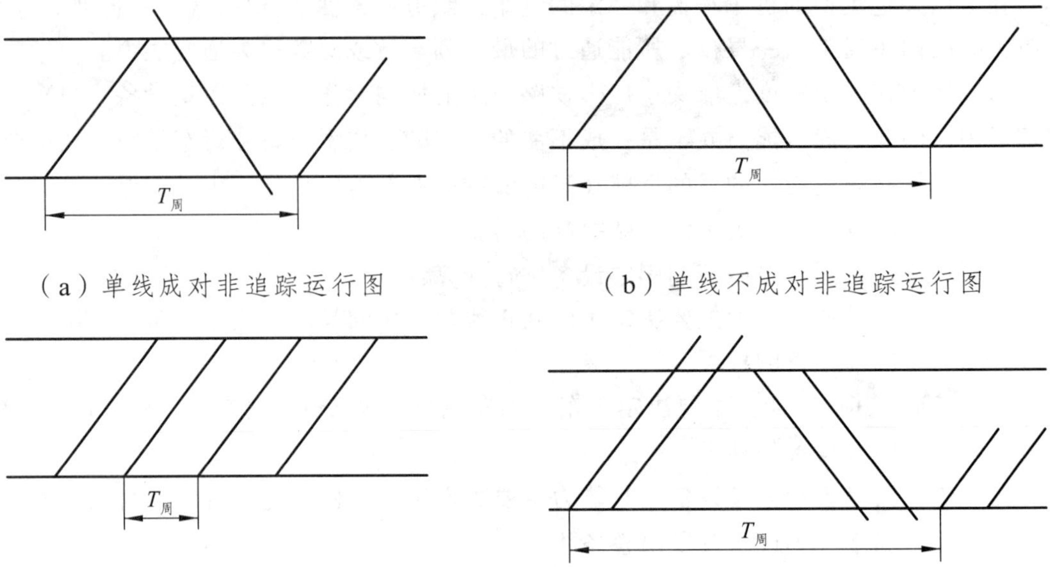

（a）单线成对非追踪运行图　　（b）单线不成对非追踪运行图

（c）双线追踪运行图周期　　（d）单线成对追踪运行图周期

图 2-64　不同类型运行图周期示意图

因而，对于一定类型平行运行图区间通过能力 n，应用直接计算法可按如下公式计算：当不考虑固定作业占用时间有效度系数时

$$n=\frac{1400}{t_{周}}=\frac{1440n_{周}}{T_{周}} \tag{2-1}$$

当考虑固定作业占用时间而不考虑有效度系数时

$$n=\frac{(1400-T_{固})n_{周}}{T_{周}} \tag{2-2}$$

当同时考虑固定作业占用时间和有效度系数时

$$n=\frac{(1400-T_{固})n_{周}d_{有效}}{T_{周}} \tag{2-3}$$

式中，固定作业时间（$T_{固}$）是指为进行线路养护维修、技术改造施工、电力牵引区段接触网检修等作业，须预留的固定占用区间时间，以及必要的列车慢行和其他附加时分，但双线区段施工期间组织反向行车时，应扣除利用非施工方向放行列车所节省的时间；有效度系数（$d_{有效}$）是指扣除设备故障和列车运行偏离、调度调整等因素所产生的技术损失后，区间时间可供有效利用的系数，一般可取 0.91 ~ 0.88。

运行图周期由列车（一个或几个列车）区间纯运行时分 $\sum t_{运}$、起停车附加时分 $\sum t_{起停}$ 以及车站间隔时间 $\sum \tau_{站}$ 所组成，即

$$T_{周} = \sum t_{运} + \sum t_{起停} + \sum \tau_{站} \quad (\text{min})$$

一般情况下列车在各区间的运行时分不相同，各车站的间隔时间也可能不同，所以每一区间的$T_{周}$常常是不等的。从上述公式可以看出，通过能力大小与$T_{周}$成反比，$T_{周}$越大，通过能力越小。在整个区段里，$T_{周}$最大的区间也就是通过能力最小的区间，称为该区段的限制区间。限制区间的通过能力即为该区段的区间通过能力。

列车区间运行时分，对运行图周期的大小起主要作用。在运行图周期里$\sum t_{运}$最大的区间，称为困难区间。大多数情况下，困难区间往往就是限制区间，但有的区间虽然本身不是困难区间，由于车站间隔时间数值较大，而成了限制区间。

2. 单线成对非追踪平行运行图

在单线区段，通常采用成对非追踪运行图（见图 2-65）。单线成对非追踪平行运行图周期可用下式表示：

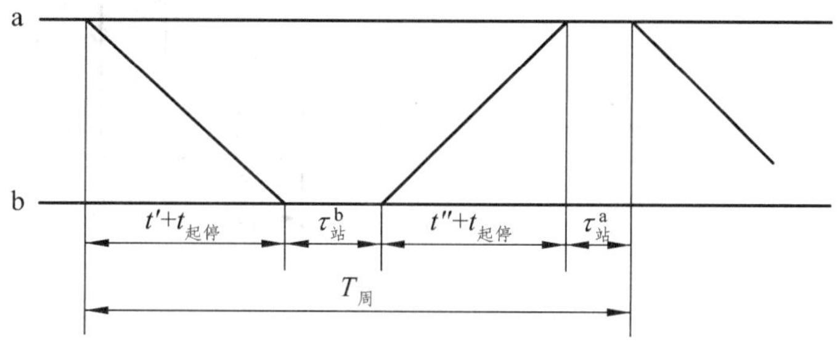

图 2-65　单线成对非追踪运行图周期示意图

$$T_{周} = t' + t'' + \tau_{站}^{a} + \tau_{站}^{b} + \sum t_{起停} \quad (\text{min})$$

式中　t'、t''——上下行列车的区间纯运行时分，min；

$\tau_{站}^{a}$、$\tau_{站}^{b}$——a、b 站的车站间隔时间，min；

$\sum t_{起停}$——列车起停附加时分，min。

由于一个周期内所包含的列车数为一对（即 $n_{周}=1$），因此只要将（$n_{周}=1$）代入（2-1）、（2-2）和（2-3）式，即可得相应区间通过能力。

为了使区段通过能力达到最大，应当使限制区间的$T_{周}$数值尽量缩小。在采用一定类型的机车和一定的列车重量标准的条件下，区间运行时分$\sum t_{运}$是固定不变的。因而想要缩小T，只有设法缩小$\sum t_{起停} + \sum \tau_{站}$的数值。通过在限制区间合理地安排列车运行线的铺画方案，是可以达到上述目的的。如图 6-66 所示，运行图上列车运行线的可能铺画方案有四种。

（1）上下行列车不停车通过车站而进入区间，见图 2-66（a），运行图周期为：

$$T_{周} = t' + t'' + \tau_{站}^{a} + \tau_{站}^{b} + 2t_{停} \quad (\text{min})$$

（2）上下行列车不停车通过车站而开出区间，见图 2-66（b），运行图周期为：

$$T_{周} = t' + t'' + \tau_{不} + \tau_{会} + 2t_{起} \quad (\text{min})$$

（3）下行列车不停车通过区间两端车站，见图 2-66（c），运行图周期为：

$$T_{周}=t'+t''+\tau_{不}^{a}+\tau_{会}^{b}+t_{起}+t_{停}\quad(\min)$$

（4）上行列车不停车通过区间两端车站，见图 2-66（d），运行图周期为：

$$T_{周}=t'+t''+\tau_{会}^{a}+\tau_{不}^{b}+t_{起}+t_{停}\quad(\min)$$

在选择限制区间列车运行线的合理铺画方案时，应考虑到区间两端车站的具体条件。例如，在 a 站（图 2-66）下行出站方向有较大上坡道时，如果采用下行列车在 a 站停车进入区间的方案，就有可能造成下行列车出发起动困难，这时就应选用下行列车通过 a 站而 $T_{周}$ 又是较小的方案。

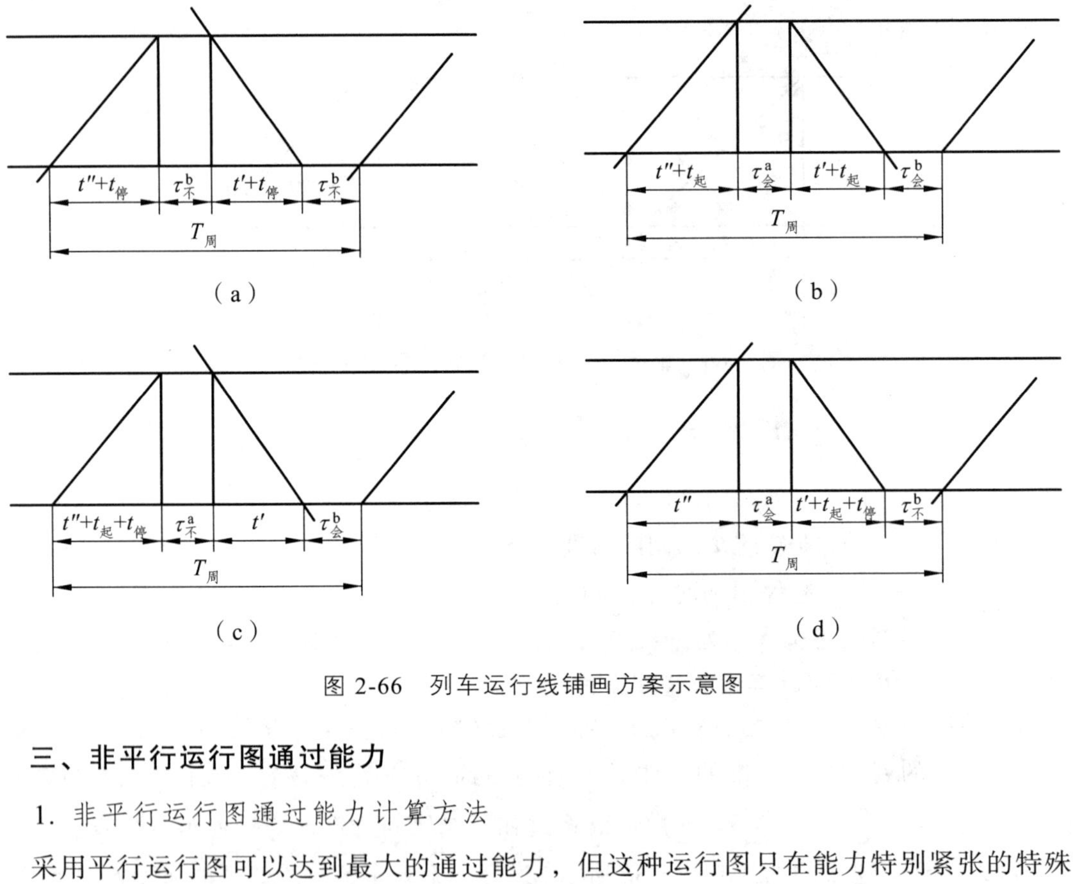

图 2-66　列车运行线铺画方案示意图

三、非平行运行图通过能力

1. 非平行运行图通过能力计算方法

采用平行运行图可以达到最大的通过能力，但这种运行图只在能力特别紧张的特殊情况下采用。在通常情况下，采用的是非平行运行图。

在非平行运行图上，铺画有速度较高的旅客列车和快运货物列车，也有一般货物列车，以及停站次数较多和停站时间较长的摘挂列车等。

非平行运行图的通过能力，是指在旅客列车数量及其铺画位置既定的条件下，该区段一昼夜内所能通过的货物列车和旅客列车对数（或列数）。在一般情况下，铁路上开行的旅客列车和快运货物列车数远比一般货物列车数少，在运行图上只占一小部分，而运行图的大部分仍具有平行运行图的特征。因此，在计算非平行运行图的通过能力时，仍可以利用平行运行图所具有的明显的规律性，先确定平行运行图的通过能力，然后根据开行快速列车对货物列车的影响，扣除由于受这种影响而不能开行的货物列车数，以及因开行摘挂列车而减少开行的货物列车数，即可求得非平行运行图的通过能力。计算非平行运行图通过能力的方法有两种：

（1）图解法。在运行图上首先铺画旅客列车，然后在旅客列车间隔内，铺画其他货物列车（包括摘挂列车）。在运行图上所能最大限度铺画的客货列车总数即为该区段的非平行运行图的通过能力。图解法比较精确，但较烦琐，故只在特殊需要时采用。

（2）分析法。根据旅客列车和摘挂列车的扣除系数，可以近似地计算非平行运行图的通过能力 $n_{非}$，计算公式为：

$$n_{货}^{非} = n - \varepsilon_{客} n_{客} - (\varepsilon_{快货} - 1) n_{快货} - (\varepsilon_{摘挂} - 1) n_{摘挂}$$

$$n_{非} = n_{货}^{非} + n_{客}$$

式中　$n_{货}^{非}$——非平行运行图的货物列车通过能力（包括快运货物列车、沿零摘挂列车和摘挂列车在内）；

$n_{客}$——在运行图上铺画的旅客列车对数或列数；

$n_{快货}$——在运行图上铺画的快运货物列车的对数或列数；

$n_{摘挂}$——在运行图上铺画的摘挂列车的对数或列数；

$\varepsilon_{客}$——旅客列车的扣除系数；

$\varepsilon_{快货}$——快运货物列车的扣除系数；

$\varepsilon_{摘挂}$——摘挂列车的扣除系数。

所谓扣除系数，是指因铺画一对或一列旅客列车、快运货物列车或摘挂列车，须从平行运行图上扣除的货物列车对数或列数。

我国目前采用的扣除系数见表 2-4。

表 2-4　列车扣除系数表

区间正线	闭塞方法	旅客列车	快运货物列车	摘挂列车	备注
单线	自动	1.0	1.0	1.3 ~ 1.5	
	半自动	1.1 ~ 1.3	1.2	1.3 ~ 1.5	摘挂列车 3 对以上取 1.3
双线	自动	见表 2-5	2.0 ~ 2.3	2.5 ~ 3.0	摘挂列车 3 对以上取 2.5，6 对以上取 2.0
	半自动	1.3 ~ 1.5	1.4	1.5 ~ 2.0	

注：其他闭塞方法可参照半自动闭塞取值

表 2-5　三显示双线自动闭塞区段旅客列车扣除系数表

$n_{客}$/列 \ $I_{追}$/min	6	7	8	9	10	11	12
5 ~ 10			2.3 ~ 2.4	2.15 ~ 2.3	2.05 ~ 2.2	1.95 ~ 2.1	1.9 ~ 2.0
11 ~ 20			2.3 ~ 2.35	2.15 ~ 2.2	2.05 ~ 2.1	1.95 ~ 2.0	1.8 ~ 1.9
21 ~ 30		2.4 ~ 2.45	2.2 ~ 2.25	2.05 ~ 2.1	1.95 ~ 2.0	1.85 ~ 1.9	1.7 ~ 1.8
31 ~ 40	2.5 ~ 2.55	2.3 ~ 2.35	2.1 ~ 2.15	1.95 ~ 2.0	1.85 ~ 1.9	1.75 ~ 1.8	1.6 ~ 1.7
41 ~ 50	2.4 ~ 2.45	2.2 ~ 2.35	2.0 ~ 2.05	1.85 ~ 1.9			
51 ~ 60	2.3 ~ 2.35	2.1 ~ 2.15	1.0 ~ 1.95				
61 以上	用图解法确定						

注：四显示双线自动闭塞区段，用图解法并参照本表取值确定

2. 区间通过能力利用率

为掌握区间通过能力利用率，考虑列车运行图铺画方法及采取加强通过能力的措施，应计算区间通过能力利用率（K），其计算公式为：

$$K=\frac{1}{N}[\varepsilon_{客}n_{客}+(\varepsilon_{快货}-1)n_{快货}+(\varepsilon_{摘}+1)n_{摘}+n_{货}^{图}]$$

式中　N——平行运行图区间通过能力；

$N_{货}^{图}$——运行图规定的货物列车数。

复习思考题

1. 列车运行图的作用是什么？如何分类？平行运行图有何特点？

2. 何谓区间运行时分和起停附加时分？如何计算与查定区间运行时分？列车在中间站的停车时间根据哪些作业确定？

3. 何谓车站间隔时间？何谓 $\tau_{不}$、$\tau_{会}$、$\tau_{连}$？各由哪些部分组成？通过绘图表示。

4. 何谓追踪间隔时间？$I_{追}$、$I_{到}$、$I_{发}$、$I_{通}$ 如何计算？一个区间的 I 值如何确定？

5. 机车在机务本段和折返段所在站的停留时间包括哪些时间因素？通过绘图表示。

6. 摘挂列车行车量如何确定？如何绘制车流变动图？如何选择摘挂列车铺画方案？为什么？通过绘图表示。

7. 简述列车运行图的编制程序。

8. 编制旅客列车方案图主要应解决哪些问题？如何解决？

9. 为什么要编制货物列车运行方案图？在什么情况下可以不编方案图，为什么？

10. 编制货物列车运行方案图主要应解决哪些问题？如何解决？

11. 铺画列车运行图时，如何考虑与列车编组计划、车站技术作业过程、机车运用的协调配合？

12. 为提高货物列车旅行速度和保证行车安全，在铺画运行图时，应考虑哪些问题？

13. 何谓分号运行图？有哪几种？它们各有何优缺点？

14. 什么是铁路通过能力和输送能力？区段通过能力受哪些因素影响？如何确定？

15. 何谓区间通过能力？何谓平行运行图周期？几种常见的运行图周期如何计算？通过绘图表示。

16. 何谓限制区间和最大区间？如何选择单线成对非追踪平行运行图限制区间的列车运行图方案？通过绘图表示。

17. 何谓扣除系数？旅客列车和摘挂列车扣除系数如何确定？其值大小与哪些因素有关？

18. 平行运行图与非平行运行图的区间通过能力计算公式怎样表示？

19. 提高铁路区间通过能力的措施有哪些？

项目三　调度工作计划

【项目表述】

为实现按图行车、按列车编组计划编组列车、按运输方案组织运输，完成日（班）计划规定的各项任务，必须加强调度工作计划。该项目是要学生通过对铁路调度日班计划、列车工作计划、货运工作计划、机车车辆工作计划、施工计划等内容的学习，使学生对铁路运输调度工作的认识更加系统化，为后续的课程内容提供保障。

【拟实现的目标】

1. 能力目标

能够描述调度日班计划的内容，懂得编制计划的原则与依据，能简单地对日班计划进行审批和下达。

2. 知识目标

掌握铁路调度日班计划的内容、编制原则与依据，各种工作计划编制的规定以及日班计划的审批与下达；熟知《铁路运输调度规则》等规章的有关规定。

3. 素质目标

培养学生大局观意识，编制计划的周密性与前瞻性能力，培养吃苦耐劳、爱岗敬业的品质，从本项目的学习中学会联劳协作，培养学生的组织能力和团队协作能力。

3.1　工作任务

任务一：编制某个调度区段列车工作日班计划。

任务二：结合列车工作计划与机车交路形式编制机车运用工作计划。

3.2　任务前准备

完成任务以小组为单位，每个组 5 ~ 7 人为宜，组内进行一定的分工，共同协调完成工

作任务，工作任务中所需的备品、材料、资料、参考文献等由小组成员提前准备。

3.3 相关知识点

调度日（班）计划是日常运输组织工作的基础，应按列车编组计划、列车运行图、月度运输生产经营计划、施工计划进行编制，为保证均衡地完成运输生产经营和施工任务，必须加强调度工作计划。

3.3.1 调度日（班）计划

调度日（班）计划应保证均衡地完成月度运输生产经营计划，实现列车编组计划、列车运行图及运输方案。

一、编制调度日（班）计划时应遵守的原则

（1）坚持安全生产的原则。

（2）贯彻国家运输政策，保证重点运输的原则。

（3）坚持一卸、二排、三装的运输组织原则。

（4）按列车编组计划编车，按列车运行图行车，按运输生产经营计划组织运输，按《车站行车工作细则》组织作业，最大限度地组织直达、成组运输的原则。

（5）按施工计划安排施工，坚持运输、施工兼顾的原则。

（6）经济合理地使用机车车辆和其他运输设备，提高运输效率和效益的原则。

（7）组织均衡运输的原则。

二、日（班）计划的内容

日（班）计划包括货运工作计划、列车工作计划和机车工作计划，三者是紧密衔接、环环相扣的有机组成部分。

（1）日计划是从当日 18:00 至次日 18:00 一日内的日间运输工作计划。日计划分为两个班计划：当日 18:00 至次日 6:00 为第一班计划；次日 6:00 至 18:00 为第二班计划。铁路局可根据第一班计划的执行情况和日计划任务，对第二班计划内容进行部分调整。

（2）日计划的编制，国铁集团由调度处长（副处长）负责；铁路局由调度所主任（副主任）负责。

（3）国铁集团每日应分别在 9:00 前向铁路局下达次日轮廓计划。

国铁集团轮廓计划内容有：分界站交接列车数、重车数、车种别排空车数、到局别使用车数、通过限制口的装车数和重点要求。

三、铁路局编制日计划的主要依据

（1）国铁集团下达的轮廓计划。

（2）月度运输生产经营计划、列车编组计划、列车运行图、机车周转图、机车车辆检修计划、站段有关技术作业时间标准。

（3）日请求车（军用应有军运任务通知书，超限超重货物应提出批示电报）和物资部门的要求。

（4）预计当日 18:00 各类运用车数、车站现在车数（重车分去向，其中到本局和邻局管内摘挂车流分到站，待卸车、空车分车种）和机车、机车乘务员分布情况。

（5）旅客列车的临时加开、停运、迂回运输、编组、车辆甩挂调度命令。

（6）列车预确报。

（7）分界站协议。

（8）月度施工计划及主管业务处提报的施工计划申请。

（9）设备维修作业计划。

四、铁路局日计划内容

1. 货运工作计划

（1）各站装车计划（包括发货单位、品类、到站、到局、运费、限制口、车种别装车数）。

（2）各站卸车计划（包括到站、车种、卸车数，整列货物要有收货人）。

（3）“五定”班列、集装箱、企业自备车、战略装车点、路企直通等直达列车和成组装车的列数、组数及辆数。

（4）装卸劳力、机械调配计划。

（5）篷布运用计划。

（6）专用货车的使用计划。

2. 列车工作计划

（1）列车到、发及运行计划，包括列车车次、发站、到站、发到时分、编组内容、特定运行径路，始发列车车辆来源、小运转列车运行计划，机车交路、机车型号及机车号。

（2）分界站列车交接计划，包括列车车次、到开时分、各列车中去向别重车数（到邻局的重车分到站）和车种别空车数。

（3）管内工作车输送计划、各站配空挂运计划和摘挂列车的装卸、甩挂作业计划。

（4）专用货车的调整、挂运计划。

（5）装载超限超重、军运物资（人员）、剧毒品货物车辆，有限制运行条件的机车车辆、自轮运转特种设备挂运和专列开行计划。

（6）旅客列车的临时加开、停运、迂回运输、编组、车辆甩挂计划。

（7）区间装卸作业计划。

（8）路用列车运行计划。

3. 机车车辆工作计划

（1）各区段机车周转图，包括机车交路、机车型号及机车号。

（2）机车沿线走行公里、机车运用台数和机车日车公里。
（3）机车出（入）厂、大、中、辅（小）、临修、回送计划及重点要求。
（4）各车辆检修基地扣修、修竣车辆取送计划。
（5）各沿线车站停留故障车辆检修计划。
（6）跨铁路局及铁路局管内客、货检修车回送计划及重点要求。

4. 施工日计划

（1）施工编号、等级、项目。
（2）施工日期、作业内容、地点（含线别、区间、车站、行别、里程）和时间。
（3）施工限速、行车方式变化及设备变化。
（4）施工单位（含配合单位）、施工负责人。
（5）路用列车进出区间开行方案。

五、日（班）计划编制资料的收集

铁路局各工种调度人员，在每日 14:30 前向有关站段收集编制日（班）计划的资料，并向调度所主任（副主任）提供。

（1）货运调度员：预计当日 18:00 各站卸车数、装车数和去向别装车数、重点物资装车数，“五定”班列装卸情况，18:00 待卸车，有关停、限装命令，卸车单位的卸车能力，次日请求车情况及货运工作轮廓计划。

（2）计划及列车调度员：预计当日 18:00 各站运用车（重车分去向，其中到本局和邻局管内摘挂车流分到站；待卸车、空车分车种）、备用车等分布情况，在途列车的编组内容和预计到达编组站、区段站、分界站的时分。“五定”班列编组情况和预计到达分界站的时分。预计 18:00 列尾主机分布情况。

（3）特运调度员：整列和零星军用请求车计划的车种、吨位、辆数、配车时间及挂运要求；装载超限超重、剧毒品货物车辆的分布及挂运条件、车次及挂运通知单；专用货车的备用、解除和调配计划；预计当日 18:00 行邮、行包列车装卸及编组情况，在途列车的编组内容和预计到达分界站的时分；预计 18:00 篷布分布情况。

（4）机车调度员：预计当日 18:00 运用机车和机车回送计划，机车检修情况，机车、机车乘务员分布动态情况。铁路局外单位工程机车、企业自备（租用）机车在铁路营业线施工、上线运行等情况。

（5）车辆调度员：预计当日 18:00 货车扣修、修竣、检修车分布站及回送情况。车辆段结存检修车、扣修、修竣车数及车种，次日检修车计划，检修能力，有限制运行条件故障车辆回送挂运电报和计划申请。

（6）供电调度员：牵引供电及电力供电、设备运行、次日维修计划情况。

（7）客运调度员：旅客列车的加开、停运、中途折返、迂回运输和客车底回送、车辆甩挂等情况。

（8）施工调度员：各站、各区段施工计划。

（9）工务调度员：工务路用列车开行计划、路料装卸作业计划、慢行处所及限速条件。

（10）电务调度员：电务设备运行维护情况和维修计划。

（11）其他各工种调度员按职责范围，分别提供有关资料。

六、货运工作计划编制的规定

（1）卸车计划。根据预计当日 18:00 管内工作车结存和次日产生的有效管内工作车数，确定次日卸车计划；根据 18:00 实际管内工作车确定次日应卸车数，并以此考核铁路局卸车完成情况；根据“管内工作车去向表”确定各站的卸车任务。

（2）装车计划。必须在保证排空任务的前提下，由调度所主任（副主任）会同货调主任及有关人员，严格按照国铁集团下达的货运轮廓计划审批各站请求车，确定装车日计划。

（3）第一班装、卸车计划应达到全日计划的 45%以上。

七、列车工作计划编制的规定

（1）列车工作计划必须有全日车次和全日编组内容。

编制列车工作计划必须有可靠的资料，禁止编制无车流保证的空头计划。各区段日计划列数，要按列车运行图做到基本均衡。

（2）实行分号列车运行图时，选定列车车次、确定日计划列数应以分号列车运行图为基础，首先保证核心列车开行。当分号列车运行图的列车开满后，可开行基本列车运行图的列车车次；增开的跨铁路局列车车次，由相邻铁路局协商确定，报国铁集团调度批准。

（3）列车运行图规定的货物列车是否开满，跨铁路局列车以分界站全日交接列车计算；铁路局管内列车以编组站或区段站全日发出列车计算；干支线衔接的区段，列车对数应分别计算；列车运行图规定在中间站始发和到达的列车未开满，但贯通全区段运行的列车已开满时，可视为列车运行图已开满。

（4）列车工作计划要确保排空列车的开行。第一班计划的排空车数必须达到全日计划的 45%以上。

（5）始发列车计划应按列车运行图规定的时分制定；中转列车可按预计到达时分，在分号列车运行图中选定紧密衔接的适当运行线。

图定车次贯通到底的直达货物列车，在接续的区段站或编组站因晚点不能使用原图定运行线，在制定日（班）计划时，准许利用图定的直达或直通列车运行线开车，但必须保持原车次不变。

（6）摘挂列车与其他货物列车运行线不得互相串用。

（7）在中间站始发或终到的列车，如列车运行图规定为通过时分，在编制日（班）计划时，应另加起停车附加时分。

（8）开行临时定点列车的规定：

① 基本列车运行图的列车开满后，方准加开临时定点的列车车次。

② 始发列车无适当车次使用时，可制定临时定点列车计划，其旅行时间不得超过本区段内同类列车最长旅行时间。跨铁路局运行时，须征得邻局的同意。

③ 列车运行图中的摘挂列车已开满仍有剩余摘挂车流（有一个区间达到牵引定数 70%

或满长）时，可加开临时定点的摘挂列车，但跨铁路局的加开列数不得超过 1 列。

④ 开行列车运行图以外的阶梯直达列车，只限于作业站间可临时定点。

⑤ 挂有限制运行条件机车车辆的列车、有时间限制的军用列车和在区间整列装卸的列车，不能利用列车运行图中的运行线时，可开行临时定点列车。

挂有限制运行条件机车车辆的列车，在制定日（班）计划时允许指定始发和到达时分，运行时分可在 3 ~ 4 h 列车运行调整计划中确定。

⑥ 途中停运的列车，恢复运行时应利用空闲运行线。如确无适当运行线可利用时，方准开行临时定点列车到达前方第一个技术作业站。

（9）列车运行图规定 18:00 后由分界站交出的列车，不准作 18:00 前的交车计划。

分界站当日未交出的晚点列车，必须纳入次日计划。接近 18:00 的晚点列车，来不及纳入次日计划时，准许 18:00 后晚点交出。

（10）原则上不准编制跨铁路局的超重、超长列车计划；必须时，须征得邻局的同意，并经国铁集团调度命令准许。

（11）挂有装载超限超重、剧毒品货物车辆和限制运行条件机车车辆的列车跨铁路局运行时，应向相邻铁路局重点预报。

（12）班计划一经确定，必须维护计划的严肃性，在执行中不准变更列车车次和整列方向别的编组内容；跨铁路局列车遇有特殊情况必须变更时，要预先征得相邻铁路局同意，并须报请国铁集团调度批准。

（13）日（班）列车工作计划编制后，相邻铁路局调度所必须主动将分界站列车交接计划（包括车次、时分、编组内容、机车交路）核对一致后，方准上报国铁集团批准。

八、机车工作计划编制的规定

（1）机车工作计划要保证日常运输任务的需要，按列车工作计划供应质量良好的机车。

（2）机车周转图必须根据列车工作计划和规定的技术作业时间、乘务员劳动时间进行编制。不准编制反交路，消除对放单机，减少单机走行。如编有紧交路时，必须制定保证实现的组织措施。

九、施工日计划编制下达规定

（1）施工单位于施工前 3 日将施工计划申请报铁路局主管业务处，经主管业务处审核（盖章）后，于施工前 2 日 9:00 前向施工调度室提报施工计划申请。

（2）施工调度室应将主管业务处提报的施工计划申请与月度施工计划进行核对，同时将 I 级施工和繁忙干线国铁集团管理施工项目的施工计划申请于施工前 2 日 15:00 前报国铁集团运输局调度部调度处，经调度处核准后于施工前 2 日 18:00 前反馈施工调度室，施工调度室据此编制施工日计划。

（3）因运输原因不能安排施工计划时，须经铁路局分管运输副局长（总调度长）同意。

（4）编制的施工日计划经铁路局运输处分管调度工作副处长或调度所主任（副主任）审核后，纳入调度日计划。

（5）施工调度室于施工前 1 日 12:00 前（其中 0:00 至 4:00 执行的施工日计划为前 1 日 8:00 前）将施工日计划传（交）主管业务处、列车调度台、计划调度台，有关机务段、运转车长所属单位、车务段（直属站）。主管业务处负责通知施工单位（含配合单位、设备管理单位），车务段（直属站）负责通知相关车站。

（6）I 级施工和繁忙干线国铁集团管理施工项目的施工日计划，由铁路局调度所于施工前 1 日 15:00 前报国铁集团运输局调度部调度处。

（7）施工日计划下达后，不得取消施工日计划（项目）。因特殊原因临时取消时，须经铁路局分管运输副局长（总调度长）批准（I 级施工和繁忙干线国铁集团管理施工项目还须报国铁集团运输局调度部调度处批准），并制定确保行车安全的具体办法和措施后，以调度命令办理取消（含取消或重新发布运行揭示调度命令）。

十、日计划的审批和下达

（1）铁路局日计划，经分管副局长（总调度长）批准后，于 17:00 前报国铁集团，17:30 前以调度命令下达站段。

（2）18:00 至 21:00、6:00 至 9:00 的列车工作计划，应分别提前在 16:00、4:00 前下达有关站段。对车次的考核，仍以正式下达的日（班）计划为依据。

（3）国铁集团日计划，经调度部主任（副主任）批准后，于 17:40 前以调度命令下达铁路局。

（4）对上报日计划有调整时，铁路局应按国铁集团调度命令批准的计划，以调度命令更正，并组织实现。

（5）第二班的调整计划，由调度所值班主任负责，各工种调度人员参加，按国铁集团批准的日计划进行调整，铁路局于 6:00 前以调度命令下达有关站段。

铁路局各工种的调度员根据各自担当的角色不同，工作之间有着不同的联系。从调度日班计划内容来看，与行车组织关系最为密切的是计划、机车和列车调度员，信息交流最广泛的也是这三个工种的调度员。在三者之中计划调度员是处于核心的位置，一天运输任务能否很好的实现，关键在于日班计划安排得是否合理。列车调度员负责全天列车的具体指挥，机车调度员负责提供设备良好的机车，保证日班计划的完成。

3.3.2 列车运行调整计划

列车运行调整计划是列车调度员组织列车运行过程中，实际情况与计划有差别，需要根据具体情况对计划进行调整，列车运行调整计划按阶段进行编制，通常分为 3 h 阶段计划或 4 h 阶段计划。一般枢纽台采用 3 h 阶段计划，其他台采用 4 h 阶段计划。

一、主要内容

列车运行调整阶段计划主要包括以下内容：

（1）车站列车到、发时分和列车会让计划（采用计算机下达的为实时调整计划）。

（2）列车在中间站作业计划。
（3）区段装卸车计划。
（4）施工计划。
（5）重点列车注意事项。

二、调整原则

在调整列车运行时，要按“先客后货”“先快后慢”“先跨局后管内”的原则按等级调整和合理会让，使晚点列车恢复正点，实现按图行车的原则。调整的列车等级顺序规定如下：

1. 按运输性质分类和等级

（1）旅客列车（动车组列车，特快、快速、普通旅客列车）；
（2）特快货物班列；
（3）军用列车；
（4）货物列车（快速货物班列、五定班列、快运、重载、直达、直通、冷藏、自备车、区段、摘挂、超限及小运转列车）；
（5）路用列车。

2. 列车运行等级顺序

（1）动车组列车；
（2）特快旅客列车；
（3）特快货物班列；
（4）快速旅客列车；
（5）普通旅客列车；
（6）军用列车；
（7）货物列车；
（8）路用列车。

开往事故现场救援、抢修、抢救的列车，应优先办理。
特殊指定的列车的等级，应在指定时确定。

三、列车计划调整步骤

列车调度员编制和执行列车运行调整计划的过程，一般可以分为收集资料、编制计划、下达计划、组织实现等四个步骤。

1. 收集资料

列车调度员在编制列车运行调整计划时，需要了解和收集的资料主要有：
（1）区段内各站现在车（空车分车种，重车分去向）情况及到发线占用情况。
（2）邻台（局）及本区段内客、货列车实际运行情况。
（3）摘挂列车编组内容及前方站作业情况。

（4）技术站到发线使用和待发列车情况。

（5）机车整备及机车交路情况。

（6）区间装卸及施工情况。

（7）领导指示及其他情况。

2. 编制计划

列车调度员将收集了解到的情况和资料，经过认真的分析、研究，依据列车运行图、编组计划、运输方案的要求及日班计划的任务，运用各种列车运行调整方法，做出合理、切实可行的计划。

在编制计划时，一般优先铺画旅客列车和重点列车运行线。必要时，优先安排困难区间的列车运行，充分利用通过能力。在运行图表上铺画计划运行线时，采用正铺与倒铺相结合的方法。

如图 3-1 所示，42206 次列车计划在 G 站进行摘挂车作业量比较多，什么时间开才能赶到 D 站会 K519 次客车？如果从 G 站开始铺画，往往时间算不准而返工，若采取从 D 站向 G 站倒铺，一次铺出 G 站 19:09 必须开车。采取正铺与倒铺相结合的方法铺画节省了时间。

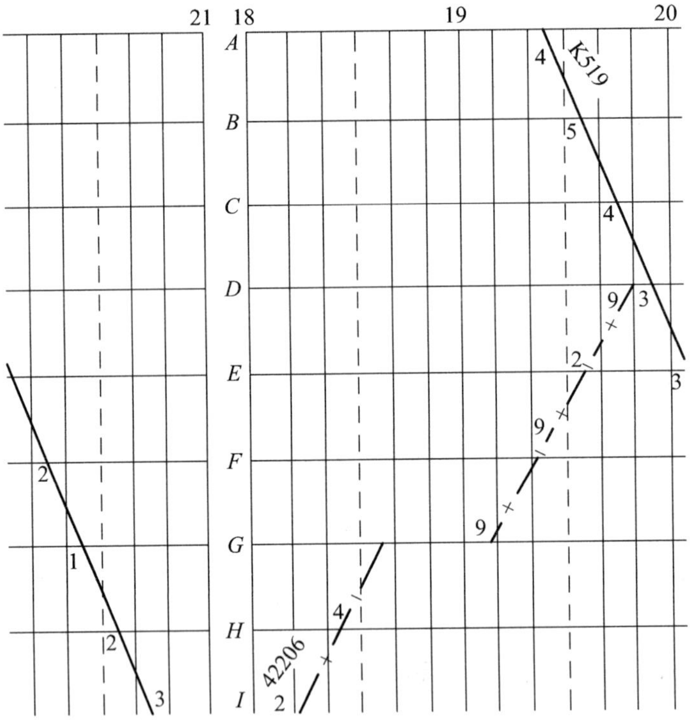

图 3-1

编计划时，应注意留有余地，为各种必需的作业留足充分的作业时间，必要时，可拟定两个以上的调整方案，以适应情况的突然变化。

在安排列车运行计划时，还应特别注意本区段技术站自编始发列车的车流接续和机车交路，以保证技术站有良好的工作秩序。

在编制计划时，一般采用“满表铺线、分段编制”的方法。具体做法是：接班后，根据所掌握的情况粗线条地将列车计划线铺画到18:00（6:00），然后按照3～4 h计划阶段编制列车运行调整计划。在“满表铺线”的基础上，执行上一个阶段计划列车运行调整计划的同时，边收集资料，边铺画下一个阶段的列车运行调整计划。这样一步一步地进行，在列车运行调整计划执行前1 h编制完成。

3. 下达实施

列车调度员在阶段计划编制完成后，要及时下达给各站、段。根据具体情况，可采取集中、分段或个别的方式下达计划。应向基层站、段执行者交代清楚，使其明确计划意图，心中有数。

4. 组织实现

列车运行调整计划下达后，仅仅是组织计划实现的开始。在执行计划的过程中，列车调度员要随时注意列车运行情况的变化，做到勤盯、勤问、勤联系，特别是对关键列车（如在旅客列车前面运行的货物列车，或旅客快车前面运行的旅客慢车等）和重点车站，要及时收点，随时监督列车的运行，以便发现问题，及时采取调整措施，保证列车按计划安全正点运行。

四、列车计划调整方法

列车调度员进行列车运行调整时，一般可采取如下方法：

（1）组织列车按允许速度运行。

（2）选择合理的会让站。

（3）组织列车在车站进行平行作业。

（4）组织列车反方向行车。

（5）组织列车合并运行。

为实现列车工作计划，挖掘运输潜力，提高运输效率，要求：

（1）组织晚点旅客列车恢复正点。

（2）组织货物列车压缩区段旅行时间。

（3）组织有关运输生产单位按各项作业时间标准完成作业，压缩中、停时。

（4）组织单机挂车。

（5）组织机车紧交路。

（6）组织技术站、分界站按照运行图满轴编组和交接列车。

（7）合理运用机车，加速机车车辆周转。

复习思考题

1. 编制调度日（班）计划时应遵守的原则是什么？
2. 日班计划的内容是什么？编制的依据是什么？
3. 各调度员在编制日班计划时候需要收集哪些资料？

4. 施工日班计划的编制有什么要求？
5. 列车运行调整计划有哪些内容，调整的原则有哪些？
6. 铁路局列车调度调整列车运行有哪些步骤？
7. 调整列车运行的方法一般有哪些？

项目四　调度命令的发布

【项目表述】

调度命令是行车调度处理日常行车工作中有关问题以及在非正常情况下组织指挥行车有关部门、单位和人员办理行车工作、指示作业方法和安全注意事项的带有约束性的指令。有关行车人员必须执行列车调度员命令，服从调度指挥，严格按照调度命令的具体要求进行工作。调度命令是铁路行车工作中运用最多的一项内容，掌握好调度命令的拟编、下达、发布、接收、执行是保证行车工作的关键。该项目主要是通过学习调度命令的发布情况与范围、原则，调度命令的编号，以及调度命令的格式与标准用语等知识，使学生能全面掌握调度命令的相关知识点。

【拟实现的目标】

1. 能力目标

能准确辨别各种调度命令的受令人；会应用调度命令的编号；能快速准确拟编、下达、发布调度命令；能按相关规定执行下达的调度命令。

2. 知识目标

掌握需要发布调度命令的情况，发布行车调度命令的原则，调度命令编号的规定；熟知发布调度命令发布的注意事项；掌握调度命令的格式与标准用语；熟知《铁路运输调度规则》《铁路技术管理规程》《行车组织规则》等规章的有关规定。

3. 素质目标

通过对本项目的学习，使学生具有大局观意识，培养发布和传达调度命令的思维周密性与前瞻性能力；培养吃苦耐劳、爱岗敬业的品质，从各级调度的工作联系中学会联劳协作、正确处理上下级关系的能力，提高学生的组织能力和团队协作能力。

4.1 工作任务

任务一：模拟一种行车情况，拟编一条调度命令。
任务二：找出日常调度命令中存在的格式与用语问题并更正。
任务三：正确下达、接收调度命令。

4.2 任务前准备

完成任务以小组为单位，每个组 5 ~ 7 人为宜，组内进行一定的分工，共同协调完成工作任务，工作任务中所需的备品、材料、资料、参考文献等由小组成员提前准备。查找和修改错误调度命令可以采取不同组间相互出题的方式来完成。

人员安排情况：根据实际情况具体安排行车调度员一名、机车乘务员一名、机车调度员一名、运转车长一名、车站值班员两名。

4.3 相关知识点

4.3.1 需要发布调度命令的情况

指挥列车运行的命令和口头指示，只能由列车调度员发布。列车调度员在发布命令之前，应详细了解现场情况，并听取有关人员意见。遇表 4-1 所列情况，须发布调度命令。

表 4-1 行车调度命令基本内容表

顺序	命令项目	受令人	
		司机	车站值班员
1	封锁、开通区间		○
2	向封锁区间开行救援列车、路用列车	○	○
3	临时变更或恢复原行车闭塞法	○	○
4	双线反方向行车及由双线改为单线或恢复双线行车	○	○
5	变更列车径路	○	○
6	列车在区间内停车或返回	○	○
7	去区间内岔线的列车	○	○
8	临时由区间内返回后部补机的列车	○	○
9	发生行车设备故障、灾害或封锁施工后，以及列车中挂有限速的机车、车辆等，需要使列车临时减速运行、一停再开或特别注意运行	○	○
10	半自动闭塞区间使用故障按钮、自动闭塞区间使用总辅助按钮		○

续表

顺序	命令项目	受令人	
		司机	车站值班员
11	超长、欠轴列车或列车挂有装载超限货物的车辆	○	○
12	旅客列车加挂货车	○	○
13	单机附挂车辆	○	○
14	半自动闭塞区间，超长列车头部越过出站信号机（未压上出站方面的轨道电路）发车	○	○
15	在非到发线上接发列车	○	○
16	临时加开或停运列车	○	○
17	货物列车违反列车编组计划		○
18	双线区间在区间内进行跨线装卸作业时，对开入其邻线的列车	○	○
19	双线区间在区间内有除雪机、起重机工作时，对开入其邻线的列车	○	○
20	双线区间在区间内发生特别重大、重大、大事故，对开入其邻线的列车	○	○
21	临时利用本务机车调车作业	○	○
22	利用天窗施工、维修		○
23	利用施工特定行车办法行车	○	○
24	较规定时间提前或延迟施工	○	○
25	电气化区段正线、到发线接触网停电或送电	○	○
26	列车调度员认为有必要记录的上述以外的命令		

注：划○者为受令人员。

上述调度命令，如涉及其他单位和人员时，应同时发给。

列车调度员向司机、运转车长发布调度命令时，应发给有关站段（所、室），由受令站段（所、室）负责转达。当乘务人员已出乘时，应发给列车始发站或进入关系区间前的停车站由其交付，如来不及而必须在进入关系区间前交付时，通过列车应停车交付。

对跨局的列车，接车铁路局列车调度员可委托发车铁路局列车调度员发布调度命令。更换机车或变更限速条件时，应由有关铁路局列车调度员重新发给机车所担当全区段的调度命令。途中乘务人员换班时，应将调度命令内容交接清楚。

发收调度命令时，应填记《调度命令登记簿》，指定受令人员中一人复诵，并记明发收人员姓名及时刻。使用计算机、传真机、无线传送系统发布调度命令时，命令接受人员确认无误后应及时反馈回执。在具备良好转接设备或通信记录装置的条件下，可根据国铁集团有关规定，使用列车无线调度通信设备向司机、运转车长发布、转达调度命令或口头指示。

除调度命令以外，调度员在日常生产指挥中向有关人员发布的完成运输生产任务的具体部署和指挥行车工作的指令，称为口头指示。口头指示和调度命令具有同等作用，有关人员必须坚决执行。发布口头指示，也应正确、及时、清晰、完整。

4.3.2 发布行车调度命令的原则

行车调度命令是铁路行车中遇非正常情况下采取的作业方式的指令。列车调度员必须严格按规定发布调度命令，有关行车人员必须严格执行调度命令。发布调度命令应做到：

（1）指挥列车运行的命令和口头指示，只能由列车调度员发布。

旅客列车的加开、停运、折返、变更径路及车辆甩挂的命令，经国铁集团、铁路局客运调度分别报告值班处长、值班主任同意签字后，由客运调度员发布。

（2）调度命令发布前，应详细了解现场情况，听取有关人员的意见，书写命令内容、受令处所必须正确、完整、清晰。

（3）采用计算机发布调度命令时，必须严格遵守“一拟、二签（按规定需领导、值班主任签发）、三下达、四确认签收”的发布程序。受令人必须认真核对命令内容并及时签收。

（4）采用电话发布调度命令时，必须严格遵守“一拟、二签（按规定需领导、值班主任签发）、三发布、四复诵核对、五下达命令号码和时间”的发布程序。发布、接收调度命令时，应填记调度命令登记簿，并记明发收人员姓名及时刻。

（5）铁路局列车调度员发布行车命令，要一事一令，不得填写其他内容。遇有不正确的文字不准涂改，应圈掉后重新书写。使用常用行车调度命令用语时，不用字句圈掉，不用项圈掉项号。已发布的调度命令，遇有错、漏时，必须重新发布并取消前发命令。

补充：一事一令是指对一个独立事件发布一个命令，该独立事件包括单因素事件和多因素事件两类。单因素事件是指不与其他工作发生关联的简单事件；多因素事件是指涉及两项及其以上工作内容，且因此及彼、因果相关、时间相连的复杂事件，可用一个调度命令下达。

设有双向闭塞设备的双线区间闭塞设备作用良好时，需要连续反方向行车时，可一次发布调度命令。

（6）不准以月度施工方案代替施工调度命令。施工主管部门（单位）要将次日施工计划，提前上报施工调度员。施工调度员应提前向行车有关单位发布施工计划调度命令，发布施工计划调度命令，不准夹带与受令处所无关的内容和命令。实际施工调度命令由列车调度员发布。

（7）施工封锁或开通的调度命令，列车调度员必须得到车站值班员的请求（CTC 区段无车站值班员的车站，由施工单位负责人请求）后，方可发布。

（8）发布有关线路、道岔限速的调度命令，必须注明起止里程（包括站内线别、道岔号码）及时间。发布事故救援命令、月度施工计划或施工电报涉及限速的有关线路、道岔必须注明里程。

（9）指定时间段内的维修作业，车站值班员在维修作业完毕销记后应立即报告列车调度员，列车调度员不再发布维修作业结束恢复行车的命令。如需延长作业时间须由列车调度员发布调度命令批准。

（10）跨局途中无停点旅客列车的行车命令，可由有关铁路局直接向两端局机务、车务（列车）段下达。

（11）在具备良好转接设备和通信记录装置的条件下，对以下内容可使用列车无线调度通信设备向值乘司机、运转车长发布、转达调度命令，遇限速运行的调度命令，指定由进入关系区间（站）前的第二个车站值班员提示司机：

① 恢复原行车闭塞法。

② 具有双向设备的区间且作用良好时，双线反方向行车。

③ 按规定时间延迟施工或提前结束施工。

④ 有计划封锁施工开通后，指定限速要求的列车。

⑤ 有临时限速要求的列车。

⑥ 临时停运列车、加开单机。

⑦ 旅客列车以外的列车在非到发线上接车或发车。

⑧ 半自动闭塞区间，超长列车头部越过出站信号机（未压上出站方面的轨道电路）发车。

⑨ 进站（接车进路）信号机故障的引导接车。

⑩ 机车信号、列车运行监控记录装置、列尾装置故障。

⑪ 列车由列控车载设备方式人工控车转入隔离模式。

⑫ 列车由隔离模式退出，人工转换为列控车载设备方式控车。

⑬ 动车组在区间被迫停车后，准许返回后方站。

⑭ 特殊情况下，不能在基本进路上接发动车组。

⑮ 铁路局规定可以利用无线调度电话发布、转达的调度命令。

（12）为确保列车运行安全和秩序，尽量采取不停车交付调度命令，具备调度命令无线传送系统的，应使用该系统向值乘司机发布调度命令，受令人涉及运转车长的，由司机向运转车长转达；符合使用无线调度通信设备发布、转达调度命令的内容和条件时，应用无线调度通信设备发布、转达调度命令。不具备上述条件时，本区段有停车站，列车调度员在进入关系区间前的停车站交付调度命令；本区段无停车站，有关局可委托有停车站的所在局通过停车站向值乘司机和运转车长转发调度命令。委托局要向受委托局说明转发调度命令的内容和具体车次，受委托局在时间允许情况下，不得拒绝委托。如来不及时，必须在列车进入关系区间前的车站停车交付调度命令。委托电话应具备良好的通信记录装置。

（13）在 CTCS—2 级区段，对于 200 km/h 动车组运行，站内正线或区间遇有限速时，调度必须提前用数据格式向相关车站列控中心发布限速的调度命令，同时通过调度命令无线传送系统向列车发布限速的调度命令。

区间限速区长度超过 6000 m 时，列车调度员应按区间限速下达限速命令。

限速速度分为 5 档：45、60、80、120、160 km/h。当实际限速速度小于 45 km/h 时，列车调度员按实际限速值填写数据格式，由司机按调度命令控车。

（14）使用调度命令无线传送系统、计算机或传真机发布行车调度命令，必须认真执行确认和回执制度。

（15）遇下列情况列车调度员不发调度命令：

① 自动闭塞区间，出站（发车进路）信号机故障、停用时发出列车。

② 在未设出站信号机的正线、到发线上向自动闭塞区间发车。

③ 自动闭塞区间，一架通过信号机故障（站间区间仅设一架通过信号机的除外）。

④ 旅客列车在技术停车站（不办理客运业务和技术作业）临时变更通过。

列车调度员向司机、运转车长交付调度命令时，应使用常用调度命令格式或调度命令卷。

4.3.3 调度命令的编号

调度命令号码的编制应按不同工种分别规定。铁路局行车调度命令按日循环，其他工种调度命令按月循环，国铁集团各工种的调度命令按月循环（其中国铁集团货运和列车工作日计划命令按年循环）。

调度命令日期的划分，以 0:00 为界。调度命令循环号码的起止时间，以 0：00 区分。各级调度命令应保管 1 年。

国铁集团调度命令号码分为：

（1）货运和列车工作日计划命令号码 0001 ~ 0366。

（2）车流调整命令号码 0401 ~ 0499。

（3）行车调度命令号码 0501 ~ 1799。

（4）专运调度命令号码 1801 ~ 1899。

（5）客运调度命令号码 1901 ~ 2399。

（6）货运调度命令号码 2401 ~ 2699。

（7）行包调度命令号码 2701 ~ 2999。

（8）机车调度命令号码 3001 ~ 3299。

（9）车辆调度命令号码 3301 ~ 3399。

（10）军运调度命令号码 3401 ~ 3699，其中，军运及军列空车底回送命令号码 3401 ~ 3599，长大货物车（D 型车）使用、回送及超限专列命令号码 3601 ~ 3699。

（11）特运调度命令号码 3701 ~ 3999，其中：机械冷藏车使用及回送命令号码 3701 ~ 3799，重点石油装车命令号码 3801 ~ 3899，总公司所属罐车调整命令号码 3901 ~ 3999。

（12）供电调度命令号码 4001 ~ 4099。

（13）停、限装及恢复装车命令号码 4101 ~ 4399。

（14）备用车命令号码 4401 ~ 4999。

（15）集装箱命令号码 5001 ~ 5599。

（16）施工命令号码 5601 ~ 5899。

（17）备用命令号段 5901 ~ 5999。

铁路局与国铁集团调度命令号码不得重复，具体由铁路局规定。

铁路局调度命令号码由各铁路局自定。例如，广州铁路（集团）公司的调度命令号码编号规定如表 4-2 所示：

表 4-2　广铁集团调度命令号码的编号规定

<table>
<tr><th>序号</th><th colspan="3">调度岗位</th><th>日常命令</th><th>备注</th></tr>
<tr><td>1</td><td rowspan="18">列车调度台</td><td colspan="2">京广一台</td><td>6101～6199</td><td rowspan="18">列车调度台发布调度命令号码为：在日常命令号码前冠以调度命令登记簿编号；例广州地区台使用号簿发布命令，命令号码为号，依此类推。</td></tr>
<tr><td>2</td><td colspan="2">株洲地区台</td><td>6201～6299</td></tr>
<tr><td>3</td><td colspan="2">衡阳地区台</td><td>6301～6399</td></tr>
<tr><td>4</td><td colspan="2">京广二台</td><td>6501～6599</td></tr>
<tr><td>5</td><td colspan="2">京广三台</td><td>6601～6699</td></tr>
<tr><td>6</td><td colspan="2">广州地区台</td><td>6701～6799</td></tr>
<tr><td rowspan="3">7</td><td rowspan="3">广深台</td><td>调度员</td><td>6801～6899</td></tr>
<tr><td>广州—石龙段助理调度员</td><td>4801～4899</td></tr>
<tr><td>石龙—深圳段助理调度员</td><td>5801～5899</td></tr>
<tr><td>8</td><td colspan="2">京九粤东台</td><td>6901～6999</td></tr>
<tr><td>9</td><td colspan="2">粤海台</td><td>8101～8199</td></tr>
<tr><td>10</td><td colspan="2">三茂台</td><td>8201～8299</td></tr>
<tr><td rowspan="2">11</td><td colspan="2">沪昆台 1</td><td>8301～8399</td></tr>
<tr><td colspan="2">沪昆台 2</td><td>8401～8499</td></tr>
<tr><td>12</td><td colspan="2">怀化地区台</td><td>8501～8599</td></tr>
<tr><td>13</td><td colspan="2">焦柳一台</td><td>8601～8699</td></tr>
<tr><td>14</td><td colspan="2">焦柳二台</td><td>8701～8799</td></tr>
<tr><td>15</td><td colspan="2">石长台</td><td>8801～8899</td></tr>
<tr><td>16</td><td colspan="3">湘桂洛湛台</td><td>8901～8999</td><td></td></tr>
</table>

<table>
<tr><th>序号</th><th>调度岗位</th><th>命令分类</th><th>命令号码</th><th></th><th>备注</th></tr>
<tr><td rowspan="7">17</td><td rowspan="5">值班主任</td><td>日常命令</td><td>71001～71099</td><td></td><td></td></tr>
<tr><td>违编命令</td><td>71401～71499</td><td></td><td></td></tr>
<tr><td>备用车</td><td>71101～71199</td><td></td><td></td></tr>
<tr><td>港口备用车</td><td>301～399</td><td></td><td></td></tr>
<tr><td>乘务员赶点</td><td>78001～78099</td><td></td><td></td></tr>
<tr><td>南值班副主任</td><td>日常命令</td><td>82001～82099</td><td></td><td></td></tr>
<tr><td>北值班副主任</td><td>日常命令</td><td>83001～83099</td><td></td><td></td></tr>
<tr><td>18</td><td>计划调度室</td><td>日常命令</td><td>71201～71299</td><td></td><td></td></tr>
</table>

<table>
<tr><td>序号</td><td colspan="2">调度岗位</td><td>日常命令</td><td colspan="3">备注</td></tr>
<tr><td>序号</td><td colspan="2">调度岗位</td><td colspan="2">日常命令及运行揭示命令</td><td></td><td>备注</td></tr>
<tr><td rowspan="4">19</td><td rowspan="4">施工调度室</td><td>广东一台</td><td colspan="2">650001 ~ 699999</td><td></td><td></td></tr>
<tr><td>广东二台</td><td colspan="2">600001 ~ 649999</td><td></td><td></td></tr>
<tr><td>湖南一台</td><td colspan="2">700001 ~ 799999</td><td></td><td></td></tr>
<tr><td>湖南二台</td><td colspan="2">800001 ~ 899999</td><td></td><td></td></tr>
<tr><td>序号</td><td colspan="2">调度岗位</td><td>日常命令</td><td>管内违编命令</td><td>列尾回送</td><td>备注</td></tr>
<tr><td>20</td><td rowspan="8">计划调度台</td><td>广州计划</td><td>91001 ~ 91099</td><td>14101 ~ 14199</td><td>75101 ~ 75199</td><td></td></tr>
<tr><td>21</td><td>广州计划二</td><td>92001 ~ 92099</td><td>14201 ~ 14299</td><td>75201 ~ 75299</td><td></td></tr>
<tr><td>22</td><td>京广南计划</td><td>94001 ~ 94099</td><td>14401 ~ 14499</td><td>75401 ~ 75499</td><td></td></tr>
<tr><td>23</td><td>株洲计划</td><td>95001 ~ 95099</td><td>14501 ~ 14599</td><td>75501 ~ 75599</td><td></td></tr>
<tr><td>24</td><td>株洲计划二</td><td>96001 ~ 96099</td><td>14601 ~ 14699</td><td>75601 ~ 75699</td><td></td></tr>
<tr><td>25</td><td>京广北计划</td><td>97001 ~ 97099</td><td>14701 ~ 14799</td><td>75701 ~ 75799</td><td></td></tr>
<tr><td>26</td><td>计划辅助</td><td>98001 ~ 98099</td><td>14801 ~ 14899</td><td>75801 ~ 75899</td><td></td></tr>
<tr><td>27</td><td>怀化计划</td><td>99001 ~ 99099</td><td>14901 ~ 14999</td><td>75901 ~ 75999</td><td></td></tr>
<tr><td>序号</td><td colspan="2">调度岗位</td><td>日常命令</td><td>救援吊机命令</td><td colspan="2">备注</td></tr>
<tr><td>28</td><td rowspan="7">机车调度室</td><td>机调室主任、副主任</td><td rowspan="2">~</td><td></td><td colspan="2"></td></tr>
<tr><td>29</td><td>机调日勤</td><td></td><td colspan="2"></td></tr>
<tr><td>30</td><td>客机台</td><td>33001 ~ 33099</td><td>39001 ~ 39099</td><td colspan="2"></td></tr>
<tr><td>31</td><td>京广货机一台</td><td>34001 ~ 34099</td><td></td><td colspan="2"></td></tr>
<tr><td>32</td><td>京广货机二台</td><td>35001 ~ 35099</td><td></td><td colspan="2"></td></tr>
<tr><td>33</td><td>京九广茂粤海货机台</td><td>36001 ~ 36099</td><td></td><td colspan="2"></td></tr>
<tr><td>34</td><td>沪昆焦柳渝怀货机台</td><td>37001 ~ 37099</td><td></td><td colspan="2"></td></tr>
<tr><td>序号</td><td colspan="2">调度岗位</td><td>日常命令</td><td>调票命令</td><td>行包超重命令</td><td>加开、停运命令</td></tr>
<tr><td>35</td><td rowspan="4">客运调度室</td><td>客调室主任、副主任</td><td rowspan="2">~</td><td rowspan="2">~</td><td rowspan="2">~</td><td rowspan="2">~</td></tr>
<tr><td>36</td><td>客调日勤</td></tr>
<tr><td rowspan="2">37</td><td rowspan="2">客运调度台
动车调度台</td><td>日常命令</td><td>车辆甩挂命令</td><td>军事运输命令</td><td>重点运输命令</td></tr>
<tr><td>81001 ~ 81399</td><td>87001 ~ 87999</td><td>88101~88299</td><td>89101 ~ 89299</td></tr>
</table>

续表

序号	调度岗位		日常命令	备注		
序号	调度岗位		日常命令	机煤、油变更命令	军事运输命令	油罐、冷藏车运输命令
38	货运调度室	货调室主任、副主任	~	~		
39		货调日勤				
40		货调一台	58201 ~ 58299			
41		货调二台	58301 ~ 58399			
42	特运调度室	特调室主任、副主任	~			
43		特调日勤				
44		特运调度台			28101 ~ 28199	28201 ~ 28299
45		篷布调度台	28301 ~ 28399			
46	车辆调度		41001 ~ 41099			
47	工务调度		42001 ~ 42099			
48	电务调度		43001 ~ 43099			
49	红外线、货监调度		44001 ~ 44099			
50	供电调度		45001 ~ 45099			

4.3.4 发布调度命令时应注意的环节

行车调度命令是保证列车安全正点运行的重要措施，是列车调度员在调整列车运行时的必要手段。能否正确及时地发布调度命令，事关铁路行车工作的安全和运输效率，也是衡量一个列车调度员业务水平高低的重要标志。因此，列车调度员对于调度命令的发布工作不可忽视，必须认真严肃对待。

怎样才能做到正确及时地发布调度命令呢？根据实际工作的经验，列车调度员在发布调度命令时，应力求做到以下几个方面：

1. 情况清楚

在发布命令前，应详细了解现场当时的线路、设备、列车或机车车辆所处的状态，需要进行作业的性质、要求和必要性，了解有关领导的指示和日（班）计划的要求，并认真听取行车有关领导、其他工种调度和现场有关行车人员的意见，对现场的实际情况做出全面、正确的判断，确定该不该发布调度命令和应如何正确发布调度命令，做到情况不清不发调度命令。

2. 规章明确

规章制度是列车调度员发布调度命令的依据。当需要发布调度命令时，调度员应根据《技规》《行规》《调规》等有关行车工作规章、文件、电报等有关规定，正确及时地发布相应的调度命令。

3. 内容确切

调度命令的内容要严密、确切、详细、完整。在调度命令中一般应包括：作业的主体、对象、时间（包括起止时间）、地点（包括起止地点）、具体方法和安全注意事项。不得模棱两可、不明不白，防止命令下达后，因受令人误解、曲解而出现漏洞。

4. 受令人齐全

调度命令发出后，有关受令人将以调度命令的指示为依据进行作业，为了保证这些部门和人员工作时协调一致，发布调度命令时，必须受令人齐全，不可遗漏。

5. 措辞简明

发布调度命令时，措辞必须简明扼要、用词准确、文理通顺，要用最简洁明确的语言表述调度命令的全部内容。同时应注意不要随意简化、省略必要的内容。调度命令应尽可能规范化、标准化，以利于调度员迅速下达和受令人迅速抄收，使命令执行人正确理解和执行调度命令。

6. 记载完整

调度命令的号码、发布时间、受令人及转抄受令人、复诵人、命令内容、发令人等，必须在调度命令登记簿中逐项记载齐全，并书写清楚。

4.3.5 调度命令格式与标准用语

为规范铁路行车调度命令，国铁集团根据《技规》《调规》《事规》《事故救援规则》《接发列车作业标准》《调标》以及国铁集团颁布的其他规章和发布的相关文件的有关规定，对全路常用行车调度命令的格式和用语做了统一的规定，为列车调度员发布调度命令和有关行车人员执行调度命令提供了统一标准，为安全监察部门检查监督调度命令发布和执行提供了依据，为保证铁路行车安全提供了重要保证。

对国铁集团规定以外的行车调度命令的格式、用语，由各铁路局根据各自的具体情况自行制定，报国铁集团备案。

调度命令格式如图 4-1 所示。

调　度　命　令

——临时指定列车运行速度

命令号码：第________号

________年____月____日____时____分

<table>
<tr><td>受令处所</td><td></td><td>调度员
姓名</td><td></td></tr>
<tr><td>内
容</td><td colspan="3">1．线路临时限速
自接令时（______时 _______分，________次列车到达 ______站）起至另有命令时（_____时 ____分）止，_____站至 _____站间_____行线 ___km___m 至___km____m 处限速_____km/h。
次列车运行至_________站至 _________站间_____行线_________km______m 至______km______m 处限速______km/h。

2.列车中挂有限速的机车、车辆
次列车在__________站挂有_______辆（台），_________站至 __________站间限速_______km/h 运行。

3.动车组、旅客列车车辆故障、动车组安装过渡车钩限速运行
根据__________报告，__________次列车因空气弹簧故障（密接式车钩因故更换为15号车钩、动车组安装过渡车钩、动车组车窗破损导致车厢密封失效），限速_____km/h 运行。

4．恢复正常速度
自接令时（_____时_____分，________次列车到达_________站）起，_________站至站间______行线______km______m 至_______km______m 处，恢复正常速度。</td></tr>
</table>

注：使用项中不用字句划掉，不用项圈掉。　　　　受令车站：________　车站值班员：________

图 4-1　调度命令格式

常用行车调度命令用语：

一、封锁及开通区间

1．封锁区间

站至_____站间___行线因______，自接令时（_____次列车到_____站）起（至___时___分止），区间封锁。

2．开通封锁区间

根据_____站报告，____站至____站间___行线____完毕，（区间已空闲，）自接令时起区间开通。

二、向封锁区间开行救援列车

3．向封锁区间开行救援列车

（自接令时起，_____站至_____站间___行线区间封锁。）

准许_____站（利用____机车）开____次列车，进入_____站至_____站间___行线封锁区间____km____m 处进行救援，将____次列车推进（拉回）至_____站,（返回开____次列车）(，按救援负责人的指挥办理)。

4. 列车分部运行

根据_____站报告，____次列车因_____________，自接令时起_____站至_____站间__行线区间封锁。

准许_____站利用____机车开行____次列车进入封锁区间_____km_____m 处挂取遗留车辆，将____次列车推进（拉回）至_____站（，返回开_____次列车）。

三、临时变更或恢复原行车闭塞法

5. 停用基本闭塞法，改用电话闭塞法

自接令时（____次列车到_____站）起，_____站至____站间___行线停用基本闭塞法，改用电话闭塞法行车。

6. 恢复原行车闭塞法

自接令时（_____次列车到_____站）起，_____站至_____站间__行线，恢复基本闭塞法行车。

7. 停用自动站间闭塞法，改用半自动闭塞法

自接令时（____次列车到_____站）起，_____站至____站间____行线停用自动站间闭塞法，改用半自动闭塞法行车。

8. 由半自动闭塞法恢复自动站间闭塞法

自接令时（_____次列车到_____站）起，_____站至_____站间__行线，恢复自动站间闭塞法行车。

9. 双线反方向行车（未设双线双向闭塞设备或双线双向闭塞设备故障）

自接令时（_____次列车到_____站）起，_____站至_____站间_____行线停用基本闭塞法，改用电话闭塞法行车。准许_____次列车在_____站至_____站间利用_____行线反方向运行，_____次列车到_____站后，恢复____行线基本闭塞法行车。

10. 双线改单线行车（未设双线双向闭塞设备或双线双向闭塞设备故障）

自接令时（____次列车到_____站）起，_____站至____站间____行线停用基本闭塞法，改用电话闭塞法，按单线行车。

11. 恢复双线行车（未设双线双向闭塞设备或双线双向闭塞设备故障）

自接令时（____次列车到_____站后）起，恢复_____站至_____站___行线基本闭塞法，______站至_____站间恢复双线行车。

12. 列车反方向进入区间并运行至前方站(未设双线双向闭塞设备或双线双向闭塞设备故障)或发出由区间返回的列车

自接令时(_____次列车到_____站)起,______站至______站间___行线停用基本闭塞法,改用电话闭塞法行车。准许______站开_____次列车(反方向)进入区间_____km___m至_____km_____m处______,(返回开_____次列车)限____时____分前到_____站,本列到达后恢复基本闭塞法。

13. 单线半自动闭塞或双线反方向越出站界调车

自接令时(_____次列车到_____站)起,_____站至_____站间_____行线停用基本闭塞法,改用电话闭塞法。准许_____站利用该区间越出站界调车,限_____时_____分前完毕,作业完毕后恢复基本闭塞法。

四、双线反方向行车、由双线改为单线(设有双线双向闭塞设备)或恢复双线行车

14. 双线反方向行车

自接令时(_____次到_____站)起,准许_____次、(_____次……)列车在_____站至_____站间利用__行线反方向运行。

15. 双线改单线行车

自接令时(___次列车到____站)起,___站至___站间____行线改按单线行车。

16. 恢复双线行车

自接令时(____次列车到___站后)起,恢复___站至___站间双线行车。

五、变更列车径路

17. 准许____次列车由原运行径路,改经____运行,各站按现时分办理。

六、发出在区间内停车并运行至前方站的列车(使用基本闭塞法)

18. 发出正方向进入区间内停车并运行至前方站的列车

准许______站开______次列车进入______站至______站间______行线______km______m至_____km_____m处_____,限_____时_____分前到_____站。

19. 发出反方向进入区间并运行至前方站的列车(设有双线双向闭塞设备)

自接令时(_____次列车到_____站)起,准许_____站开_____次列车反方向进入_____站至____站间____行线____km_____m至_____km_____m处____,限____时____分前到____站。

七、列车需临时降弓运行

20. 临时降弓运行

自接令时起,______站至______站间______行线(站内_____道)______km______m至______km______m处,降弓(限速_____km/h)运行。

八、列车临时限速运行

21. 站内或区间临时限速

自接令时（_____时_____分）起至另有命令时（_____时_____分）止，_____站至_____站间_____行线_____km_____m 至_____km_____m 处限速_____km/h。

次列车运行至_____站至_____站间_____行线____km_____m 至_____km_____m 处限速_____km/h。

22. 列车中挂有限速的机车、车辆

次列车在_____站挂有限速_____km/h 车辆（机车），运行至_____站。

23. 旅客列车车辆故障、动车组安装过渡车钩限速运行

次列车因空气弹簧故障（密接式车钩因故更换为 15 号车钩、动车组安装过渡车钩），限速__km/h 运行。

九、动车组列车空调失效需打开部分车门限速运行

24. 动车组列车空调失效需打开部分车门限速运行

次列车因空调失效打开部分车门限速 60 km/h 运行，通过邻靠高站台的线路时限速 40 km/h 运行。

十、车站使用故障按钮、总辅助按钮

25. 半自动闭塞区段车站使用故障按钮

根据_____站申请，现查明_____站至_____站间_____行线区间空闲，准许_____站使用故障按钮办理闭塞机复原。

26. 自动闭塞区段车站使用总辅助按钮

根据_____站申请，现查明_____站至_____站间_____行线区间空闲，准许_____站使用总辅助按钮改变闭塞方向。

十一、超长列车或列车挂有装载超限超重货物的车辆

27. 货物列车超长

次列车换长_____，准许在_____站至_____站间超长运行。

28. 列车挂有装载超限货物的车辆

次列车挂有超限超重货物_____辆，_____站至_____站间运行条件如下：

（1）限速_____km/h；

（2）行经 300 m 及其以下半径曲线，限速_____km/h；

（3）进出站经侧向道岔限速_____km/h，禁止（侧向）通过_____号及其以下道岔；

（4）______站至_____站间区间会车限速_____km/h，……；

（5）_____站至_____站间……禁止在区间会车；
（6）_____站至_____站间……禁止在区间会_____列车；
（7）禁止接（进）入有高站台的线路；
（8）各站按《站细》规定的线路接发；
（9）其他要求。

十二、单机附挂车辆

29. 单机附挂车辆

准许_____次列车在_____站挂车_____辆到_____站，尾部车辆车号_____。

十三、半自动闭塞区间，超长列车头部越过出站信号机（未压上出站方面的轨道电路）发车

30. 半自动闭塞区间，超长列车头部越过出站信号机（未压上出站方面的轨道电路）发车

准许____次列车在____站____道____行出站信号机开放情况下越过出站信号机发车。

十四、在非到发线上接发列车

31. 在非到发线上接车

准许___次列车接入___站非到发线___道。

32. 半自动闭塞、自动站间闭塞区间在非到发线上发车

自接令时（_____次列车到_____站）起，_____站至_____站间_____行线停用基本闭塞法，改用电话闭塞法行车，准许_____次列车在_____站非到发线_____道发车，本列到_____站后恢复基本闭塞法行车。

33. 自动闭塞区间在非到发线上发车

准许_____次列车在_____站非到发线_____道发车。

十五、调度日（班）计划以外，临时加开或停运列车（单机除外）

34. 临时停运列车

准许____次列车在____站停运，_____站至____站间加开____次列车，按现时分运行。

35. 临时加开列车

准许_____站至_____站间加开_____次、_____次……列车，_____站至_____站间加开_____次、_____次……列车，按现时分运行。

36. 加开救援列车

站至_____站间加开_____次列车，（限速_____km/h，）_____站_____时_____分开，按现时分办理。

十六、双线区间在区间内进行跨线装卸作业，有除雪机、起重机工作，发生冲突、脱轨、火灾、爆炸事故时，对开入其邻线的列车

37. 双线区间在区间内进行跨线装卸作业，有除雪机、起重机工作，发生冲突、脱轨、火灾、爆炸事故时，对开入其邻线的列车

因_____站至_____站间_____行线_____km_____m 至_____km_____m 处_____，_____次列车注意运行。

十七、行车设备故障

38. 列尾装置故障（丢失）的货物列车继续运行

根据_____站报告，_____次列车列尾装置故障（列尾主机丢失），（_____站负责吊起尾部软管，）准运行至_____站，各站注意接车。

39. 货物列车列尾主机回送

指定_____次列车携带货车列尾主机_____台（回送）到_____站。

十八、改按天气恶劣难以辨认信号的办法行车或恢复正常行车

40. 改按天气恶劣难以辨认信号的办法行车

根据______报告，______站至______站间信号显示距离不足 200 m，自接令时起，改按天气恶劣难以辨认信号的办法行车。

41. 天气转好，恢复正常行车

根据______报告，______站至______站间天气转好，自接令时起，恢复正常行车。

十九、动车组列车转入或退出隔离模式（被救援时除外）

42. 列车将列控车载设备转入隔离模式

准许_____次列车将列控车载设备转入隔离模式。（运行至______站后将隔离模式退出，转换为列控车载设备方式行车。）

43. 列控车载设备由隔离模式退出，转换为列控车载设备方式行车

准许_____次列车将隔离模式退出，转换为列控车载设备方式行车。

二十、动车组列车在列控车载设备控车和 LKJ 控车之间人工转换

44. 由列控车载设备行车转换为 LKJ 方式行车

准许_____次列车（在_____站）由列控车载设备方式行车转换为 LKJ 方式行车。（运行至______站后，由 LKJ 方式行车转换为列控车载设备方式行车。）

45. 由 LKJ 方式行车转换为列控车载设备行车

准许_____次列车（在_____站）由 LKJ 方式行车转换为按列控车载设备方式行车。

二十一、临时利用本务机车调车作业

46. 指定_____次列车本务机车在_____站进行调车作业。

二十二、利用天窗施工、维修作业

（一）施工作业

47. 封锁区间并向封锁区间开行路用列车（适用于每端各进一列）

站至_____站间____行线因施工，自_____时____分（____次列车到 ____站）起区间封锁，限 ____时 ____分施工完毕。

（1）准许工务部门在_____km_____m 至_____km_____m 处施工。

（2）准许供电部门在_____km_____m 至_____km_____m 处施工。

（3）准许____部门在_____km_____m 至_____km_____m 处施工。

准许_____站开_____次列车，进入封锁区间_____km_____m 处停车，按施工负责人的指示进行作业，（返回开_____次列车，）限_____时_____分前到达_____站。

准许_____站开_____次列车，进入封锁区间_____km_____m 处停车，按施工负责人的指示进行作业，（返回开_____次列车，）限_____时_____分前到达_____站。

48. 自动闭塞区间路用列车跟踪进入区间后封锁施工

准许_____站开_____次列车跟随_____次列车按自动闭塞方式进入_____站至_____站间_____行线，在_____km_____m 处停车。_____次列车到达_____站后区间封锁。准许_____部门在_____km_____m 至_____km_____m 处施工，限_____时_____分施工完毕。_____次列车按施工负责人的指示进行作业，（返回开_____次列车，）限_____时_____分前到达_____站。

49. 信联闭施工（采用施工特定行车）

自_____时_____分（____次列车到____站）起，准许____站至____站间____行线____部门施工，限_____时_____分施工完毕，施工期间：

（1）站_____行进站（_____接车进路）信号停用。

（2）_____站_____道_____行出站（______发车进路）信号停用。

（3）自____时____分（____次列车到达____站）起____站至____站间_____行线停用基本闭塞法，改用电话闭塞法行车。

（4）有关行车凭证的交付和正线通过列车的引导按“施工特定行车办法”规定办理。

（二）维修作业

50. 单个区间和车站维修作业

自_____次列车_____站出站（到达）（___时___分）起，准许____站（含、____道、_____号道岔）至_____站（含、_____道、_____号道岔）_____行线进行_____分钟维修作业。

51. 单线连续多个区间和车站维修作业

站（含、___道、____号道岔）至__站（含、___道、__号道岔）间自___次列车各站出站或到达起，准许各站及后方区间进行_____分钟维修作业。

52. 双线维修“V形天窗”作业（连续多个区间和车站）

站（含、_____道、_____号道岔）至_____站（含、_____道、_____号道岔）间_____行线自_____次列车各站出站或到达起，准许各站及后方区间进行_____分钟维修作业。

53. 维修 “垂直天窗”作业

自接令时（_____次列车到达_____站、_____次列车到达_____站、_____次列车到达_____站……）起，_____站（含、_____道、_____号道岔）至_____站（含、_____道、_____号道岔）间上下行线准许各区间及站内进行__分钟维修作业。

二十三、施工、维修作业较指定时间延迟结束

54. 施工、维修作业较指定时间延迟结束

根据_____站申请，准许_____站（含、_____道、_____号道岔）至_____站（含、_____道、号道岔）间_____行线施工（维修）延迟至_____时_____分结束。

二十四、运行揭示调度命令与实际限速、行车方式或设备不符时

55. 运行揭示调度命令与实际限速、行车方式或设备不符时

次列车前发_____号运行揭示调度命令取消，运行条件如下：

（1）_____站（含、_____道、_____号道岔）至_____站（含、_____道、_____号道岔）间_____行线______km_____m至_____km_____m限速_____km/h。

（2）_____站至_____站间_____行线按基本闭塞法行车。

（3）施工结束后设备变化情况……。

二十五、正线、到发线接触网停电或送电（接触网倒闸、跳闸后试送电、向中性区送电或弓网故障排查除外）

56. 接触网有计划停电

根据供电调度_____号申请，自接令时（_____次列车到_____站）起，准许_____站（含）至_____站（含）间_____行线（_____km_____m到_____站至_____站间_____km_____m）接触网停电。

57. 接触网故障停电

根据供电调度_____号通知，自接令时起，_____站（含）至_____站（含）间_____行线（_____km_____m到_____站至_____站间_____km_____m）接触网已停电。

58. 接触网送电

根据供电调度_____号通知，_____站（含）至_____站（含）间_____行线（_____km_____m到_____站至_____站间_____km_____m）接触网已恢复供电。

二十六、正线、到发线接触网停电后准许登顶作业

59. 正线、到发线接触网停电后准许登机车（车辆）顶部作业

根据供电调度____号通知，____站（含）至____站（含）间____行线（____km____m到____站至____站间____km____m）接触网已停电，自接令时起，准许采取安全措施后进行登顶作业。

二十七、双管供风旅客列车运行途中改为单管供风

60. 双管供风旅客列车运行途中改为单管供风

准许___次列车在___站由双管供风改为单管供风运行至终到站。

二十八、调度集中区段，由列车调度员办理接、发列车，作为行车凭证的调度命令

61. 调度集中区段，由列车调度员办理发车，调度命令用作允许列车运行的行车凭证

（1）因____站至____站间____行线停用基本闭塞法，现查明____站至____站间____行线区间空闲，准许____次列车由____站发往____站。

（2）在____站____道出站（____发车进路）信号机故障（未设出站信号机、列车头部越过出站〔____发车进路〕信号机）的情况下，准许____次列车由____道发车。

62. 调度集中区段，由列车调度员办理接车，调度命令用作允许列车运行的行车凭证

因____站____行进站（____接车进路）信号机故障，准许____次列车以不超过 20 km/h速度越过____站____行进站（____接车进路）信号机进入____站____道。

二十九、其他

63. 自接令时起取消前发____年____月____日____号命令

64. 施工开通启用新版本 LKJ 数据涉及径路、线路允许速度变化列车

次列车为施工开通启用新版本 LKJ 数据后第 1 列（或第 2 列、第 3 列……）列车：

（1）经由（____线）____站（含）至____站（含）间____行线运行。

（2）经由____站____道运行。

（3）运行至（____线）____站（含）至____站（含）间____行线____km____m 至____km____m 处限速____km/h 运行（按线路允许速度____km/h 运行）。

（注：限速和线路允许速度在同一命令中最多只能包含一项；限速列车为施工开通后低于线路允许速度且未纳入运行揭示调度命令的第 1、2、3……列临时限速列车。）

常用运行揭示调度命令基本用语：

一、限　速

____月____日____时___分至____月____日____时____分（另有命令时），___线____站（含、____道、____号道岔）至____站（含、____道、____号道岔）间____行线____km____m至____ km____m 处施工（灾害、故障），限速___km/h。

二、封锁施工限速

因____月____日____时____分至____月____日____时____分，____线____站（含、____道、____号道岔）至____站（含、____道、____号道岔）间____行线封锁，____ km____m至____ km____m处施工。

开通后____线____站（含、____道、____号道岔）至____站（含、____道、____号道岔）间____行线____km____m至____km____m处第1列限速____ km/h，第2列限速km/h，第3列限速____km/h，（……）；____月____日____时____分至____月____日____时分限速____ km/h运行。其中开通后第1、2、3……列限速由列车调度员发布调度命令。

设备变化：……。

三、信联闭设备停用

____月____日____时____分至____月____日____时____分，因____线____站施工，施工期间：

1. ____行进站（____接车进路）信号停用，列车凭引导（手）信号的显示进站。

2.（____道）____行出站（____发车进路）信号停用，列车凭绿色许可证发车。

3. ____站至____站间____行线停用基本闭塞法，改用电话闭塞法行车。____站____行列车凭路票发车。

4.设备变化：……。

四、施工特定行车

____月____日____时____分至____月____日____时____分，因____线____站施工，施工期间执行施工特定行车办法。

1. ____行进站（____接车进路）信号停用，引导接车并正线通过时，列车凭特定引导手信号的显示，以不超过60 km/h速度进站。

2. ____道____行出站（____发车进路）信号停用，车站使用列车无线调度通信设备（其语音记录装置须作用良好）将绿色许可证编号和调度命令号码通知司机，列车凭通过手信号通过车站。

3. ____站至____站间____行线停用基本闭塞法，改用电话闭塞法行车。____站使用列车无线调度通信设备（其语音记录装置须作用良好）将路票电话记录号码和调度命令号码通知司机，列车凭通过手信号通过车站。

4. 设备变化：……。

4.4 知识拓展与实践技能

一、限速地点关系站（简称关系站）的确认

限速地点在区间内，关系站为区间的两端站；限速地点在车站站内或站内跨区间，关系站为限速地点车站和相邻车站。

限速地点关系站示意图如图 4-2～图 4-5 所示。

（1）站内限速（C 站站内限速，关系站为 B、C、D 站，图 4-2 运行方向 A 站或其后方站转达，B 站核对）

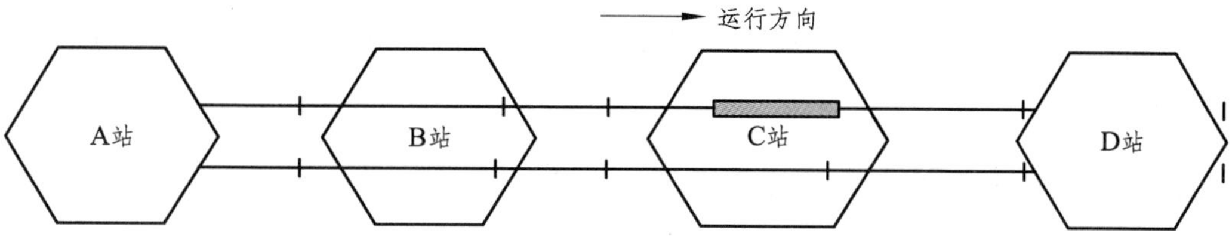

图 4-2　站内限速

（2）区间限速（B 至 C 站区间限速，关系站为 B、C 站，图 4-3 运行方向 A 站或其后方站转达，B 站核对）

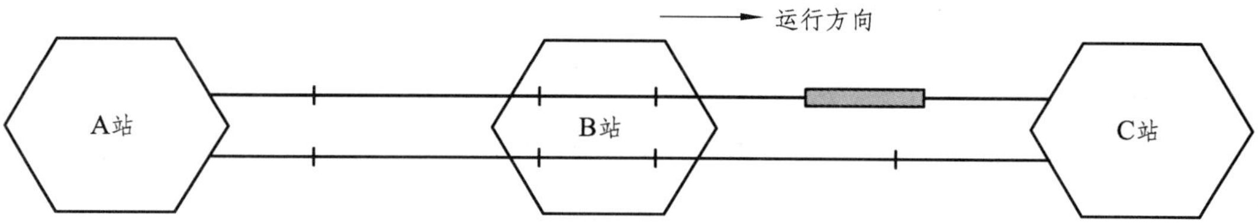

图 4-3　区间限速

（3）站内跨区间限速（C 站及 C 至 D 站区间限速，关系站为 B、C、D 站，图 4-4 运行方向 A 站或其后方站转达，B 站核对）

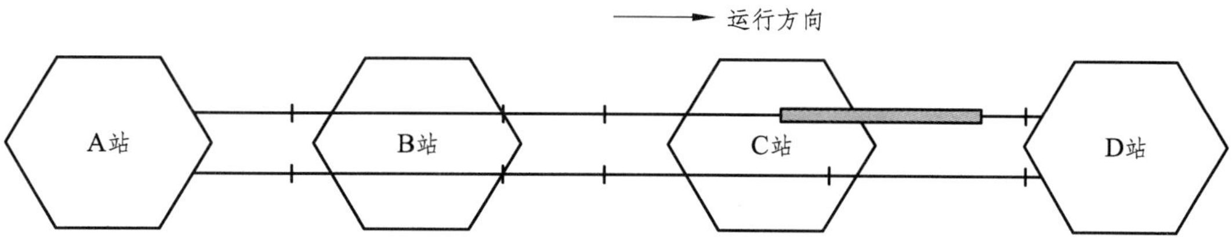

图 4-4　站内跨区间

（4）一站两区间（C 站及 B 至 C、C 至 D 站区间限速，关系站为 B、C、D 站，图 4-5 运行方向 A 站或其后方站转达，B 站核对）

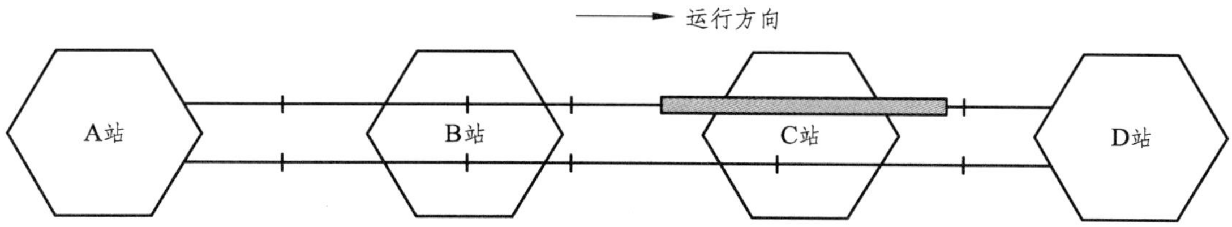

图 4-5　一站两区间

二、拟发调度命令技能训练

请参照调度命令的格式与用语，拟发调度命令。

（1）2011 年 11 月 11 日 13：20，86211 次列车需要在衡阳站至周家坳站间利用上行线反方向运行。

（2）28139 次运行至 XX 站至 YY 站下行线 209 km 300 m 至 211 km 100 m 处限速 45 km/h。

三、查找调度命令的纰漏技能训练实例

1. 临时指定列车限速

临时指定列车限速		
命令号码：第 5679 号	2008-09-25 14:51	发令人：
受令处所	巨野，大山头，济宁西，菏泽站并抄交 82446 次司机、抄交 T180 次司机及运转车长。	受令情况
命令内容	82446 次运行至巨野站至大山头站间上行线 234 km 200 m 至 235 km 600 m 处限速 45 km/h；运行至济宁西站至济宁站间上行线（包括济宁西站兖州端贯通道岔）265 km 500 m 至 267 km 950 m 处限速 45 km/h。T180 次运行至济宁西站至济宁站间上行线（包括济宁西站兖州端贯通道岔）265 km 500 m 至 267 km 950 m 处限速 25 km/h。 此命令：①不是一事一令，②受令处所中少龙堌集站、嘉祥站	巨野 魏×× 14:53:26 大山头 许×× 14:52:05 济宁西 张×× 14:52:00 菏泽 彭×× 14:51:39

2. 变更列车径路

变更列车径路		
命令号码：第 5104 号	2008-10-02 06:02	发令人：
受令处所	禹城；晏城；十二里阁；桥南；桥南；桥南	受令情况
命令内容	准许 42071 次由原径路，改经京沪下行线进××西站运行，各站按现时分办理。 《调规》标准格式：准许____次由原___径路，改经____运行，各站按现时分办理。 此命令内容应为：准许 42071 次由原邯济线径路，改经京沪下行线运行去济南西站，各站按现时分办理	××张×× 06:03:00 ××××刘×× 06:03:00 ××李×× 06:03:00 ××石×× 06:03:00

3. 双线反方向行车

双线反方向行车		
双线反方向行车	双线反方向行车	双线反方向行车
受令处所	×××运转，××站并抄交 86211 次司机	受令情况
命令内容	准许 86211 次在××站至×××转运站间利用上行线反方向运行。 命令不规范，缺少反方向开始时间， 《调规》的常用行车调度命令用语样式为：自接令时(_____次列车到_____站）起，准许_____次、_____次……在_____站至_____站间利用_____行线反方向运行。 正确命令为：自接令时（_____次列车到_____站）起，准许 86211 次在 菏泽 站至菏泽南转运站间利用上行线反方向运行	×××运转 李×× 01:04:02 ×× 李×× 01:03:57

复习思考题

1. 什么是调度命令，调度命令的作用是什么？
2. 哪些情况需要发布调度命令，各种情况下调度命令受令人是谁？
3. 发布行车调度命令的原则有哪些？需要注意的事项是什么？
4. 国铁集团对调度命令的编号有什么规定？
5. 请查阅相关资料，写出某个铁路局调度命令编号的规定。
6. 调度命令的标准用语有哪些？
7. 什么是一事一令？
8. 调度命令和口头指示的作用是什么？二者有何区别？

项目五　车流调整

【项目表述】

车流调整工作是铁路调度指挥工作中的一项重要内容，本项目主要通过对铁路局日常车流调整措施和车流调整方法的学习，使学生深刻了解车流调整的意义，保证能在现场中对错综复杂的车流更好把握均衡性和节奏性，达到列车调度员的一般技能标准。

【拟实现的目标】

1. 能力目标

能够深刻理解车流调整的意义；会分析车流结构和车辆分布状况；能针对不同的车流情况进行重车空车调整；掌握车流调整的措施和方法。

2. 知识目标

了解计划调度员一班的作业程序和作业内容；掌握计划调度员车流调整的措施和方法；熟知《铁路运输调度规则》、《铁路技术管理规程》等规章的有关规定。

3. 素质目标

培养学生调度指挥的大局观意识，对车流调整考虑的周密性与前瞻性能力；具备吃苦耐劳、爱岗敬业、联劳协作的品质，培养学生的逻辑思维分析能力、分析解决问题能力、组织能力和团队协作能力。

5.1　工作任务

任务一：模拟车辆分布偏离严重情况进行组织车流调整。

5.2　任务前准备

完成任务以小组为单位，每个组 5 ~ 7 人为宜，组内进行一定的分工，共同协调完成工作任务，工作任务中所需的备品、材料、资料、参考文献等由小组成员提前准备。设置不同的车流分布情况可以由小组自行设定，并由小组间相互出题来完成。

人员安排情况：根据实际情况具体安排计划调度员 2 名、车站调度员 3 名、列车调度员 2 名。

5.3 相关知识点

车流调整工作是调度指挥中的一项重要内容。对铁路的调度指挥必须保证车流的均衡性和节奏性，同时必须有前瞻性；当困难一旦发生，又要能迅速地恢复到正常状态。车流结构及车辆分布偏离标准是进行日常调整的主要原因，天灾、事故是影响运输生产保持正常状态的偶然性因素。车流结构发生较大变化时，将造成有些线路或车站的能力紧张甚至可能形成堵塞。车辆分布不正常，会引起某些地区车辆不足，完不成运输任务，或者运用车数增大，车辆积压，甚至可能造成线路瘫痪。

车流的日常调整措施主要有：按到站和货物品类调整装车、限制装车；改变部分车流运行径路；组织重、空车辆向某局加速运送；指定额外的空车调整任务以及调整备用车辆等。

按照调整的对象，车流调整可分为重车调整、空车调整及备用车调整。

5.3.1 重车调整

重车调整是车流调整工作的重点。这是因为在运用车中重车占很大比重，重车的流向和数量，即重车流的结构，决定着各区段的行车量，决定着空车流的结构，决定着车站的卸车任务。因此，重车调整是整个车流调整工作的基础。

重车调整措施有方向别装车调整，限制装车和停止装车，密集装车，以及变更车流运行径路等。在日常运输工作中，应根据车流预测资料，运用车分布情况，各方向、各区段的列车运行情况，主要技术站、枢纽、卸车地区的作业情况，卸车站的卸车能力、搬运能力、疏导能力等因素，来确定调整措施。

1. 方向别装车调整

为了使车流分布合理，防止车流积压和堵塞，必须采取按方向别的装车调整，它是重车调整中的一项基本方法。

对装车方向的控制，首先是对自装交出和自装自卸两部分车流的控制。在正常情况下，应保证按计划完成对外局的装车。对于通过困难区段的车流和到达卸车能力紧张车站的车流，要进行相应的调整。

方向别装车调整主要是通过运输生产计划来具体安排的。国铁集团调度指挥中心根据各局报来的装车计划，可以计算到达各局卸车、通过各分界站及困难区段的车流数量，同时根据卸车能力、区段通过能力和计划期应当考虑的特殊情况（如施工影响、临客增加和车辆积压等情况），对装车方向和数量进行必要的平衡和调整。

在日常运输组织工作中，各局必须按照国铁集团调度批准的运输生产计划方向别装车标准组织装车。但由于种种原因，如因管内工作不正常，影响装车计划的实现时，或因效率提高可以超额完成装车计划时，则应对管内自装自卸车数加以调整，保证向外局装车保持计划规定的方向别装车标准。在遇有发往外局的货源货流发生变化，不能实现计划的方向别装车任务时，则应逐级上报，以便上级调度采取相应的调整措施。当铁路局接入某方向的重车不足或增多时，必须采取增加或减少向该方向装车的办法进行调整，以保证完成移交重车标准，从而促进各方向列车工作的均衡和通过能力的合理使用。

2. 限制装车或停止装车

限制装车或停止装车是规定在某一时期内，向某一方向、某一到站或某一收货单位发送某些品类货物的装车数量限制在一定数量之内或停止装车。这种调整方法一般来说不利于均衡运输，也不利于工农业生产。因此，只有在发生天灾、事故以致中断行车、在个别困难区段通过能力已经饱和、某些主要卸车站或工矿企业卸车能力不足、车辆严重积压或堵塞，采取其他方法一时不能解决困难时才采用。

采用限装、停装的调整措施时，限装、停装的期限及限制装车的数量，应根据能力及积压车流的情况决定。为了使这种调整措施产生应有的效果，尽量减少其不利影响，在采取这种措施时可先停止或限制近距离装车局的装车。在恢复正常装车时，应先恢复远距离装车局的装车。

3. 密集装车

密集装车就是有组织地增加某一去向的装车，使之超过计划所规定的日均装车数。除了为组织装车地直达列车需要密集装车，并需在运输生产计划中进行安排外，在日常运输生产中，下列情况也需采用这种措施：

（1）连日装往某铁路局的重车不足月计划标准，或在停装、限装之后，原来停、限装方向的通过能力，卸车站或收货单位有条件承担补装时，可以采取密集装车的措施；采取这种措施时，仍应注意均衡安排，避免过分集中；

（2）某方向移交重车不足时，应向该方向密集装车，以保证完成交出重车标准及该方向工作的均衡；

（3）向管内工作车和空车不足的铁路局密集装车，以补充其运用车保有量；

（4）因港口或厂矿企业的某些需要，有时必须采取密集装车的办法，以满足其特殊要求。

实行装车调整措施时，必须遵守国家的运输政策，保证重点物资的及时运送，同时对一般物资也要根据具体情况妥善安排。

装车调整在旬间是通过旬装车计划、在日间是通过审批日要车计划来实现的。

4. 变更车流运行径路

为了加速车流输送，降低运输成本，国铁集团对各种车流规定了正常的运行径路，包括最短径路和特定径路。在日常运输工作中，正常径路因全面进行技术改造而通过能力不足，或因灾害和重大事故中断行车，或因车流增加以致通过能力不能负担时，须经国铁集团批准后，方可变更车流运行径路。

采用变更车流运行径路的措施时，应当注意下列条件：

（1）由于中断行车造成车流积压时，应事先将预计中断时间与变更径路需要额外增加的时间进行比较，当变更径路有利时，才可以考虑采用这种措施；

（2）采用变更运行径路措施之前，必须检查变更径路的区段通过能力和机车供应情况，在能力可以负担的情况下，方可实施；

（3）确定采用变更径路的措施时，必须规定变更径路的期间、经由线路、每日绕道的列车数和车数、重车去向、空车车种以及有关的列车编组计划，以调度命令公布实行。

5.3.2 空车调整

空车调整是为了合理分布运用车和保证装车需要而进行的车流调整方法。空车调整对全路车辆分布有重大影响，且往往是为了他局装车的需要。因此，各级调度必须从整体利益出发，严肃排空纪律，坚决完成上级规定的排空任务。空车调整包括正常调整、综合调整和紧急调整。

1. 正常调整

根据运输生产计划所规定的空车调整任务，安排日常空车调整计划，这是平时经常采用的空车调整方法。采用这种方法时，铁路局可利用通过空车供本局装车，编组计划指定开行的空车直达列车除外，而以本局卸后空车代替，即对通过空车可以在本局管内自行调整运用，在分界站仍按规定的车种与空车数移交给邻局。

2. 综合调整

这是综合考虑重空车流的调整方法。例如，在货源发生变化，超过计划增加了空车方向的装车时，即可减少交出空车数；反之，如减少了空车方向的装车时，就要相应增加交出空车数。实行这种制度，在一定条件下可以保证更合理地分配运用车数，减少空车走行公里。

综合调整需在日计划中安排，并且须经上级调度的批准才能实行。因为它涉及去向别装车和空车运用的变动，必须综合考虑接空局的空车需要量、沿线通过能力以及机车的运用情况。综合调整的重、空车数经日计划确定后，各局不得再用临时增加重车来代替空车。

3. 紧急调整

紧急调整是由于特殊紧急需要或为加速车辆合理分布而采取的非常措施。

接到紧急空车调整任务的铁路局，必须严格按规定的车种、车数排出空车，即使因此而影响本局装车或造成运用车保有量不足，也应优先完成这项排空任务。

采用这种调整方法时，通常应将空车编成直达列车，行经沿途各通过局时不得用来装车。这样可能造成不合理的空车对流，因此只在特殊情况下采用。以上各种空车调整方法，都是保证全路车流合理分布的重要手段。空车是装车的保证，重车是空车的来源，两者只有按照计划紧密地结合起来，才能收到预期的效果。因此，任何一个排空局，都必须保证实现空车调整任务。

特种空车（包括罐车、保温车、家畜车、风动石碴车、散装水泥车、落下孔车、凹型车和标记载重超过 60 t 的平车及六轴以上的货车）的调整方法，应按国铁集团指定的方向、到站回送，其中有配属站者，应向配属站回送。

5.3.3 备用车调整

备用车是为了保证完成临时紧急运输任务和适应日常运输变化的需要而储备的技术状态良好的货车。因此，备用车必须按规定办法严格管理，不能随意动用。备用车分为一般备用车、特种车辆备用车和国境站、港口站备用车。

一般备用车和特种车辆备用车是保证季节性运输或紧急运输等需要而储备的货车。它的数量等于每月编制运输生产计划后，扣除运用车、国境站、港口站备用车和其他非运用车外剩余的车辆数。因此，编制运输生产计划后，还要制定车种别的备用车分布计划。

一般备用车和特种车辆备用车应放在指定的备用车基地。选择备用车基地时应考虑：不影响列车运行与车站作业；邻近于编组站、区段站或大装车站；邻近有车辆段或车辆检修所等。一般备用车和特种车辆备用车统一由国铁集团管理，列入或解除备用须经国铁集团调度命令批准。

港口站、国境站备用车是为了防止空车不能及时配足，以致影响上述车站的装车和换装而储备的货车。港口站、国境站备用车数每月由国铁集团确定，备用车应停放在指定的国境站、港口站。国境站、港口站备用车的列入备用或解除，应根据国铁集团计划以局调度命令批准。备用车的列入备用或解除办法应按《铁路运输调度工作规则》的规定办理。

复习思考题

1. 车流调整按调整对象不同可以分为哪几种？
2. 什么情况下才在采用限制装车或停止装车？采用这种车流调整方法应该注意哪些问题？
3. 哪些情况需要采用密集装车？
4. 对空车调整主要有哪些办法？

项目六　列车调度指挥

【项目表述】

调度指挥工作是铁路行车工作的核心，本项目主要通过对列车调度指挥的原则；列车调度员的一班作业程序；调度指挥列车运行方法的学习，并通过一定的技能训练，使学生系统地掌握列车调度指挥的知识，达到列车调度员的一般技能标准。

【拟实现的目标】

1. 能力目标

能够顺利进行交接班工作；会把握列车调度指挥的基本原则；能针对不同的列车运行情况进行运行调整和指挥；会协调相邻调度台之间的行车关系，使线上的列车安全有序运行。

2. 知识目标

了解列车调度员一班的作业程序和作业内容；掌握列车调度指挥的基本原则和列车调整的方法；熟知《铁路运输调度规则》《铁路技术管理规程》等规章的有关规定。

3. 素质目标

培养学生调度指挥的全局意识，调整列车运行指挥的周密性与前瞻性能力；具备吃苦耐劳、爱岗敬业、联劳协作的品质，培养学生的逻辑思维分析能力、分析解决问题能力、组织能力和团队协作能力。

6.1　工作任务

任务一：模拟调度员进行交接班工作。
任务二：针对不同的列车运行情况和车站作业情况进行列车调整。
任务三：模拟调度交接班会议。

6.2 任务前准备

完成任务以小组为单位，每个组 5 ~ 7 人为宜，组内进行一定的分工，共同协调完成工作任务，工作任务中所需的备品、材料、资料、参考文献等由小组成员提前准备。设置不同的列车运行情况和车站作业情况可以由小组自行设定，并由小组间交互出题来完成。

人员安排情况：根据实际情况具体安排行车调度员 1 名、机车乘务员 1 名、车站调度员 1 名、运转车长 1 名、车站值班员 2 名。

6.3 相关知识点

铁路运输调度担负着组织客货运输、保证国家重点运输、提高客货服务质量、确保运输安全的重要责任，对完成铁路运输生产经营任务，提高铁路运输企业效益起着重要作用。

6.3.1 调度指挥的基本原则

1. 安全生产的原则

在行车调度指挥工作中，必须坚持安全生产的原则，正确指挥列车运行。不能发布没有安全保障依据的命令和指示。当得到有关危及行车安全的信息时，要正确、及时、妥善处理，以保证旅客列车的安全为重点，组织列车安全运行。

2. 按图行车的原则

列车正点率是铁路运输产品质量的重要技术指标，也是铁路运输组织管理水平的综合反映。只有按图行车，才能保持正常的运输秩序，进而保证列车的正点率。

3. 单一指挥的原则

铁路行车工作是一个由互相联系、互相影响的多部门、多单位、各工种所组成的完整系统。在这个系统中，各部门、各单位、各工种间的紧密联系和协调一致，对于保证行车安全和运输效率有着决定性的意义。铁路行车调度是为适应铁路行车特点而设置的铁路行车工作的统一指挥者。在列车运行调整工作中，与行车有关的人员，必须服从所在区段当班列车调度员的集中统一指挥。其他任何人不得发布与行车有关的命令和指示。

4. 下级调度服从上级调度

在列车运行组织与调整过程中，相邻调度台、相邻铁路局之间应保持紧密联系，以保证列车的正常交接。对出现的问题，双方要主动协商解决，当出现意见不一致的情况时，由上一级调度进行仲裁。调度台间由值班主任解决；铁路局间分界站出现的问题，由国铁集团解决。一经上级调度决定，有关人员必须无条件执行。

5. 按等级调整列车运行的原则

列车调度员要按列车运行图指挥列车运行，当列车不能按列车运行图运行时，除特别外，要按“先客后货、先快后慢、先跨局后管内”的原则。

单机、路用列车应根据用途按指定条件运行。开往事故现场救援、抢修、抢救的列车应优先办理。专运和特殊指定的列车，按指定的等级运行。

6.3.2 列车调度员基本作业程序

列车调度员是一个调度区段行车工作的组织者和指挥者，其主要职责是组织、指挥本区段车、机、工、电、辆等部门的有关行车人员，组织实现列车运行图、列车编组计划和运输方案。为此，列车调度员必须做到：

（1）检查各站执行列车运行图和编制计划的情况，及时发布有关行车命令和口头指示。

（2）严格按列车运行图指挥行车，遇列车发生晚点时，应积极采取措施，组织有关人员恢复正点。

（3）注意列车在车站到发及区间内的运行情况，正确、及时地处理临时发生的问题，防止列车运行事故。

为了更好地完成上述工作，有关行车人员必须执行列车调度员命令，服从调度指挥。列车调度员应具有丰富的运输专业实践工作经验，熟悉所辖调度区段内的人（主要行车人员）、车（机车车辆）、天（气候变化）、地（线路、站场等技术设备）、图（列车运行图）等各种与行车有关的因素；熟悉司机、车站值班员等与列车运行有关人员的情况；熟悉列车运行图、铁路技术管理规程、行车组织规则、铁路运输调度规则等有关规章制度；在接班前应详细了解情况；在值班过程中应加强与邻台列调、机调、客调等联系；及时制定 3～4 h 列车运行计划；及时向主要站、段、邻台进行列车到达时刻的预确报；掌握列车运行及车站作业情况；及时、正确地填记列车运行实际图；按规定提供编制日（班）计划的资料。交班前要为下一班打好交班基础，为接班列车调度员创造良好的工作条件。列车调度员一个班中基本作业程序见表 6-1。

表 6-1 列车调度员一班的工作程序及内容

时间	作业项目	作业内容
7:30—7:50 （18:30—18:50）	接班前的准备工作	1. 阅读有关命令、文件及领导重点指示
		2. 了解军运、重点列车注意事项及超限列车限制条件和挂运车次
		3. 了解分界口列车交接情况，车流接续，本调度台列车运行、编组和摘挂作业情况，中间站存车及股道运用及停运列车分布情况
		4. 了解行车设备使用状况、有关施工和区间路料卸车及区间限速情况
		5. 了解跨班的调度命令发布和交付情况
		6. 了解旅客列车接入情况及货物列车运行情况
		7. 了解本调度区段内装卸车和配空计划
		8. 了解机车交路情况
		9. 了解其他与本岗位有关的事宜

续表

时间	作业项目	作业内容
7:50—8:10 （18:50—19:10）	参加接班会	1. 听取上一班值班主任对重点事项的交接
		2. 汇报本岗位工作情况，针对存在的问题，提出完成任务的方法
		3. 听取相关调度台和其他调度工种的情况
		4. 听取值班主任布置本班工作任务和重点注意事项
		5. 听取领导传达上级文件、电报、命令及完成军运和各项任务的指示要求
8:10—8:20 （19:10—19:20）	接班	1. 按规定程序检查、使用各种调度管理信息系统
		2. 检查上班备品、图表和卫生情况
		3. 听取交班调度员的交班事项，情况不明不准接班
		4. 在交接班本上交接签字
从接班起每3～4小时编制一次	编制阶段计划	1. 收集编制阶段计划的相关资料
		2. 编制阶段计划 （1）根据列车运行图按照先客后货、先跨局后管内、先快后慢的原则铺画列车运行计划线（计算机里操作） （2）车站列车到发时分和列车会让计划 （3）列车在中间站作业计划 （4）区间天窗综合维修施工计划和装卸计划 （5）重点列车注意事项
阶段计划编制完成核对无误后	下达阶段计划	1. 对所管调度区段的车站、机务段或折返段、乘务室等有关人员进行点名
		2. 与现场作业人员核对钟表
		3. 列车到发车次、预计时分、编组内容、机车交路及机车的型号
		4. 会让计划、摘挂列车和小运转列车及调机计划
		5. 列车停运及恢复运行计划
		6. 对重点事项列车调度员通过口头（需要有录音装置）或书面布置有关站段和人员，并要求复诵
8:20—19:10 （19:20—8:10）	阶段计划实施	1. 列车运行组织 （1）充分利用线路容许速度、组织晚点列车恢复正点或赶点 （2）选择合理的会让站、越行站，在线路容许速度内加速放行列车 （3）组织列车进行快速、平行作业，缩短列车在站作业时间 （4）组织好施工点前后的列车运行，注意限速情况 （5）需要时组织反方向及列车合并运行 （6）对非正常情况下的列车运行组织指挥，严格按程序和要求作业，不得盲目求快 （7）及时收取列车在车站运行实绩（由 TDCS 自动完成），督促车号员将作业后的列车编组内容预报前方作业站 （8）根据实际运行情况不断修改列车运行计划并下达相关车站

续表

时间	作业项目	作业内容
8:20—19:10 （19:20—8:10）	阶段计划实施	2. 发布调度命令 （1）详细了解现场情况（包括电气化区段是否影响电力牵引等情况 （2）拟写调度命令（从计算机中调取） （3）按规定审核签认 （4）发布调度命令 （5）按规定落实有关命令是否已经交付
		3. 施工组织 （1）阅读施工电报 （2）核对施工计划 （3）与车站核对施工申请 （4）发布限速调度命令（包括施工前后） （5）发布准许天窗维修或施工封锁的调度命令 （6）确认施工作业完毕和施工后的行车条件 （7）落实是否具备区间开通的条件 （8）发布施工完毕开通的调度命令
		4. 区间装卸车组织 （1）核对区间装卸车计划 （2）落实装卸车负责人、劳力是否到位 （3）发布准许进入区间作业的调度命令 （4）电力机车牵引的列车，接到列车到达装卸地点报告后，办理停电手续 （5）接到电调停电号码后，下达准许作业的命令 （6）得到并确认作业完毕后送电 （7）发布有关命令
		5. 其他工作 （1）向有关站段通报列车正晚点情况 （2）加强与司机出退勤联系，根据列车运行情况按时叫班 （3）及时、正确、完整填记各种图表 （4）及时完成其他规定的工作
14:00—14:30 （2:00—2:30）	提供编制日班计划资料	1. 在途列车编组内容、预计到达编组站区段站的时间
		2. 按重车分去向，空车分车种，推定本区段各站 18:00（6:00）现在车分布情况
19:10—19:20 （8:10—8:20）	交班	1. 整理有关文电重要事项并填写交接班本
		2. 整理室内卫生
		3. 与接班人员按交接班日志内容逐项交接清楚
		4. 在交接班本上互相签字
19:20—19:30 （8:20—8:30）	参加交班会	1. 汇报本岗位工作情况，总结经验教训
		2. 听取值班主任对本班工作的情况总结及存在的问题
		3. 听取其他领导对本班工作的总结及存在的问题

6.3.3 列车调度指挥的方法

为维护列车运行秩序，实现按图行车，列车调度员首先要抓列车始发正点，这是保证列车运行的基础。

一、组织列车正点出发

1. 组织旅客列车始发正点

在组织列车正点出发的工作中，保证旅客列车始发正点是实现按图行车的首要条件，因为旅客列车等级高，一旦晚点就会影响整个区段的列车始发或运行。所以列车调度员应该重视旅客列车始发正点的组织工作。

在具体的组织工作中，对于在本区段始发的旅客列车，列车调度员应加强与各方面的联系工作。在开车前 1h 左右，对客车底的取送情况、机车的整备工作情况、行包及邮件的装卸情况、旅客组织工作情况等进行检查，发现问题应及时采取措施进行处理，保证列车正点开出。

对由邻区段接入的旅客列车，列车调度员要及时向邻台（所）了解列车正、晚点情况，提前做好列车运行调整计划。当遇有旅客列车晚点时，应设法组织快速作业，与客运调度员密切配合，组织列车乘务员双开车门、组织旅客快上快下、行包邮件快装快卸，及时准备好换挂的机车，缩短列车停站时间，保证列车正点发车。

2. 组织货物列车始发正点

为了保证货物列车始发正点，列车调度员要抓好车流和机车这两个环节，重点要做好以下工作：

（1）在编制日（班）计划时，所做出的列车出发计划要切合实际，车站作业时间、车流和机车要有保障，避免计划晚点。

（2）在运行组织上，对编组列车所需车流，组织按时送达，并注意技术站列车的均衡开到，保证车站的正常作业，为按时编组列车创造条件，同时，要注意督促车站按时编组，及时技检。

（3）对始发列车所需的机车，列车调度员应加速放行，保证机车有足够的整备时间，并督促机务段组织机车按时出库。

（4）加强与车站的联系，督促车站按时做好发车的各项准备工作，确保按时发车。

二、列车运行调整的方法

列车始发正点是保证按图行车的基础，但由于种种原因（如停车待发、停车待接、作业延误、途中运缓等），使列车不一定都能按运行图规定的时刻正点运行，当出现这种情况时，就需要列车调度员对列车运行进行调整，尽可能使晚点列车恢复正点运行。列车调度员在进行列车运行调整时，所采用的方法一般有：

1. 充分利用线路、机车、车辆的允许速度，组织缩短列车区间运行时分

为了使晚点列车恢复正点运行，或为了使列车赶到指定地点会车、让车，以及为了赶机车交路、车流接续等，在列车编组情况、机车类型及技术状态、乘务员技术水平、线路情况以及天气状况等条件允许的情况下，说明运行调整的意图，提出对本次列车赶点的要求，在司机同意配合的情况下，方可组织实施。

例如，在某单线区段，按运行图规定 10001 要在 B 站停会 K168 次，实际工作中因 K168 次晚点 36 min，影响 10001 次的正点运行。列车调度员预先了解到这种情况后，经过周密的计算分析，提前在 A 站通知 10001 次司机并征得同意，要求在 A—B、B—C 两区间“赶点”4 min，至 C 站会 K168 次，如图 6-1 所示。

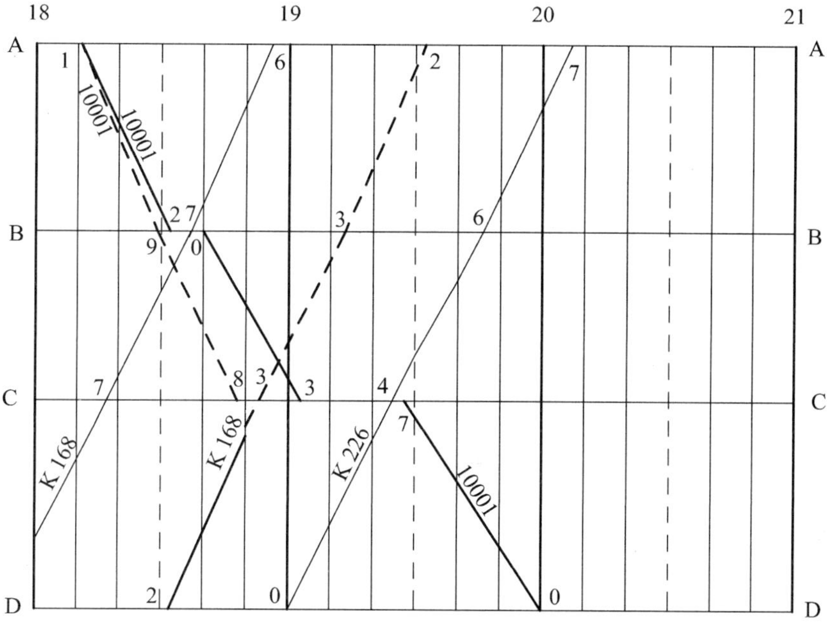

图 6-1 要求列车赶点的运行调整

2. 选择合理的会让站，加速放行列车

当有列车发生早点、晚点或停运、加开时，往往有变更会让、越行站的必要，以提高铁路运输质量和运输效率。

如图 6-2 所示，按运行图规定 22001 次在 C 站会 22002 次让 K225 次，现由于 22001 次在 A 站早开 15 min，此时可将 22001 次与 22002 次的会车地点改在 D 站，这样就不必在 C 站会 K225 次，提前到达终点，而 22004 也能早到 A 站。在双线区段，适当组织列车早开，可以减少待避次数，进而有利于提高列车旅行速度。

如图 6-3 所示，11005 次图定在 18:50 到达 C 站停会 11006 次，但因 11005 次列车晚点 40 min，此时可将会车地点由 C 站改为 B 站，这样就保证了 11006 次列车的正点运行。

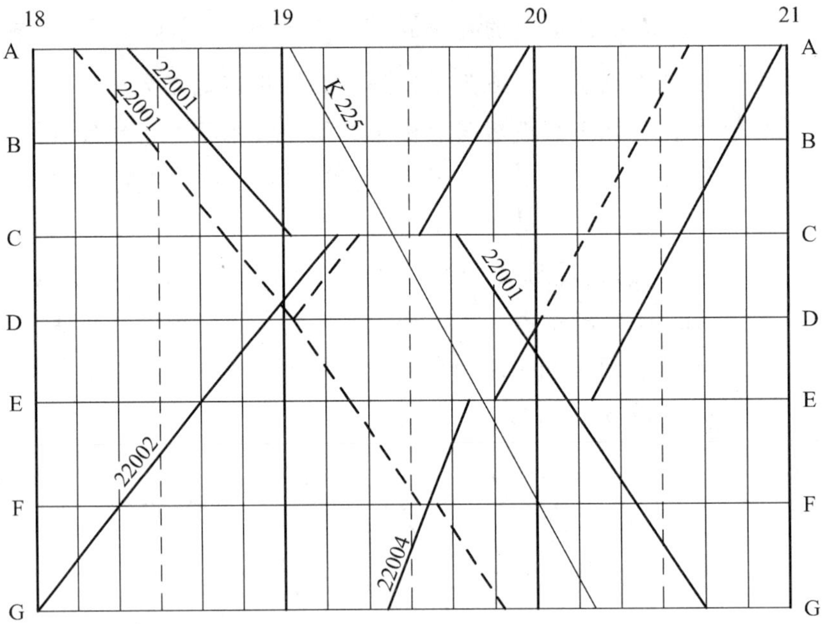

图 6-2　列车早点时变更会让地点的列车运行调整

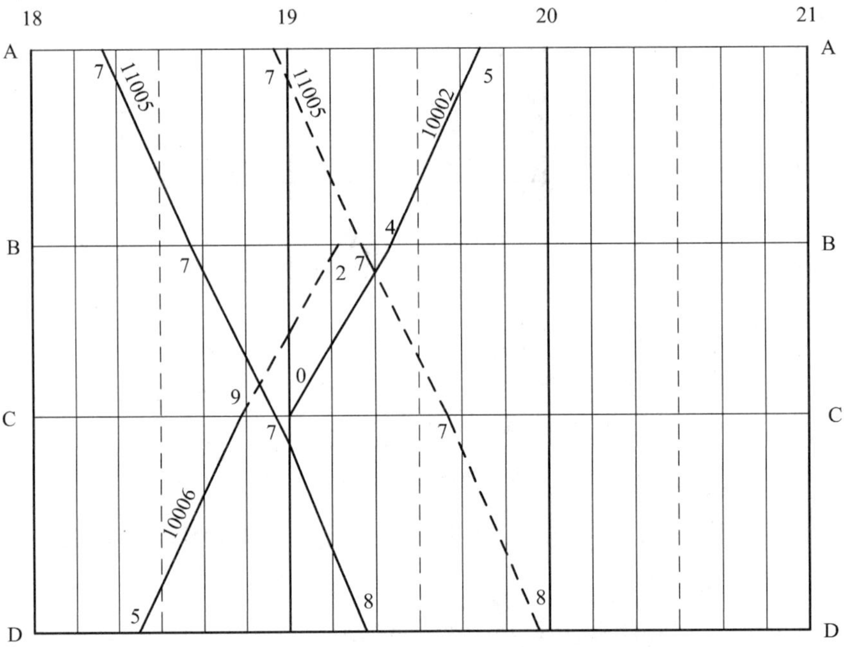

图 6-3　列车晚点时变更回让地点示意图

3. 组织列车进行快速、平行作业，缩短列车在站作业时间

一般来说，列车在运行途中往往要进行一些技术作业。例如，旅客列车在途中要进行旅客上下、行包装卸等客运作业，摘挂列车要进行车辆甩挂等作业。当遇有列车发生晚点或加开、停运需要压缩某列车的停站时间时，列车调度员要事先周密计划部署，与车站和司机提前联系说明情况，取得有关人员的支持，组织快速平行作业，压缩列车在站作业时间，保证列车正点运行。

如图 6-4 所示，按运行图计划规定 45415 次摘挂列车在 B 站作业并等会 T208 次旅客列车，在 C 站也要进行甩挂作业。现因 T208 次列车晚点，若仍按图定计划在 A 站等会 T208 次列车，就会大大延长 45415 次列车在 B 站的停留时间，造成该列车晚点。此时为了保证 45415 次列车的正点运行，列车调度员应有预见性地组织 B 站采取各种措施（如提前准备好待挂车辆，尽可能进行平行作业等）抓紧 45415 次列车的作业，压缩其在 B 站的作业停留时间，提前开到 C 站等会 T208 次。这样既保证了 45415 次在 C 站的正常作业时间，也使其能按图定时间正点到达终点。

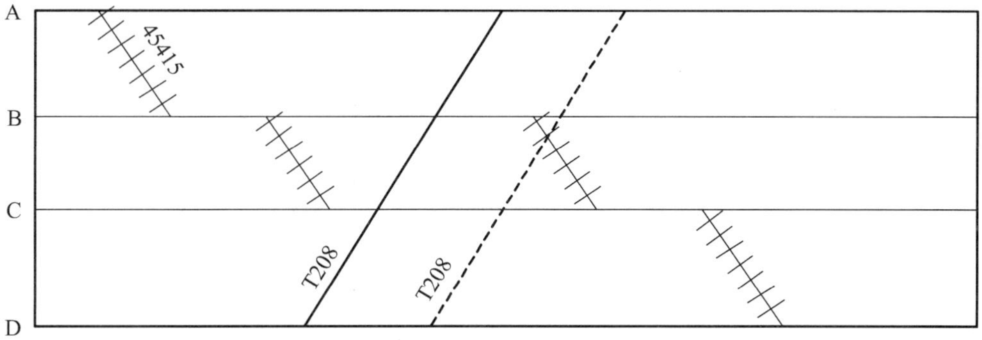

图 6-4　缩短列车在站停留时间示意图

4. 组织反方向行车及列车合并运行

双线列车反方向运行，是列车调度员调整列车运行的一种方法。它是充分运用现有技术设备，提高区间通过能力，组织列车按图行车的有力措施。调整列车运行时，为了避免列车晚点及作业需要，根据不同方向的列车密度，选择有利时机，可组织适当的列车反方向行车。

组织列车反方向行车时，因其属于非正常行车组织办法，不安全的因素较多，因此列车调度员要检查督促车站及有关人员注意行车安全，严格按有关作业程序和要求进行组织。

如图 6-5 所示，按运行图规定 42158 次列车要在 C 站待避 2416 次，又要会 25665 次，现 25665 次因故停运，同时 42158 次在 B 站的甩挂作业量较大，在此种情况下，列车调度员可组织利用下行线的空闲时间，在保证安全的前提下，组织 42158 次列车在 C—B 区间反方向运行，这样就可以保证 42158 次摘挂列车在 B 站有充分的作业时间，并保证其正点运行。

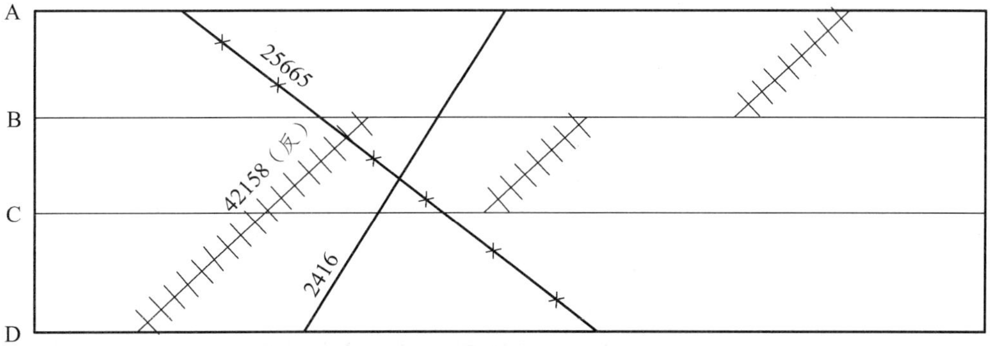

图 6-5　组织列车反方向运行示意图

组织列车合并运行是将两个在途列车（包括单机）合并成一条运行线运行，是列车调度员在调整列车运行时，为了缓和区间通过能力和车站到发线使用紧张时采取的一种运行调整方法。一般是对单机、小运转列车或牵引辆数较少而前方又无作业的列车采有此方法。

如图 6-6 所示，将单机 51008 次与 32326 次列车合并，不但节省了一条运行线，而且还可以增加 32326 次列车的牵引力。

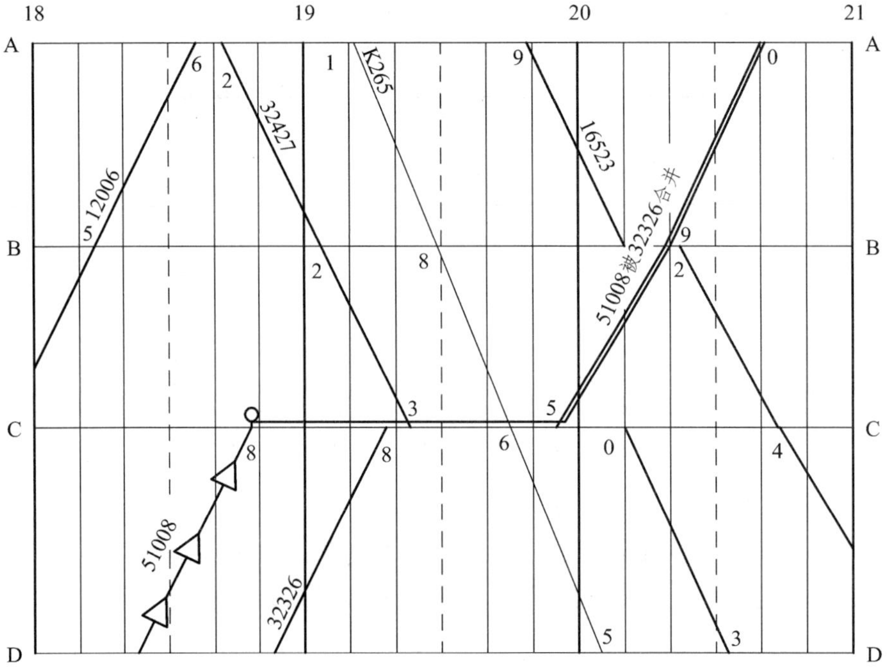

图 6-6　组织列车合并运行示意图

当技术站接车线路紧张时，把编组辆数较少的列车（如摘挂列车、小运转列车等）保留在技术站附近的中间站，与同方向的次一列车合并运行，可以缓和接车线路紧张的矛盾。

6.4　列车调度指挥技能

6.4.1　行车设备故障时的列车调度处理

一、设备故障的汇报程序

车务、机务、工务、电务、车辆及其他作业人员发现设备故障影响行车时，应立即通知车站值班员；车站值班员接到通知后，应立即通知有关设备部门、值班干部和列车调度员；设备部门接到通知后应尽快查明原因，组织抢修，并将故障详细情况及预计修复时间报告车站值班员；车站值班员根据故障情况向列车调度员汇报，列车调度员接到汇报后，根据故障情况向调度所值班主任汇报，并根据有关规定发布调度命令或口头指示；调度所值班主任接到汇报后，根据故障情况向有关领导汇报，并通知设备部门负责人及相关站段负责人。

出现设备故障，车务、机务、工务、电务、车辆及其他有关人员应按规定填记行车设备检查登记簿（运统-46）。

二、轨道电路故障时的处理

当轨道电路出现红光带不灭时的处理办法。

车站值班员应在行车设备检查登记簿上登记，并通知工务、电务等部门前来查明原因，排除故障。如在站内，还须确认有无机车车辆占用或侵入。

1. 接近或离去区段轨道电路出现红光带不灭时的处理办法

（1）自动闭塞区段，接近区段轨道电路故障出现红光带（灯）不灭时，进站信号机可继续使用；离去区段轨道电路故障出现红光带（灯）不灭时，执行《行规》有关规定。

（2）半自动闭塞区段，接近区段轨道电路故障出现红光带（灯）不灭时，进站、出站信号机可继续使用。如出站信号机不能开放时，改按电话闭塞法行车。

2. 站内轨道电路故障时的处理办法

（1）因工务设备故障导致轨道电路出现红光带时，按照工务部门检查后的结果行车。在工务部门未确认线路可以行车前，不得放行列车。

（2）无岔及道岔区段轨道电路出现红光带不灭时应按引导办法接车，改按电话闭塞法发车（自动闭塞区段，可发给司机绿色许可证发车）。

（3）到发线轨道电路故障时：到发线有机车车辆占用但轨道电路不亮红光带，发出列车时，可开放出站信号机，对存放车辆的线路，应在控制台上（计算机联锁车站在平面图上）揭挂“停有车辆”表示牌，并将道岔开通其他空闲线路；到发线无机车车辆占用但轨道电路亮红光带须接车，有其他空闲到发线时，应在不少于《站细》规定时间内变更接车线接车；无其他空闲到发线或来不及变更时，应在确认接车线路空闲后，改按引导办法接车。

3. 故障复原及辅助办理

（1）故障复原是在半自动闭塞区间，遇接车轨道电路发生故障、闭塞设备停电后恢复供电、列车因故退回原发车站等情况使用，以人工办理复原。辅助办理是在设有双向闭塞设备的自动闭塞区间，相邻车站在办理改变闭塞方向的过程中，如遇方向电路故障而出现“双接”或区间空闲有其他原因（监督电路故障），造成“监督区间”表示灯亮红灯而不能正常办理转换闭塞方向时，可以使用“辅助办理”的方式改变闭塞方向。

（2）遇到上述情况应及时报告列车调度员，申请和抄收允许使用故障按钮或总辅助按钮的调度命令。

【例 6-1】盲目使用故障按钮而造成较大行车事故。

B 站为单线半自动闭塞，×年×月×日，B 站值班员 7:30 接班，于 7:38 接到 A 站 22523 次列车发车通知后，填写了行车日志并排好 2 道接车进路。7:39 又接到 C 站 11848 次的开车通知，也填写了行车日志。随后准备到粮库借油漏斗给职工分油，让该站站务员（车站值班员职名）替他顶岗，只向站务员交代 22523 次开过来了，C 站有站外调车，没有交代 11848 次列车已从 C 站发出。

B站站务员接替车站值班员工作后，大约7:53听到22523次司机用列车无线调度通信设备呼叫B站，询问能否通过。B站站务员回答；“慢一点，看信号。”并两次询问C站站外调车情况。7:55，C站值班员通知调车已结束，B站站务员问C站：“闭塞表承灯亮的是什么灯？”C站值班员回答：“是红灯。”B站站务员说：“我这头也是红灯。”B站站务员又问：“我取消？”C站说：“你取消。”于是B站站务员使用故障按钮取消了11848次占用区间的表示灯，接着与C站值班员办理了22523次列车闭塞手续，开放了22523次列车2道出站信号机，7:57分22523次列车由B站通过。

22523次列车通过B站后，B站向列车调度员报点：“22523次7点57分通过。”列车调度员作了复诵。过了大约1 min，列车调度员又找到B站报点，B站站务员说：“报啥点呀？不都报了吗？”调度员说：“你11848次呢？”B站站务员说：“不知道。”接着站务员问A、C两站11848次列车情况，当C站说：“11848次7:39开了。”B站站务员才想起查看行车日志，发觉11848次还在区间，急忙用列车无线调度通信设备呼唤22523次列车停车。此时，22523次与11848次货物列车已发生正面冲突，导致机车乘务员死亡5人、重伤3人、机车大破4台、货车报废1辆、大破4辆、中破2辆，中断正线行车25 h 15 min，构成行车较大事故。

（3）使用时，要先确认计数器号码，再破封按压按（拉出）按钮，并在行车设备检查登记簿内登记。使用辅助办理方法改变列车闭塞方向时要先按下两个按钮，即先按下总辅助按钮再按下发车辅助按钮（发车站）或再按下接车辅助按钮（接车站）。

在行车设备检查登记簿中登记时，内容要简明扼要，并记明使用时间和使用人。例如“因××原因，使用××按钮，计数器号码由××号变为××号”。

（4）使用后，要及时通知电务人员加封，同时双方在行车设备检查登记簿内登记、签字。

车站值班员在行车设备检查登记簿上记明通知时间、通知方式和被通知人姓名。

电务人员到达后，首先确认按钮使用情况，核对车站值班员在行车设备检查登记簿内的登记内容，并在行车设备检查登记簿上签名，记明到达时间。

电务人员对按钮进行施封，并在行车设备检查登记簿中登记、签字。例如“对××按钮施封完毕，计数器号码为××号”。

车站值班员在对按钮的施封状态和电务在行车设备检查登记簿中的登记内容检查确认后签字。

三、控制台上进站、出站、进路信号机表示灯灭灯时的处理

（1）进站（进路）信号机表示灯红灯灭灯时，开放进站（进路）信号机后，绿（黄）灯亮灯时，可继续使用；

（2）进站（进路）信号机表示灯红灯亮灯时，开放进站（进路）信号机后，红灯灭灯，绿（黄）灯无显示，确认地面信号机显示正确后，可继续使用。

（3）出站（进路）信号机开放后，控制台上表示灯无显示时，确认地面信号机显示正确后，可继续使用。

四、控制台断丝表示灯亮红灯时的处理

控制台断丝表示灯亮红灯时，车站值班员应立即通知电务人员前来检查处理；如控制台上进站（出站）信号机表示灯能正常显示时，进站（出站）信号机可正常使用；如出站信号机表示灯红灯熄灭而绿灯可以正常显示时，仍可开放出站信号机发车。

五、进路表示光带灭灯时的处理

进路表示光带灭灯时，车站值班员应通知工务、电务人员前来检查处理，并指派胜任人员到现场确认尖轨密贴于基本轨、道岔位置开通正确及进路空闲后，进站（出站）信号机可继续使用。

六、出站信号机故障时发车及自动闭塞区间通过信号机故障时的处理

1. 出站信号机故障时发车办法

【例 6–2】××电务段信号工违章作业，使××站信号与道岔区段轨道电路失去联锁，列车压标时能开放进站信号；造成进站的 11413 次货物列车与停留在车站的 11507 次货物列车尾部猛烈相撞，机车报废 1 台，货车报废 2 辆、大破 2 柄、中破 1 辆、小破 2 辆，直接经济损失达 132 万元，构成“信号、联锁故障而导致列车冲突”的一般行车事故。

这起事故的教训是，除电务检修作业人员要遵章作业、确保信联闭等行车设备质量良好之外，车站值班员在接发列车作业过程中，必须认真操纵和监视信号；发现信号设备故障时，要立即停止使用；并严格执行“检修后的设备，经试验良好无误后再签收”的制度。

由此可见，接发列车安全对信号的要求应是：第一，信号能正确显示和准确执行；第二，当遇到信号设备发生故障时，必须能够正确及时地采取安全应变措施. 以保证接发列车安全。

出站信号机故障后，进站信号机不能显示通过信号。为避免列车在出站信号机前停车，对通过列车应事先预告司机，车站值班员除按规定递交行车凭证外，还应显示通过手信号（昼间：展开的绿色信号旗；夜间：绿色灯光），使列车不停车通过车站。来不及向司机预告时，可使通过列车在车站停车，司机收到凭证后再开。

出站信号机故障时，发车进路上的对向道岔及邻线上的防护道岔须加锁。

装有进路表示器或发车线路表示器的出站信号机，当表示器显示不良时，由发车人员口头通知司机及运转车长后，列车可凭出站信号机的显示出发。因为进路表示器及发车线路表示器只是出站信号机显示的附加表示，不是占用区间的凭证。

2. 自动闭塞区间通过信号机故障时的处理办法

（1）自动闭塞区间内通过信号机故障（包括显示不明或灯光熄灭），按照《技规》《行规》有关规定需停用基本闭塞法时，改用电话闭塞法行车。

（2）自动闭塞区间内通过信号机故障（包括显示不明或灯光熄灭），按照《技规》《行规》有关规定不需停用基本闭塞法时，除执行《技规》有关规定外，对已进入区间的列车，车站值班员必须利用列车无线调度通信设备提醒司机注意运行；对未进入区间的后续列车，

列车调度员须发布注意运行的调度命令，固定用语为："根据××站报告，××站至××站间×行线××km××m处通过信号机×××，××次列车运行至该处时特别注意运行"。

七、计轴自动闭塞设备发生故障时的处理

计轴自动闭塞发生故障时，车站值班员应通知电务维修人员检查设备状态，确认轴数，然后根据设备状态按以下办法办理行车：

（1）大区间检查表示灯显示故障而区段轨道状态表示灯显示正常时，车站值班员在确认各区段空闲后，可破封使用大区间复零按钮复位，并通知电务人员补封。

（2）区段轨道状态表示灯显示故障时，车站值班员必须确认该区段空闲、计轴数小于或等于1后，方可破封使用区段预复零按钮复位，并通知电务人员补封；单独使用区段预复零按钮以后，开往区间的首次列车，不得停用基本闭塞设备。

（3）区段轨道状态表示灯显示故障，使用区段预复零按钮不能复位或需要直接复零时，车站值班员必须确认站间区间空闲、计轴数小于或等于1，经调度命令同意后，方可同时使用故障复零按钮和区段预复零按钮复位，并通知电务人员补封。

（4）区段轨道状态表示灯显示故障，计轴数大于1，使用区段预复零方式和直接复零方式不能对该区段计轴设备复位时，电务维修人员应在行车设备检查登记簿上登记申请断电，在车站值班员确认站间区间空闲并签认后，方可进行断电故障处理。

使用上述方法仍无法排除故障时，车站值班员在确认区间空闲后，停用基本闭塞法改用电话闭塞。

八、电动道岔发生故障时的处理

在转换电动道岔准备接发列车进路时，如挤岔表示灯亮灯、电铃长鸣而道岔不能转换到所需位置时，车站值班员应及时将道岔恢复原来位置，除立即通知工务、电务人员检查外，并指派扳道人员携带电动道岔钥匙及手摇把，前往故障地点检查原因。需要启开开闭器就地操纵准备进路时，扳道人员听到电动转辙机箱内发出的"咔嚓"声后停止摇动，确认尖轨密贴于基本轨后，按规定对道岔加锁（分动外锁闭道岔不论对向或顺向均应对尖轨和心轨加锁），钩锁器应加在道岔尖轨的第一连接杆处，左右不得超过0.5 m（分动外锁闭道岔铺设后应指定加锁位置并做好标记）。如听不到"咔嚓"声（包括外锁闭道岔锁闭装置故障或道岔转辙机与道岔锁闭杆脱离时），不论对向或顺向道岔均应加钩锁器。此时，车站值班员应通知养路工区派人将道岔钉闭（分动外锁闭道岔包括密贴尖轨、斥离尖轨和心轨）。车站值班员得到扳道人员关于接发列车进路正确开通、道岔已按规定加锁或钉闭的报告后，方可按引导办法接车或改按电话闭塞法发车（自动闭塞区段可发给司机绿色许可证发车）。

九、天气恶劣难以辨认信号时的处理

遇天气恶劣，信号机显示距离不足200 m时，司机或车站值班员须立即报告列车调度员，列车调度员应及时发布调度命令，改按天气恶劣难以辨认信号的办法行车。

（1）列车按机车信号的显示运行。当接近地面信号机时，司机应确认地面信号，遇地

面信号与机车信号显示不一致时，应立即采取减速或停车措施。

（2）当无法辨认出站（进路）信号机显示时，在列车具备发车条件后，司机凭车站值班员（运转车长）列车无线调度通信设备（其通信记录装置须作用良好）的开车通知，起动列车，在确认出站（进路）信号机显示正确后，再行加速。

（3）天气转好时，应及时报告列车调度员发布调度命令，恢复正常行车。

十、列车标志不完整时的处理

（1）夜间运行途中，遇列车标志不完整时，司机应及时报告车站值班员、列车调度员。机车头灯、标志灯之一不能使用时，可继续运行；机车头灯、标志灯均不能使用时，应维持运行到前方站停车处理。运行中应及时鸣笛（有禁、限鸣规定的除外），警告行人、交通车辆及接发车人员。

（2）发现旅客列车尾部标志灯光熄灭时，车站值班员应及时通知运转车长（车辆乘务员）在前方停车站处理。

（3）发现列尾装置主机故障或丢失时，必须报告列车调度员，并在最近的前方站停车处理。此时，列车调度员须发布调度命令至沿途各站、列车司机、列尾设备维修所（列尾工区），按无守列车掌握运行，故障时准以故障的列尾装置主机、丢失时准以尾部车辆吊起的制动软管作为列车尾部标志。车站助理值班员接发列车时要注意列车尾部状况，发现异状可能危及行车安全时，要及时通知司机并进行处理。车站值班员必须确认列车整列到达后，方可办理区间开通手续。

十一、列车运行途中发生车辆故障应急处理

（1）发现客车车辆轮轴故障、车体下沉（倾斜）、车辆剧烈振动等危及行车安全的情况时，须立即采取停车措施。由司机、车辆乘务员检查，对抱闸车辆应关闭截断塞门，排除副风缸中的余风，确认安全无误后，方可继续运行；如车轮踏面损坏超过限度或车辆故障不能继续运行时，应甩车处理。

（2）列车调度员接到热轴报告后，应按热轴预报等级要求果断处理。必要时，立即安排停车检查（司机应采用常用制动，列车停车后由车辆乘务员负责检查，无车辆乘务员的由司机确认能否继续安全运行）或就近站甩车处理。

（3）遇客车安全监控系统报警或其他故障需要列车限速运行时，运转车长（无运转车长时为车辆乘务员）应使用列车无线调度通信设备通知司机，由司机报告车站值班员、列车调度员。

6.4.2 特殊情况下的行车指挥

一、施工特定行车组织

影响行车的施工、检修作业，应安排在“天窗”内进行。遇有施工又必须接发列车的特殊情况时，可按以下施工特定行车办法办理：

（1）车站采用固定进路的办法接发列车。施工开始前，车站须将正线进路开通，并对进路上所有道岔按规定加锁（有关道岔密贴的确认及具体的加锁办法，由铁路局规定）。

（2）引导接车并正线通过时，准许列车司机凭特定引导手信号的显示，以不超过 60 km/h 速度进站。

（3）准许车站不向司机递交书面行车凭证和调度命令。但车站仍按规定办理行车手续，并使用列车无线调度通信设备（其通信记录装置须作用良好）将行车凭证号码（路票为电话记录号码、绿色许可证为编号）和调度命令号码通知司机，得到司机复诵正确后，方可显示通过手信号。列车凭通过手信号通过车站。

其他具体安全行车办法，由铁路局规定。

二、列车在区间被迫停车时的处理

（1）列车在区间被迫停车后，不能继续运行时，司机应立即使用列车无线调度通信设备通知两端站、列车调度员及运转车长（无运转车长为车辆乘务员），报告停车原因和停车位置，根据需要或运转车长指示迅速请求救援。需要防护时，列车前方由司机负责，列车后方由运转车长（无运转车长为车辆乘务员，无车辆乘务员为列车乘务员）负责。

如遇自动制动机故障，旅客列车司机应通知运转车长（无运转车长为车辆乘务员）立即组织列车乘务人员拧紧全列人力制动机，以保证就地制动；其他列车司机应立即采取安全措施，并向列车调度员报告，请求救援。

（2）对已请求救援的列车，不得再行移动，并按规定对列车进行防护。

（3）车站值班员接到司机通知后，应将区间内列车运行情况通知司机，并立即使用列车无线调度通信设备转告区间内有关列车。在停车原因消除前不得再放行追踪、续行列车。

（4）列车被迫停车可能妨碍邻线时，司机应立即用列车无线调度通信设备通知邻线一侧运行的列车和两端站，并与运转车长（无运转车长为车辆乘务员）分别在列车的头部和尾部附近邻线上点燃火炬；在自动闭塞区间，还应对邻线来车方向短路轨道电路。司机应亲自或指派人员沿邻线一侧对列车进行检查，发现妨碍邻线时，应立即派人按规定防护。如发现邻线有列车开来时，应鸣示紧急停车信号。

车站值班员接到列车被迫停车可能妨碍邻线的通知后，在原因消除前不得向邻线放行列车。

列车在区间被迫停车后，分别根据下列规定放置响墩防护：

① 已请求救援时，从救援列车开来方面（不明时，从列车前后两方面），距离列车不少于 300 m 处防护。

② 电话中断后发出的列车（持有“红色许可证”之通知书的列车员除外），应于停车后，立即从列车后方按线路最大速度等级规定的列车紧急制动距离位置处防护。

③ 对于邻线上妨碍行车地点，应从两方面按线路最大速度等级规定的列车紧急制动距离位置处防护，如确知列车开来方向时，仅对来车方面防护。

④ 列车分部运行，机车进入区间挂取遗留车辆时，应从车列前方距离不少于 300 m 处防护。

防护人员设置的响墩待停车原因消除后可不撤响墩。

下列情况列车不准分部运行：

① 采取措施后可整列运行时。

② 对遗留车辆未采取防护、防溜措施时。

③ 遗留车辆无人看守时。

④ 列车无线调度通信设备故障时。

在不得已情况下，列车必须分部运行时，司机应使用列车无线调度通信设备报告前方站和列车调度员，并做好遗留车辆的防溜和防护工作。司机在记明遗留车辆辆数和停留位置后，方可牵引前部车辆运行至前方站。在运行中仍按信号机的显示进行，但在半自动闭塞区间，该列车必须在进站信号机外停车（司机已用列车无线调度通信设备通知车站值班员列车为分部运行时除外），将情况通知车站值班员后再进站。车站值班员应立即报告列车调度员封锁区间，待将遗留车辆拉回车站，确认区间空闲后，方可开通区间。

三、列车冒进信号

列车冒进信号机后，不得擅自动车。司机须立即报告车站值班员，按车站值班员的指示办理。

四、列车运行中严重晃车

（1）列车运行途中，司机将晃车里程记录于司机手册；同时，立刻向车站值班员报告。

（2）车站值班员接到报告后，须立即报告列车调度员，同时呼叫后续列车减速慢行或采取拦停列车措施，并通知工务工区赶赴现场检查，对超限处所迅速抢修。

（3）列车调度员接到报告后，应根据现场具体情况，果断采取措施，立即发布限速慢行或封锁区间的调度命令。

五、汛期暴风雨中行车

（1）列车通过防洪危险地段时，司机及运转车长要加强瞭望，并随时采取必要的安全措施。

“防洪危险地段”由铁路局查定公布，并须抄送跨局列车运行相关的铁路局。

（2）当洪水漫到路肩时，列车应按规定限速运行；遇有落石、倒树等障碍物危及行车安全时，司机应立即停车排除障碍并确认安全无误后，继续运行。

（3）列车遇到线路塌方、道床冲空等危及行车安全的突发情况时，司机应立即采取停车措施，并按退行有关规定迅速将列车退至安全地段；同时，立刻通知邻近车站、邻线列车及追踪列车。

六、列车发生火灾、爆炸

（1）列车发生火灾、爆炸时，须立即停车（停车地点应尽量避开大型桥梁、长大隧道等）。电气化区段，还应立即通知供电部门停电。

（2）列车需要分隔甩车时，应根据风向及货物性质等情况而定。一般为先甩下列车后部的未着火车辆，再甩下着火车辆，然后将机次未着火车辆拉至安全地段。

对甩下的车辆，由车站值班员（在区间由运转车长、司机）负责采取防溜措施。

七、电力机车被迫停在接触网分相无电区

电力机车被迫停在接触网分相无电区时，司机要立即降弓，查明列车前方接触网无电区长度，判断电力机车能否从前部救援，并及时报告车站值班员和列车调度员。列车调度员根据司机的报告和救援机车实际情况，确定救援方案进行救援。

八、旅客列车有扒乘人员的处理

列车调度员接到旅客列车有人扒乘的报告后，须立即安排列车在前方站停车处理。电气化区段，处理旅客列车车顶闲杂人员时，应先停电，后处理。

复习思考题

1. 调度指挥过程中有什么原则？
2. 调整列车运行时列车的等级顺序是怎么规定的？
3. 列车调度员在调度指挥过程中应该做到哪些？
4. 列车调度员一班的工作程序及内容主要有哪些？
5. 列车运行调整的方法主要有哪些？
6. 什么情况下算天气恶劣难以辨认信号显示？
7. 当轨道电路发生故障时在指挥列车运行时应该注意哪些？
8. 在哪些情况下属于分部运行？

项目七　调度工作图表的绘制

【项目表述】

调度工作图表是做好调度工作的重要工具，填写必须及时准确、清晰、完整。对于调度指挥来说，调度工作图表的绘制是体现一个调度员技能的标准之一。因此，要学好铁路运输调度指挥，必须学会调度工作图表的绘制。

【拟实现的目标】

1. 能力目标

能根据所收集的资料绘制列车基本运行图；会正确使用不同的列车运行符号和表示方法；能正确填画车站技术作业图表。

2. 知识目标

掌握列车运行基本图与实际图的区别；了解不同图表的用途和填画方法；掌握不同种类列车的运行线表示方法，列车运行及运行整理的符号表示；掌握车站技术作业图表的填画方法。

3. 素质目标

培养学生细致认真、实事求是的工作态度和全局意识，培养吃苦耐劳、爱岗敬业的品质，培养学生的组织能力、团队协作能力、分析和解决问题的能力。

7.1　工作任务

任务一：绘制简单的单线区段列车运行基本图。
任务二：根据列车运行情况绘制列车运行实际图。
任务三；填画车站技术作业图表。

7.2　任务前准备

完成任务以小组为单位，每个组 2 ~ 4 人为宜，组内进行一定的分工，共同协调完成工

作任务，工作任务中所需的备品、材料、资料、参考文献等由小组成员提前准备。设置任务中区段车站的数量、行车量情况以及车站作业情况可以由小组自行设计，或由教师统一设置。

人员安排情况：根据实际情况具体安排行车调度员 1 名、助理调度员 1 名、车站调度员 1 名、车站值班员 1 名。

7.3 相关知识点

7.3.1 列车运行实际图与基本图

一、基本图与实际图的区别

列车基本运行图是指按最大运量编制的运行图，列车运行实际图则是记载一个调度区段内列车运行实际情况以及列车运行有关事项的图表，二者的作用是不相同的。

二、实际图的作用

列车运行实际图的作用主要有以下几个方面：

（1）通过填记实际图，可以随时掌握调度区段内的列车运行情况、有关车站到发线占用、作业情况及机车交路等。

（2）通过实际图，可以及时发现问题，便于提早考虑采取必要的调整措施。

（3）作为统计列车正晚点、列车技术速度、旅行速度等项指标的主要依据。

（4）列车运行实际图是分析列车运行情况，不断提出改进意见的重要资料。

7.3.2 列车运行线的表示方法

表 7-1 列车运行线的表示方法

列车种类	表示方法	备注
旅客列车（包括行邮列车、动车组检测车）	红单线————	以车次区分
临时旅客列车	红单线加红双杠—‖—‖—	
回送客车底	红单线加红方框—□—□—	
行包列车	蓝单线加红圈—○—○—	
“五定”班列	蓝单线加蓝圈—○—○—	
快运货物、直达、单元重载货物列车	蓝单线————	以车次区分
组合重载货物列车	蓝色断线————	2 万吨、1 万吨组合重载列车以车次区分

续表

列车种类	表示方法	备注
直通、自备车、区段、小运转列车	黑单线————	以车次区分
冷藏列车	黑单线加红圈—○—○—	
军用列车	红色断线————	
回送军用列车	红色断线加红方框--□--□--	
超限超重货物列车	黑单线加黑方框—□—□—	
摘挂列车	黑单线加“+” “|”—+—|—	
路用列车、试运转列车	黑单线加蓝圈 —○—○—	车次区分
单机	黑单线加黑三角—▷—▷—	
高级专列及先驱列车	红单线加红箭头—→—→—	
救援和除雪列车	红单线加红“×”—×—×—	
重型轨道车、轻油动车	黑单线加黑双杠—‖—‖—	

7.3.3 列车运行及运行整理符号

（1）列车始发、终止、在中间站临时停运、由邻接区段转来以及开往邻接区段（见图7-1～图7-5）。

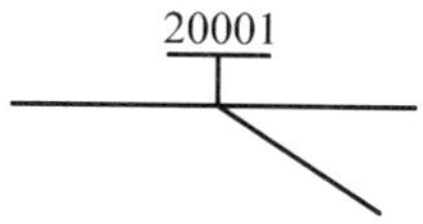

图 7-1 列车始发

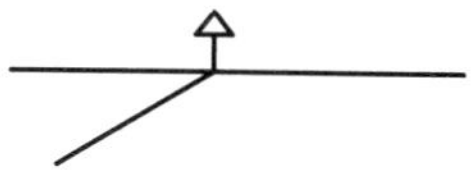

图 7-2 列车终止

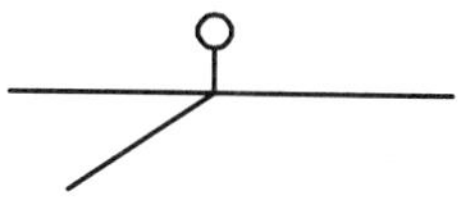

图 7-3 列车在中间站临时停运

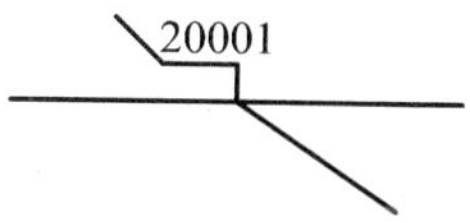

图 7-4 列车由邻接区段转来

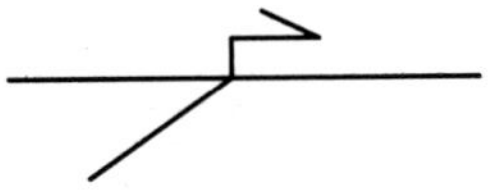

图 7-5　列车开往邻接区段

列车到开时分记在钝角内。早点用红圈、晚点用蓝圈记于锐角内，圈内注明早、晚点时分。晚点原因可用简明略号注明，如因编组晚点可只写“编”字。

（2）列车合并运行（在列车运行线上注明某次列车被合并）（见图 7-6）。

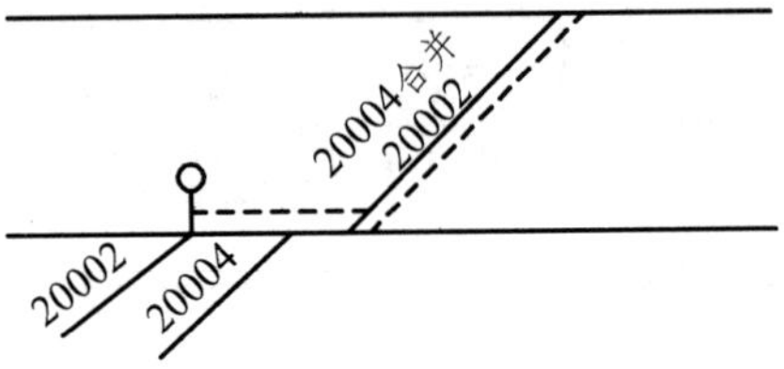

图 7-6

（3）列车让车（见图 7-7）。

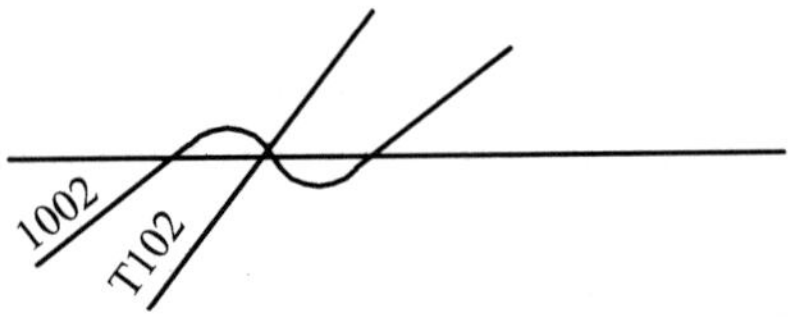

图 7-7

（4）列车反方向运行时，在反方向运行区间的运行线上填写车次及“（反）”字（见图 7-8）。

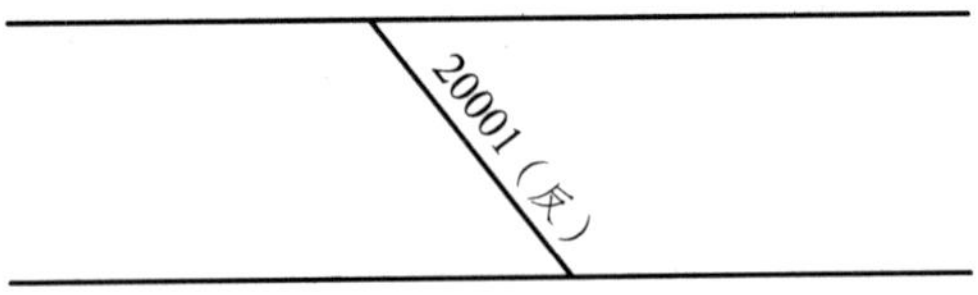

图 7-8

（5）列车在区间内分部运行（见图 7-9）。

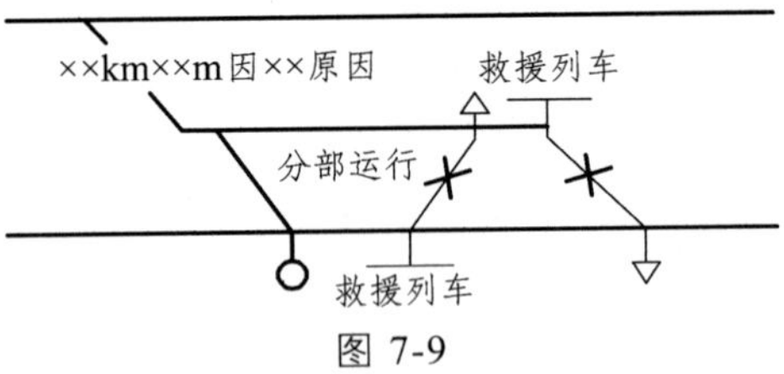

图 7-9

（6）补机途中折返（见图 7-10）。

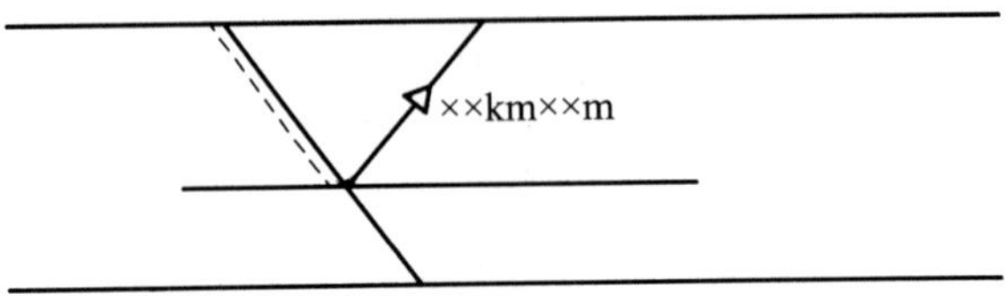

图 7-10

（7）线路中断或施工封锁区间时，要在该区间内画一红横线，表示单线区间中断或封锁（见图 7-11）。

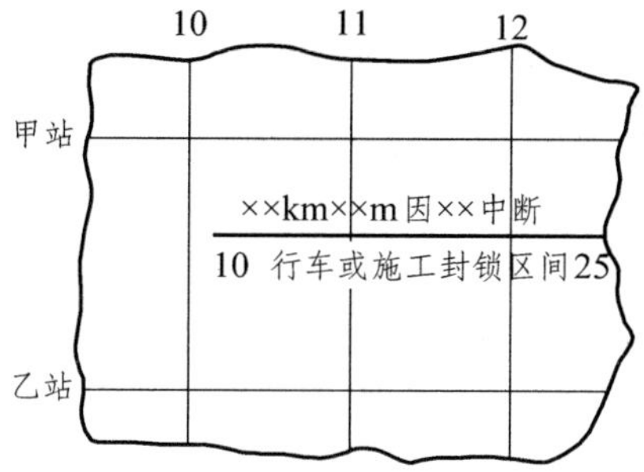

图 7-11

双线区间上下行线路全部中断或封锁时，表示方法与单线区间相同；有一线中断或封锁时，以在红横线上或下画的蓝断线表示上行线或下行线中断或封锁（见图 7-12）。

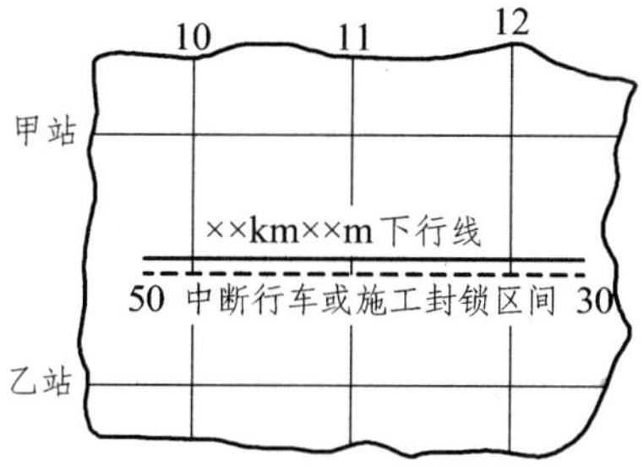

图 7-12

（8）因施工或其他原因区间内需要慢行时，由开始时起至终了时止，用红色笔画断线表示，并标明地点、原因、限制速度（如双线就标明上行线或下行线）（见图 7-13）。

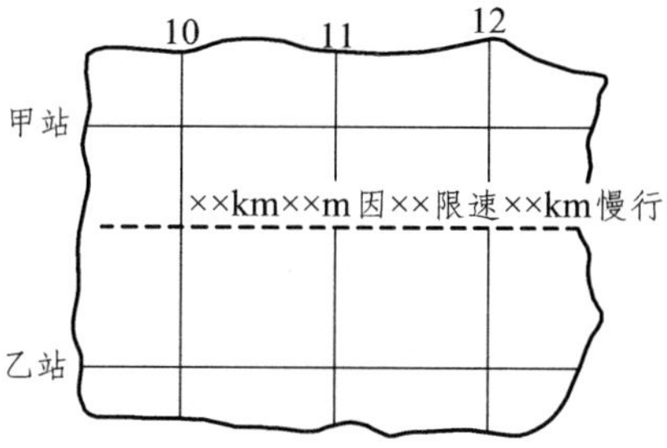

图 7-13

（9）列车在区间内有装卸作业时，要标明车次、作业地点、装卸货物品名（见图 7-14）。

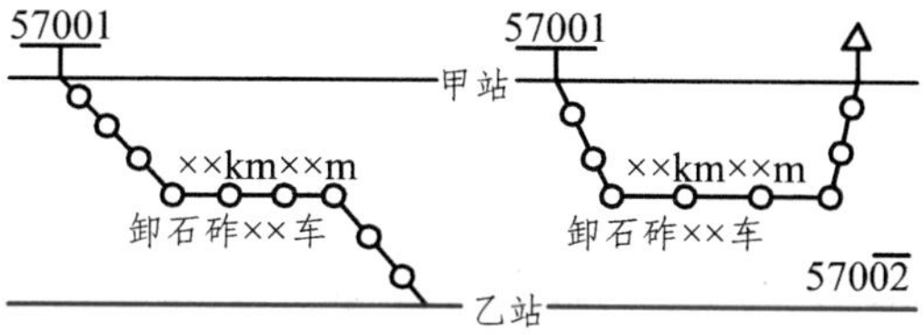

图 7-14

（10）列车在中间站不摘车作业，用红色笔表示。

6　　分子表示装车数

——

9　　分母表示卸车数

（11）列车在中间站甩挂作业，用蓝色笔表示，“+”表示挂，“-”表示甩。

-3　　分子表示重车

——

+6　　分母表示空车

（12）列车运缓时，在列车运行线上方用蓝色笔标明运缓时分；赶点时在列车运行线上方用红色笔标明赶点时分。

（13）列车在进站信号机外停车时，用红色笔画“△”，并标明停车时分（见图 7-15）。

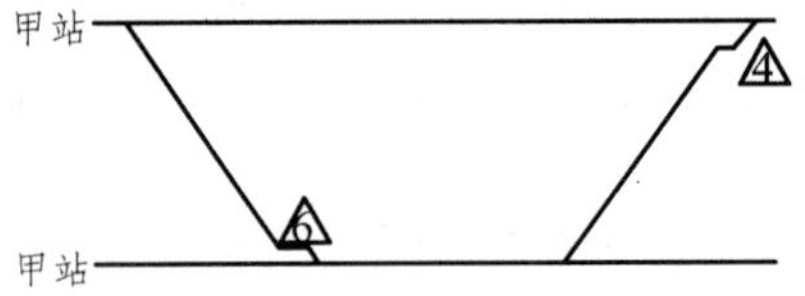

图 7-15

（14）机车交路及机车出入库时间的表示方法：机车在本段交路用蓝色笔，在折返段用黑色笔画实线，并在交路上逐列标明出入库时间（见图 7-16）。

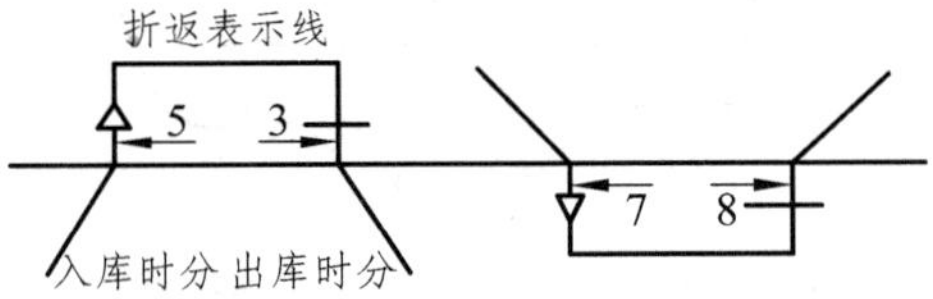

图 7-16

铁路局列车工作计划表按下列规定填记。

（1）纳入日计划开行的列车，在其车次上用蓝色笔画“√”表示。

（2）日计划调整开行的列车，在其车次上部用红色笔画“√”表示。

（3）停运的车次用蓝色笔画“-”表示，并扼要注明停运原因。

（4）班计划以外临时加开的列车，用红色笔画“+”表示。

（5）按照列车性质，另行指定车次而利用列车运行图（车次）时刻运行，在编制日计划时，用蓝色笔括上原车次，在原车次上部写指定的新车次；日计划调整时，用红色笔表示，方法同前。

7.3.4　车站技术作业图表的填画

1. 列车到发（见图 7-17）

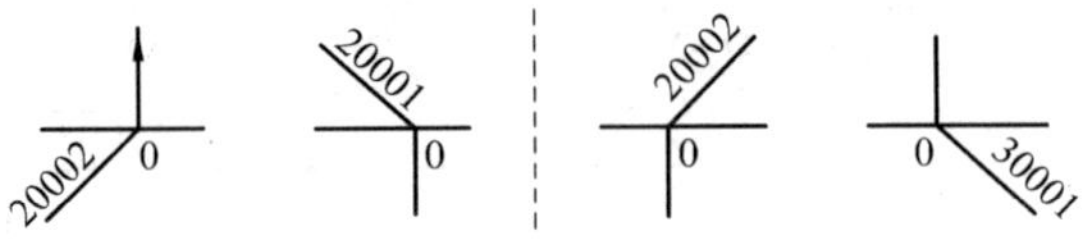

图 7-17

2. 列车技术检查和占用到发线时间（见图 7-18）

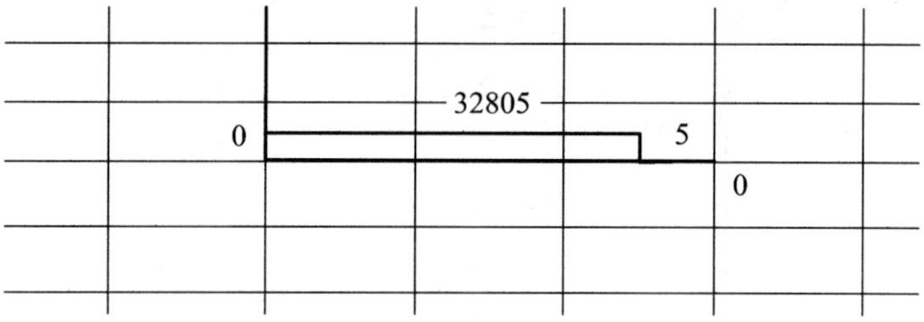

图 7-18

3. 列车解体（见图 7-19）

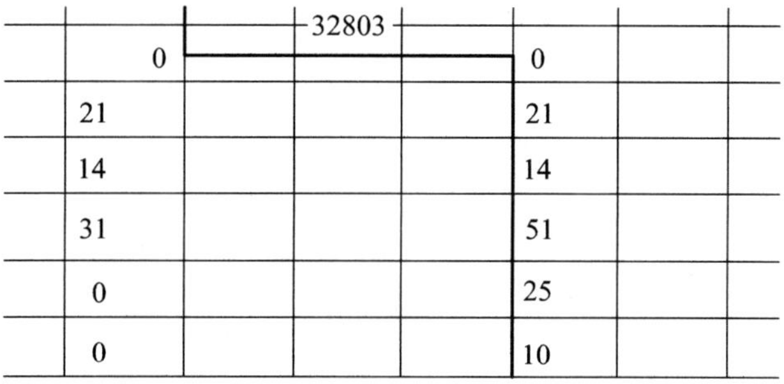

图 7-19

4. 列车编组（见图 7-20）

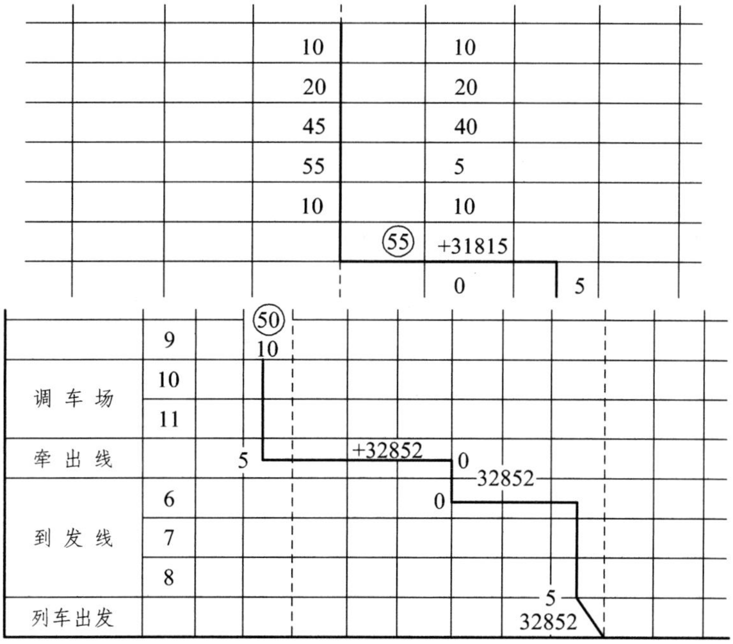

图 7-20

5. 列车编组内容（见图 7-21）

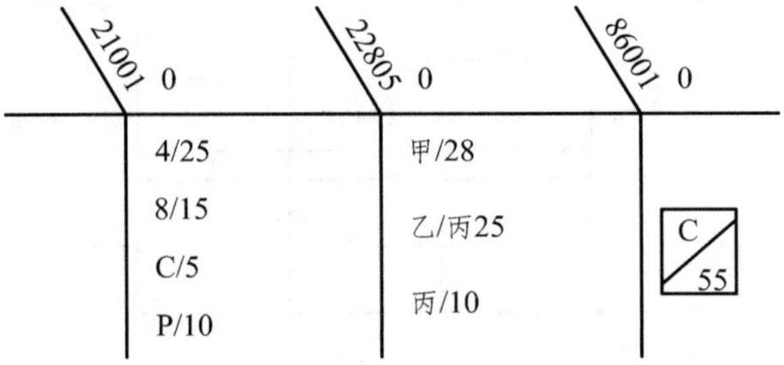

图 7-21

6. 取送作业（见图 7-22）

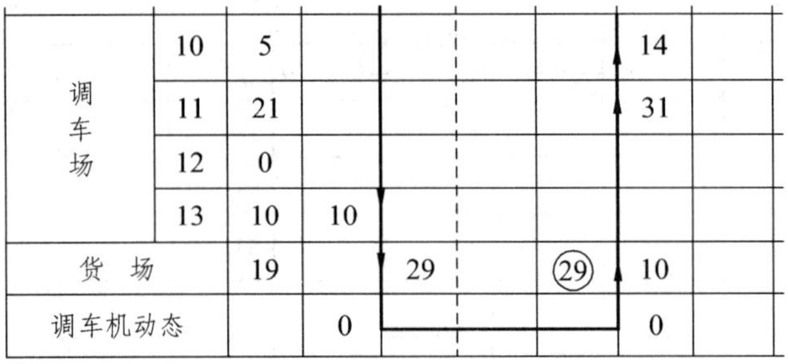

图 7-22

7. 调车线栏（见图 7-23）

12	4			9			
13	6			6			
14	2			10			
15	2			8			
16	6			16			
17	0			5			
18	0			0			

（a）按列累计车数

6		1		7	
8				8	
3		7		10	
2		6		8	
6		10		16	
1		5		5	

（b）按小时或阶段累计车数

图 7-23

8. 调车机动态（见图 7-24）

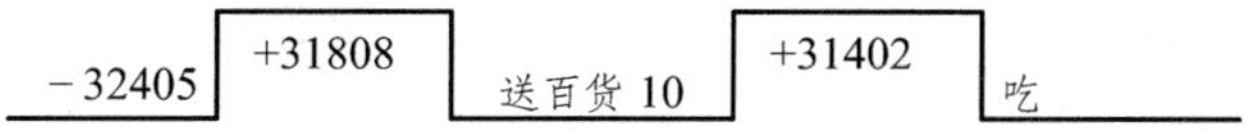

图 7-24

9. 机车交路（见图 7-25）

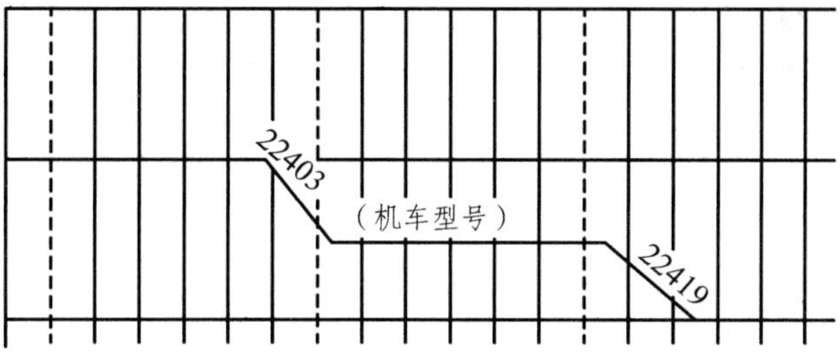

图 7-25

注：

计划：黑线。

实际：到、发旅客列车、出发货物列车为红线；其他货物列车为蓝线。

列车正点到达、出发为红圈；列车晚点到达、出发为蓝圈。

调车机作业计划：黑直线。

实际：蓝直线。

调车机交接班、上煤、上水、上油计划：黑曲线。

实际：蓝曲线。

调车机非生产时间：吃饭：红曲线。

其他：红直线。

调车机作业动态代号：

交接班（J），上水（S），上煤（M），上油（Y），机车故障（JG），信号故障（XG），吃饭（C），整备（ZB），解体（-），编组（+），甩挂（-+），取车（QC），送车（SC），待命（D），等信号（DX），等检（DJ），等装卸（ZX），等解体（等）。

7.3.5 车站行车日志的填记

对于车站的列车调度指挥来说，行车日志的填记必须及时准确，在正常情况下，行车日志主要完成行车日志的自动生成、自动报点及人工报点功能、调度命令的接收和签收、行车凭证的编辑和发送等功能。在遇到设备不能自动报点时可由人工报点，目前铁路使用的电子行车日志界面如图 7-26 所示。

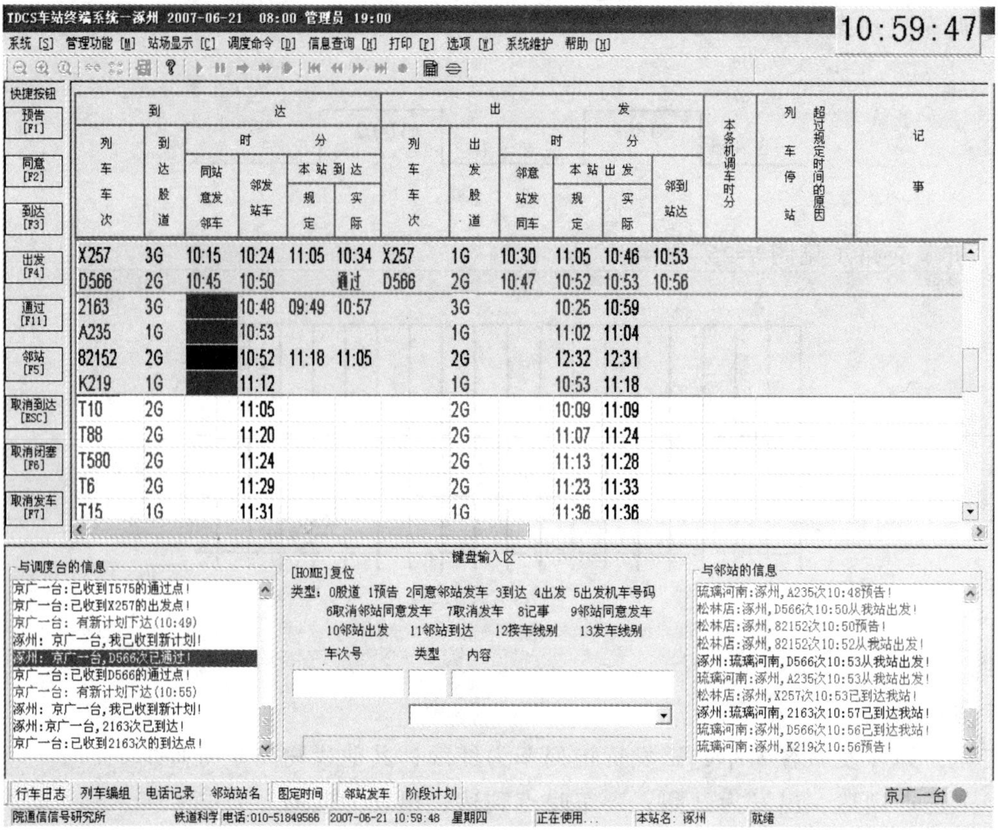

图 7-26 行车工作日志界面

复习思考题

1. 列车运行图有什么作用?
2. 各种列车的列车运行线是如何表示的?
3. 列车运行和运行整理的符号是如何表示的?
4. 填画车站技术作业图表时应该注意哪些问题?
5. 车站技术作业图表中有哪些内容?
6. 车站行车日志中包含哪些内容?

项目八　调度工作分析

【项目表述】

调度工作分析是铁路运输调度中的一项重要内容，本项目主要通过对铁路调度工作日常分析、定期分析、专题分析三部分内容的学习，使学生对调度分析工作有充分的认识，培养学生分析问题和解决问题的能力。

【拟实现的目标】

1. 能力目标

能组织人员进行各种调度中存在的问题分析和总结，并提出相应的解决办法。

2. 知识目标

了解并掌握日常分析、定期分析、专题分析的内容。

3. 素质目标

培养学生分析问题和解决问题的能力；培养学生的大局意识和认真负责、爱岗敬业的品质。

8.1　工作任务

任务一：对一个班工作进行日常分析。

任务二：组织人员进行调度专题分析。

8.2　任务前准备

完成任务以小组为单位，每组 6～10 人为宜，组内进行一定的分工，共同协调完成工作任务，工作任务中所需的备品、材料、资料、参考文献等由小组成员提前准备。设置任务中关于调度过程中存在的问题、所涉及的资料可以由小组自行设计。

人员安排情况：根据实际情况具体安排行车调度员 2 名、计划调度员 1 名、供电调度员 1 名、车辆调度员 1 名、机车调度员 1 名、值班主任 1 名。

8.3 相关知识点

调度工作分析，是通过日常运输综合分析发现问题，制定措施，不断提高调度工作质量，促进运输生产的有效方法。各级调度必须配备调度分析人员，由具有较强业务水平和实践经验的人员负责本单位的调度分析工作。调度工作分析，可分为日常分析、定期分析和专题分析。

8.3.1 日常分析

日常分析，是指铁路局调度所于日（班）工作终了时，对日班计划执行情况的分析。它能及时正确地查明计划完成情况及未完成原因，从而迅速采取措施，解决工作中的问题。日常分析的主要内容包括：

（1）列车工作计划兑现情况（含分界站列车交接、排空计划兑现情况）分析。

（2）运用车分布及车流状况分析。

（3）停运列车分析。

（4）列车等线分析。

（5）运输收入完成情况分析。

（6）货车周转（中转、停留、旅行）时间分析。

（7）大点车分析。

（8）换算周转量（货物周转量、旅客周转量）分析。

（9）运量（货物发送吨、旅客发送人、静载重）分析。

（10）旅客列车、货物列车正晚点（惯性晚点）分析。

（11）机车运用及效率指标分析。

（12）机车乘务员超劳情况分析。

（13）列车违编、欠重、超重情况分析。

（14）列车机外停车分析。

（15）运输需求兑现情况分析。

（16）装卸车及重点物资装车分析。

（17）特需、快速货物列车开行情况分析。

（18）铁路局间分界口能力利用率情况分析（每月按运调 18 格式逐项填写，于次月 5 日前电传报国铁集团）。

（19）施工及维修天窗兑现率分析。

（20）检修车分布及检修车扣修、回送、检修、修竣计划兑现情况分析。

（21）铁路车辆运行安全监控系统运行情况分析。

（22）篷布使用分析。

（23）临时旅客列车开行、旅客列车甩挂车辆、折返、停运分析。

（24）牵引供电运行情况统计分析。

（25）行车设备故障统计及对运输影响情况分析。

（26）货车使用费情况分析。
（27）调度安全情况分析。
（28）调度工作质量分析。

8.3.2 定期分析

定期分析是对某一特定时间段的综合分析，包括旬、月分析，重点是对各类时间段内的运输生产和安全情况进行综合分析，查找存在的主要问题，提出解决问题的相应措施。

一、主要分工

（1）由分析室负责，每月周五进行周分析，重点结合一旬运输生产情况及变化，对铁路局主要运输生产指标进行对比分析，找出运输组织存在的主要问题，提出相应的运输调整措施。

（2）由分析室负责，每月 5 日前对上月进行综合分析，重点包括主要运输指标完成情况，未完成指标原因及存在的问题，车流变化趋势，上月工作的主要经验，本月运输主要特点以及主要打法等。

（3）由分析室负责，每季度末进行综合分析，重点包括主要运输指标累计完成情况，未完成指标原因及存在的问题，车流变化趋势，本季度工作的主要经验，下季度运输主要特点以及主要打法等。

（4）由安全室负责，每月对调度所的整体安全情况进行分析，包括当月安全工作简要情况、存在问题、整改措施、下月安全重点要求等内容。

（5）由机车调度室负责，按旬、月对机车机外停车情况进行分析和总结，包括数量、原因分析、整改建议等内容。

（6）其他各调度室按照职责分工，对日常分析内容按旬、月进行归纳和总结。

二、有关要求

（1）所有周、月分析必须由调度室主任（副）负责把关后，形成书面材料，并须分别于旬、月末 2 日内前报调度所分管副主任。

（2）各分管副主任要认真对分管调度室的定期分析材料进行检查和把关，结合实际工作提出指导意见和重点要求。

（3）分析室负责各调度室定期分析材料的收取和汇总工作。

8.3.3 专题分析

专题分析是针对单一问题或者指标进行的不定期分析，主要是针对运输生产存在的个别问题或者单一指标未完成情况，结合运输生产变化进行分析。专题分析由各专业调度室负责，分析室汇总。分析人员要深入实际，调查研究，善于发现问题，及时做出必要的专题分析，并提出改进意见或措施。

一、主要分工

（1）各专业调度室要结合阶段安全及运输生产的关键，有针对性地开展专题分析。

（2）专题分析题目的确定由安全室负责，每月不少于2篇，分析内容要有存在的问题，产生问题的主客观原因，改进的措施及建议等。

二、有关要求

（1）相关调度室要深入实际，及时和善于发现运输组织工作中的好坏典型事例，认真进行专题分析，查明原因，找出教训。

（2）所有专题分析必须有书面材料，并须报分管调度所副主任审阅。

（3）对各类专题分析要在全所进行通报，鼓励先进，鞭策后进，促进行车指挥工作的不断提高。

8.3.4 日（班）计划考核

1. 列车工作计划兑现率

$$列车工作计划兑现率=\frac{符合日（班）计划规定的车次、时分、编组内容的实际列数}{日（班）计划列数}\times 100\%$$

2. 排空计划兑现率

$$排空计划兑现率=\frac{实际排空车数}{日计划排空车数}\times 100\%$$

注：

（1）按日（班）计划规定的车次并正点出发的列车，其编组内容符合下列要求者均视为兑现：

整列重车——符合编组计划规定的方向号。

整列空车——主型空车不少于日（班）计划所规定的车数。

重空合编列车——重车数或空车数按日（班）计划规定，上、下波动不超过5辆。

（2）旬、月兑现率分别按日、列数、车数加总平均计算。

8.4 模拟技能训练

模拟安全专题分析会

本着“四不放过”原则，对发生的行车事故处理不当或影响较大的问题召开专题分析会。

主持人：当班值班主任

参加人：调度所分管副主任、安全室、所属调度室主任（副主任）、分析室、值班副主任、责任人。

会议内容：查清问题发生的经过、原因、教训；按照调度所的规定，对责任者做出处理；制定整改措施，落实整改期限及负责人。

复习思考题

1. 调度工作分析的目的是什么？
2. 调度工作分析分为哪三种？主要内容是什么？

附　录

附录一：北京铁路局调度所部分岗位一日工作程序标准

一、行车调度室（副）主任一日工作程序标准

序号	作业时段	作业项目	作业内容	要求
1	7:30—8:00	了解情况	1. 了解第一班安全、重点任务执行、落实情况 2. 客货列车运行秩序 3. 基础工作和存在问题	详细了解重点任务落实情况及运行秩序
2	8:00—9:00	交班会	1. 听取下班调度人员汇报夜班安全生产、运输秩序、班中遗留问题、重点任务、重点列车组织实施情况 2. 总结成绩，找出问题与不足 3. 对夜班问题组织专题分析	对重点工作落实情况进行讲评，对存在的问题进行分析
3	9:00—11:30	班中检查落实重点组织均衡运输	1. 检查列调安全基础工作，发现问题，及时处理 2. 检查施工落实情况，对出现的问题做出正确处理 3. 检查各列调台执行列车运行图情况和调度命令发布情况	检查列车调度员作业及两纪执行情况 处理临时发生的问题
4	14:00—17:30	班中工作	1. 研究、修订有关管理制度和办法 2. 检查规章制度、安全措施执行情况，落实各项作业标准 3. 检查各种图表、工作记录、报告，提高调度工作质量 4. 对列车调度员三四小时阶段运行计划的编制、下达、调度命令、图表填记进行检查，做好检查记录和分析 5. 对不安全因素、调度不当、工作漏洞要专题分析，查清问题，落实责任者，定出措施，提出处理意见	盯控重点工作，检查两纪处理临时发生的问题
5	19:00—23:00	调整运输秩序	1. 盯控重点列车 2. 落实工作重点	盯控重点工作，检查两纪处理临时发生的问题

二、计划调度室主任一日工作程序标准

序号	作业时段	作业项目	作业内容	要求
1	7:30—8:20	了解检查班计划执行和编制情况	1. 深入各台检查指导第一班计划执行和第二班计划编制工作，解决班计划编制和执行中出现的问题 2. 检查指导计划调度员、车流、空车方案作业制度、组织措施和办法的落实和执行情况 3. 掌握主要站作业情况，抓分析、抓总结，提高班计划质量	详细了解重点任务落实情况及班计划执行编制情况
2	8:20—8:40	班计划编制与执行情况分析会	1. 组织计划调度室对第一班计划执行和第二班计划编制工作情况分析会，研究完成全日运输生产任务的具体办法和措施，提出调整意见和建议 2. 传达各级领导的重要指示，布置有关事项	对班计划执行中存在的问题进行分析
3	8:40—11:30 13:30—17:30	日常工作处理	1. 负责本室有关文电阅批，按领导的要求进行处理 2. 检查列车工作班计划编制与执行工作，发现问题及时处理 3. 掌握车流、空车调整动态，组织实现日班计划要求，保畅通，努力提高运输效率 4. 协调和处理日常事务，参加有关会议，组织落实有关会议和文电要求 5. 组织列车工作班计划分析总结和计划调度室资料台账管理 6. 根据当日情况，完成其他工作	检查计划调度员作业及两纪执行情况 处理临时发生的问题
4	15:00—17:30	公文电报、日常工作处理	1. 负责本室有关文电的处理 2. 了解掌握各台运输秩序，班计划执行情况 3. 组织指导次日第一班计划编制工作	落实有关文电要求

三、空车方案调度一日工作程序标准

序号	作业时段	作业项目	作业内容	要求
1	7:00—7:20 18:40—19:00	接班前了解情况	1. 了解有关上级命令、电报和领导指示 2. 了解装卸任务、装车去向、重点物资计划与配空情况 3. 了解管内工作车分布，主要装卸点作业情况 4. 了解“运货五”日计划批准车	掌握全局装卸车空车分布及配空计划
2	7:20—7:50 19:00—19:30	接班会	1. 根据了解情况，提出空车调整和配空安排 2. 听取领导指示及有关事项	提出空车调整要求和配空安排
3	7:50—11:00 19:30—23:00	组织落实空车方案计划	1. 参加 9:00 运输生产例会 2. 检查空车计划执行进度及存在问题，与主要卸车站和编组站进行对话 3. 对存在问题及时进行调整	落实分界口排空计划
4	11:00—11:30 23:00—23:30	班中碰头会	1. 汇报本班空车计划执行及次班空车情况 2. 提出本班及次班空车及管重的组织方案	提出空车调整要求
5	11:30—15:00 23:30—3:00	本班计划的落实和次班计划的推流	1. 根据分界口列车交接情况，对本班计划进行修正 2. 根据预计结存的空车和后续车流的到达情况对次班空车进行推算 3. 准备次班计划图表，填写运货五批准车	落实排空计划对本班计划进行修正
6	15:00—18:30 3:00—6:30	掌握情况编制次日第一班配空排空计划	1. 填写当日配空表及接排空情况，为运输电话会议提供资料 2. 掌握在途、在站及各厂矿企业卸车点整列空车情况，各分界口交接和各技术站中转、始发整列空车情况，以及自备货车、专用货车动态情况 3. 依据日计划批准车安排第一班配空、排空计划 4. 掌握整列管重在技术站中转开车及装车始发计划、分界口接入管重计划，并铺画在方案列车运行图上	落实排空计划，调整二班排空计划
7	18:00—19:30 6:00—7:50	收集交班资料打好交班基础	做好交班基础工作，确保两班之间的工作衔接	做好交接班工作

四、枢纽班计划一日工作程序标准

序号	作业时段	作业项目	作业内容	要求
1	14:30—15:00 2:30—3:00	了解情况	1. 了解各方向列车到达时刻及内容 2. 了解各线到达本枢纽地区的保留列车及编组内容 3. 了解回送机车、大货、限速车辆、重型轨道车的挂运及运行情况 4. 了解临时旅客列车、军用列车的开行情况 5. 了解施工情况及对重点列车的有关要求 6. 了解有关文电、命令及重点工作要求	了解编组站作业情况
2	15:00—15:40 3:00—3:40	准备编制计划的有关资料	1. 收取车站站存车 2. 根据计划员提供的列车编组及轴向(使用 TMIS 系统的计划台通过系统调取列车编组),给班计划入流,并推算车流,同时安排各线保留车的挂运或停放	资料齐全
3	15:40—16:30 3:40—4:30	编制列车工作计划	1. 首先安排重点列车和定线列车开行计划 2. 安排五定班列、原列接续列车开行计划 3. 编制站编列车的开行计划 4. 安排特殊机车、车辆的挂运 5. 勾画机车接续交路	及时编制按时完成
4	16:30—17:00 4:30—5:00	向有关计划员发送或传达列车开行计划	1. 分方向打印或抄写列车开行时刻及内容并向有关计划员传达 2. 对重点列车要重点注明	及时下达班计划,向领导及时反映问题
5	17:00—17:30 5:00—5:30	修改并落实班计划	1. 了解各方向列车的到达变化,核实有关列车编组内容 2. 根据列车的到达变化情况修改落实班计划,并将变化情况通知有关人员	根据车流情况及时修正计划
6	17:30—18:00 5:30—6:00	向本台四班倒人员布置重点	班计划编制完成后,要将重点任务和重点要求写在重点事项栏内,并提出具体要求	根据计划要求布置重点任务
7	8:00—8:30	交班会	1. 分析上一班班计划执行情况,对没能落实的班计划内容要找出原因 2. 对以后的工作提出要求,对出现的严重失误组织专题分析	汇报班计划执行情况及存在的问题

五、计划调度员一日工作程序标准

序号	作业时段	作业项目	作业内容	要求
1	7:00—7:20 18:40—19:00	接班前了解情况	1. 了解编组站、区段站列车到发、车流接续机车交路、接发车及保留列车情况 2. 了解列车运行、施工安排、装卸排任务及领导指示 3. 了解文电、命令及重点工作要求	了解班中工作重点
2	7:20—7:50 19:00—19:30	接班碰头会	1. 汇报了解情况，提出工作的关键和要求 2. 听取领导指示及有关事项	汇报工作中存在的问题
3	7:50—9:00 19:30—21:00	核实资料，核对一、三阶段计划	1. 核实 12:00/0:00 前到达列车车次，时间内容和机车交路 2. 与车站核对一、三阶段计划，将变化情况通知各调，并向站段布置重点事项	收集资料核对计划
4	9:00—11:00 21:00—23:00	收集修正计划资料，修正二、四阶段计划并下达站段	1. 与邻台和邻局联系，交换有关资料，监督和审查列、货调及时正确地签点 2. 根据交换的资料和签点，上车流 3. 与车站修正二、四阶段计划，下达站段，以附表布置列调，勾出机车交路，并向邻区提供开车计划，车次时间内容	根据车流变化修正二、四阶段计划
5	11:00—11:30 23:00—23:30	班中碰头会	1. 汇报装、卸、排情况及列车运行情况 2. 听取领导布置重点任务	解决问题
6	11:30-12:30 15:00-15:30 18:00-18:30 6:00-6:30	填写分界站货车出入情况表	填写 6:00 实际、预计，12:00 实际、预计，15:00 预计，18:00 实际分界口出入列数、车数，空车车种别、去向别货车出入数	填写及时正确
7	12:30—15:00 23:30—3:00	准备次日计划表报，落实计划	1. 准备次日计划表报，填写批准的日要车计划 2. 与车站落实 18:00 / 6:00 前的到发列车计划 3. 与邻台、邻局联系，落实计划，交换资料	落实计划执行情况
8	15:30—16:30 3:00—4:30	作跨班计划，推算现在车，上车流	1. 与车站作跨班计划，并通知有关人员 2. 推算填写 18:00 / 6:00 各站现在车，摸清留轴计划	及时准确
9	16:30—18:00 4:30—6:00	编制下达班计划，抄写班计划命令	1. 与车站共同编制班计划 2. 将计划下达机调、货调及站段，以班计划附表向列调布置，勾机车交路 3. 抄写班计划命令交列调发布有关站段	按时完成计划编制下达
10	18:30—19:30 6:30—7:50	收集交班资料打好交班基础	1. 收集班计划指标推算填写指标本，了解各调安全及完成任务情况 2. 检查交班基础工作，抓好两班之间衔接	落实交班基础工作

六、列车调度员一日工作程序标准

序号	作业时段	作业项目	作业内容	要求
1	7:00—7:20 18:40—19:00	接班前了解情况	1. 了解区段内客货列车实际运行情况及摘挂列车甩挂计划 2. 了解班计划车流接续，机列衔接，分界口交接计划 3. 了解中间站现在车、装卸作业情况和接发列车作业情况 4. 了解有关命令指示，重点任务及超限列车运行和施工计划情况 5. 北京集中台、天津集中台、津山一台：上、下京津城际动车组实际运行情况和上下线运行计划	了解本区段重点工作
2	7:20—7:50 19:00—19:30	班前碰头会	1. 各调间互提要求，提出问题 2. 听取领导指示和注意事项	汇报工作重点及存在问题
3	7:50—8:30 19:30—20:30	整理运行	1. 核对有关行车命令及摘挂列车甩挂计划、施工计划并进行必要的调整与组织落实 2. 了解各站站存车去向、车种、停留位置	合理调整运行计划
4	8:30—9:30 20:30—21:30	编制下达三四小时计划	1. 了解始发站及相邻区段开车情况，安排三四小时计划 2. 北京集中台、天津集中台、津山一台：与京津城际调度台交换上、下线动车组运行计划，重点安排好上、下线动车组运行计划，遇有交路变化，及时通知京津城际台、动车台 3. 将三四小时计划下达有关站段和传送相邻调度台	正确及时下达三四小时阶段计划
5	9:30—11:30 21:30—23:30	运行调整	1. 检查列车运行计划执行情况，重点掌握、放行经京津城际铁路运行的列车，实现阶段计划，组织列车按图行车 2. 检查车站 12:00/0:00 站存车上报情况 3. 检查作业站作业情况 4. 及时收取施工登记并认真核对，正确拟写命令并按规定下达有关站段	按规定进行调整
6	11:30—14:30 23:30—2:30	编制下达三四小时计划	1. 根据车流及列车开行的变化以及修正后的二、四阶段计划及时编制三四小时计划 2. 北京集中台、天津集中台、津山一台：与京津城际调度台交换上、下线动车组运行计划，重点掌握、放行经京津城际铁路运行的列车 3. 摸核各站站存车变化情况及分界口交接情况，同时下达三四小时计划	正确及时下达三四小时阶段计划

续表

序号	作业时段	作业项目	作业内容	要求
7	14:30—17:30 2:30—5:30	运行调整	1. 监督、检查现场按图行车、执行日（班）计划、阶段计划情况，重点掌握、放行经京津城际铁路运行的列车 2. 检查车站 18:00/6:00 站存车上报情况 3. 按调规要求调整运行	按规定进行调整
8	17:30—18:00 5:30—6:00	发班计划命令	向现场下达日（班）计划命令	班计划命令下达正确
9	18:00—19:30 6:00—7:50	编制下达三四小时计划打好交班基础	1. 根据新的班计划，编制三四小时计划并下达有关站段 2. 北京集中台、天津集中台、津山一台:与京津城际调度台交换上、下线动车组运行计划，重点掌握、放行经京津城际铁路运行的列车 3. 做好运行调整，打好交班基础 4. 填写交班事项，总结分析一班工作	遗留问题交接清楚

七、机车调度员一日工作程序标准

序号	作业时段	作业项目	作业内容	要求
1	7:00—7:20 18:40—19:00	班前了解情况	1. 了解班计划开车及列车运行情况 2. 了解在途列车机车乘务员劳动时间、小运转机车换班情况 3. 了解有关文件、电报、命令和领导指示精神 4. 了解所辖机车使用台数、机车交路、过表台数、回送机车及救援列车动态 5. 掌握机务段、大、中、小修台数 6. 了解重点列车位置及机车接续	按时到岗了解情况
2	7:20—7:50 19:00—19:30	接班碰头会	1. 听取领导传达公文电报命令指示和本班重点事项 2. 对检修机车回库和对乘务员接近超劳情况提出要求 3. 本台机车供应情况、存在的问题及解决办法 4. 重点机车交路，组织的关键和要求 5. 救援列车动态	掌握管辖区段机车运用分布情况
3	7:50—9:00 19:30—21:00	按标准化要求过表核对一、三阶段开车计划	1. 按要求进行实际图过表 2. 与列车计划员核对一三阶段开车计划，并根据计划变化及时调整机车运用 3. 核对检修机车计划，掌握临修机车预交时间 4. 掌握回送机车动态，安排回送机车计划 5. 抄写机车概况表并与机务段值班员认真核对	计划核实机列衔接

续表

序号	作业时段	作业项目	作业内容	要求
4	9:00—10:00 21:00—22:00	画实际机车周转图下14:00（2:00）前开车计划	1. 铺画实际机车周转图并在机车交路线上算出自外停时间向机务段值班员报点，收机务段、大、中、小修计划 2. 根据接入的列车位置和始发计划向机务段折返段下达14:00/2:00前的开车计划	及时了解列车运行情况 准确下达计划
5	10:00—12:00 22:00—0:00	布置二、四阶段开车计划	1. 掌握各方向列车始发运行情况及邻局机车工作计划 2. 根据修正后的列车工作计划和列车运行位置，铺画二、四阶段机车交路，下达机务段 3. 向有关计划、列调台通报机车调整计划	根据情况及时调整机车
6	12:00—14:30 0:00—2:30	与邻局联系，相互报点，核实18:00（6:00）前开车计划	1. 与邻局机调联系，将二四阶段交接列车位置和机车通知对方，相互报点，画实际图，协商处理机车使用有关事宜 2. 与列车计划员核实18:00/6:00前的开车计划，并与机务段确定开车机车，组织日计划兑现	了解外段机车情况
7	14:30—16:00 2:30—4:00	准备班计划资料，布置18:00—21:00、6:00—9:00前开车计划	1. 根据列车运行位置及机车运用情况推算过表机车 2. 与列车计划员核实21:00/9:00前的始发列车计划、邻局来车位置，向机务段布置18:00/21:00、6:00/9:00点前开车计划 3. 向机务段核查机车运用状态，掌握机车三日内大、中修计划	收集资料制定下班计划
8	16:00—18:30 4:00—6:30	根据日（班）计划编制机车周转图	1. 根据日（班）计划编制次日机车日（班）计划，并于17:30（5:30）前下达机务段，并同邻局进行交换 2. 落实22:00（10:00）前的机车计划 3. 掌握各段机车过表情况，协助组织小运转机车归位 4. 编制一二（三四）阶段机车周转图，向机务段报点并收机车出入库时分	根据列车工作计划 正确编制机车周转图
9	18:30—19:30 6:30—7:50	核实列车位置算出机车自外停时分	1. 核实列车位置保证0:00/12:00机车不变 2. 算出机车自外停时分 3. 总结一班工作，打好交班基础	认真准确填写机车完成指标

八、货运调度员一日工作程序标准

序号	作业时段	作业项目	作业要求	内容
1	7:00—7:20 18:40—19:00	接班前了解情况	1. 了解有关货运命令和领导指示 2. 了解装卸任务、装车去向主要物资配空情况 3. 了解管内工作车的分布及主要站待卸车情况	按时到岗收集资料
2	7:20—7:50 19:00—19:30	接班碰头会	1. 汇报本班货运工作，提出问题，请示解决办法 2. 认真听取领导指示和布置的重点任务	提出问题听取任务工作
3	7:50—11:00 19:30—23:00	了解情况核实计划	1. 与各站核实装卸车计划、开车甩挂计划 2. 收取中间站站存车 3. 检查各站装卸进度及按日计划装车情况	核实计划 把握进度
4	11:00—11:30 23:00—23:30	参加班中碰头会	参加班中碰头会提出工作中的问题，听取领导指示	提出问题听取任务工作
5	11:30—15:00 23:30—3:00	装卸任务预计装卸车数日（班）计划资料	1. 检查各站装卸进度，落实装卸车任务 2. 收取各站装卸车，预计装卸车数 3. 预计装车去向和主要物资装车数，填写班计划甩挂作业实际图	落实装卸车任务
6	15:30—18:00 3:00—6:00	编制装卸班计划收取货运表报	1. 收集班计划资料编制下一班装卸计划 2. 向各站收取各种有关货运工作报告	认真编制班计划
7	18:00—19:30 6:00—7:50	总结一班工作做好交班准备	1. 布置下达各站装卸车计划和停、限装命令 2. 检查总结一班工作，打好交班基础	总结工作

九、客运调度室（副）主任一日工作程序标准

序号	作业时段	作业项目	作业内容	要求
1	7:30—8:00	了解夜班情况	1. 了解夜班情况，检查当班客调作业情况 2. 了解旅客列车晚点情况	收集情况
2	8:00—9:00	了解现场情况	1. 了解各站、段客流变化及行包情况，大型会议、节假日、团体乘车、外宾乘车计划及其他事项 2. 布置有关注意事项及近日重点工作	资料收集齐全，重点事项及时布置
3	9:00—9:30	参加运输生产例会	1. 汇报客调当日工作重点 2. 听取有关领导对当日客调工作的指示	汇报重点听取指示

续表

序号	作业时段	作业项目	作业内容	要求
4	9:30—11:30	汇报工作检查公文电报及命令处理情况	1. 同国铁集团通话，汇报请示工作，接收有关指示及重点要求，做好下情上报、上情下达 2. 翻阅检查各种公文电报、上级调度命令的落实情况及班计划命令的发布情况，审查各站、段请求的命令，以附表向各室、各机调、辆调、值班主任布置次日临客开行计划	认真处理文电，及时审核命令
5	13:30—15:00	了解情况	了解客车运行情况，检查命令发布	及时检查命令下达情况
6	15:00—15:30	参加次日班计划平衡会	1. 汇报次日客车加开、停运、留座及重点事项 2. 听取有关领导对次日客调工作的指示	汇报客车情况准确齐全
7	16:00—16:30	提供汇报材料	书面汇报全日客车运行预计，供十七点电话会议用	收集资料，按时汇总
8	16:30—17:00	检查命令发布	检查客调客车加挂、减挂及加开临客命令、外宾计划	认真检查客调命令
9	17:00—17:30	参加日班计划审定会	1. 汇报次日客车加开、停运及重点事项工作计划 2. 听取有关领导对次日客调工作的指示	认真听取指示，及时提出建议
10	17:30—18:00	修改规章处理其他事宜	修改有关规章，整理并落实有关公文电报及上级调度命令，处理其他事宜	认真修改规章

十、客调计划调度员一日工作程序标准

序号	作业时段	作业项目	作业标准	
1	7:30—8:30	了解情况查阅重点	1. 了解夜班临客开行、车辆甩挂、列车运行等情况 2. 认真查阅有关文电及重点事项	按时到岗，了解情况
2	8:30—11:30	处理公文电报	1. 检查核对临客计划附表，发至各室、各机调、辆调、值班主任 2. 处理有关公文电报，整理各种台账	认真处理文电
3	13:30—16:30	处理重点事项	1. 铺画临时旅客列车、军用选线运行计划 2. 处理专运、外宾、团体、军用挂车和预留座席工作 3. 发布停运、加开临时旅客列车命令	正确发布命令，及时处理临时发生的问题
4	16:30—17:30	收取各站当日计划实际	1. 收取各站当日计划实际 2. 检查客调台抄收上级命令及当日发布命令	资料收集齐全，认真卡控

十一、客运调度员一日工作程序标准

序号	作业时段	作业项目	作业内容	要求
1	7:00—7:20 18:40—19:00	接班前了解情况	1. 了解客车运行情况，通过列车中有无重点 2. 了解管内客车甩挂情况及有关命令	按时到岗，了解情况
2	7:20—7:50 19:00—19:30	接班碰头会	1. 报告客车运行情况，接入晚点客车与正点客车是否抵触及组织方法 2. 听取领导传达文电及工作重点	汇报客车停运加开及运行情况
3	7:50—12:00 19:30—0:00	了解情况，交换资料，作十八点报告，拟命令与邻局交换，请求及抄命令，组织客车，向国铁集团报点	1. 摘录客车出入，核对检修备用及备用YW、YZ停放地点，倒车牌与邻局核对客车出入口，作十八点、六点报告 2. 与站、段核对客车甩挂命令，接收车辆段所提换车、送车计划 3. 作十八点报告、检修车出入、备用YW、YZ停放地点 4. 拟命令与邻局交换 5. 收各站上车人数及分界站报告、速报 6. 溜台通报客车接入晚点情况，提出恢复组织正点建议	认真收集核对有关数据、及时拟写交换命令
4	12:00—18:00 0:00—6:00	参加班中碰头会，下达班计划命令，作十八点晚点分析	1. 参加班中碰头会，汇报客车运行情况，听取领导布置工作重点。 2. 摘命令，填写通过列车栏各局车，向现场下达班计划命令。 3. 收分界站报告、速报，作十八点晚点分析表，填晚点列车分析簿向国铁集团报点 4. 溜台通报客车接入晚点情况，填写列车始发、到达及分界口交接时刻	客车运行发生的情况及时处理通报，按时收取上报相关资料
5	18:00—19:30 6:00—7:50	检查一班工作打好交班基础	1. 检查总结一班工作 2. 整理交班事项，做好交班准备	交接清楚

十二、供电调度员一日工作程序标准

序号	作业时段	作业项目	作业内容	要求
1	7:00—7:20	接班前了解情况	1. 了解前两班牵引供电设备的运行情况 2. 了解前两班供电设备有无遗留问题 3. 了解领导重点指示及本班中特殊重点任务	按时到班了解情况
2	7:20—7:50	参加接班会	1. 听取领导指示及安排重点事项 2. 向领导汇报当日重点工作及存在的问题	重点问题汇报清楚
3	7:50—11:00	收取作业计划	1. 收取各段作业计划 2. 收取夜间天窗作业实际兑现情况 3. 对天窗未兑现要详细分析	资料齐全准确
4	11:30—14:00	交换作业计划	1. 与施工台交换作业计划 2. 遇有施工冲突与施工调度协商解决	交换准确
5	14:00—16:30	审查作业计划	1. 发现问题及时与有关人员联系修改纠正 2. 审查无误后批准各供电段检修计划	计划准确
6	16:30—17:00	送作业、轨道车运行计划	1. 向列调台逐一送作业计划 2. 向列调台送轨道车运行计划	按时送达
7	17:00—18:30	收取天窗作业兑现情况	1. 收取白班天窗作业实际兑现情况 2. 对天窗未兑现要详细分析	资料齐全准确
8	19:30—0:30	收取供电段工作量汇总，检查各供电段值班情况	1. 按部电调要求汇报工作 2. 收取供电段各种工作量并汇总 3. 抽查供电段人员值班情况，了解人员思想动态、典型事例等	资料齐全准确
9	5:00—7:00	收取设备运行、安全生产情况向部电调汇报工作	1. 逐一了解夜间各供电段运行、安全生产 2. 按部电调要求汇报工作	汇报及时
10	8:00—19:00 19:00—8:00	处理设备故障，协调解决天窗作业、设备改造作业中发生的问题，联系轨道车等车辆的运行	1. 随时处理牵引设备供电及电力设备供电临时发生的跳闸、故障并向有关领导汇报 2. 根据设备情况、工作进度要求及供电局请求及时与有关列调台协调办理临时要点，处理设备缺陷、倒回路等事项 3. 与值班主任、施工台、列调台协调解决天窗作业、设备改造作业中临时发生的问题 4. 根据有关单位的电报及请求，联系轨道车等车辆的运行	发现问题及时处理果断
11	8:00—8:30	交班会	汇报本班发生的问题	

十三、车辆调度员一日工作程序标准

序号	作业时段	作业项目	作业内容	要求
1	7:00—7:20 18:40—19:00	接班前了解情况	1. 了解备用车、保留车解除地点车种辆数及派员情况 2. 了解安全情况（车辆事故及人身安全，是否去人处理） 3. 了解领导指示及重点工作 4. 检查室内设备状态是否正常	按时到班了解情况
2	7:20—7:50 19:00—19:30	接班碰头会	1. 向值班主任汇报需要其他各调办理的事项 2. 听取与列检作业及车辆安全运用、检修的有关问题	听取领导指示
3	7:50—12:00 19:30—0:00	了解列检作业、晚点情况，布置重点工作，请示汇报工作	1. 到有关台了解车辆运行情况，弄清有关车辆故障的信息 2. 了解列检作业情况，清楚掌握有关列车晚点情况 3. 收各段检修残车数量，并布置重点工作 4. 夜间收报车辆运用报告 5. 向国铁集团请求入厂车检修回送令，汇报及听取有关重点指示 6. 处理列检运用和检修中的问题 7. 处理各种申请报告及相关调令、电报 8. 根据检修车招议标分批下达计划，组织和掌握各段任务完成情况及按规定统计和考核	落实重点工作处理临时发生的问题
4	12:00—19:00 0:00—7:00	收报十八点报表，抄转厂检修车回送命令，布置派员解除备用车，处理沿站甩车	1. 按规定收报工伤事故处理情况 2. 布置派员解除备用车 3. 抄转厂检修车回送命令 4. 收报十八点报告 5. 做好残车任务统计，填写检修运用分析表，并向国铁集团传送信息 6. 同分析室核对与列检有关的晚点列数 7. 加强与各台、各调的联系，协调运输中发生的与车辆有关的事宜	向国铁集团传送信息资料齐全
5	19:00—19:30 7:30—7:50	做好交班准备	1. 与统计室核对检修车差数 2. 将生产、安全报表及有关分析材料备齐，做好交班	问题交接清楚

十四、红外线调度员一日工作程序标准

序号	作业时段	作业项目	作业内容	要求
1	7:00—7:20 18:40—19:00	交接班	1. 了解前班设备运行、探测预报、处理反馈等情况 2. 传达、签阅有关文电、调令，阅读值班日志 3. 阅读《红外线交接班记录簿》 4. 确认各设备、仪器状态正常及打印纸余量充足、色带颜色正常	按时到班了解情况
2	7:20—7:50 19:00—19:30	接班	1. 交班人员向接班人员简单介绍本班发生重点事宜及待办未完事项 2. 向各行调复示终端发送交接班消息 3. 校对中心各计算机系统时钟，调整误差小于 1 min，并与各车辆段复示中心校对时钟 4. 处理前班遗留事项	前班遗留事项及时处理
3	7:50—19:00 19:30—7:00	热轴预报及跟踪	1. 按热轴预报标准、预报程序，使用标准用语预报热轴和危及行车安全的车辆故障 2. 填写《红外线热轴甩车通知卡》《货车安全防范系统拦停甩车通知卡》，送列调签字 3. 通知车辆调度区间甩车，派车辆人员前往处理 4. 填写铁路交通事故概况 5. 收集热轴处理反馈信息，填齐《红外线热轴预报处理反馈记录》 6. 做好微热信息跟踪，掌握运行中的温升变化，按标准及时拦停或到列检所停车检查	发现问题跟踪处理
		设备监测、故障通报、组织检修、掌握停机	1. 不间断监测各中心主机显示及全路联网设备运行状态 2. 调阅各种探测数据，分析红外线探测设备运行状态 3. 分析判断故障类型，向通信、电力、信息、车辆部门通报故障情况 4. 督促各有关部门处理故障 5. 收报各段探测设备检修计划及红外线设备停机报告 6. 掌握影响红外线探测的设备停机，按特殊预报办法进行热轴预报	随时检查设备

续表

序号	作业时段	作业项目	作业内容	要求
3	7:50—19:00 19:30—7:00	维护设备	1. 每周当班调度员到各列调台巡视一次红外线复示设备 2. 监测中心设备发生故障，立即进行检查和应急处理，并通知有关人员前来处理 3. 行调复示终端发生故障，立即进行检查和应急处理，并通知有关人员前来处理	加强巡台正确处理临时发生的问题
		收集数据、填写台账	1. 夜班22:00时前收集各车辆段24小时的探测数据 2. 收齐探测数据后，填写《北京铁路局红外线轴温探测日报表》 3. 预报热轴后填写红外线热轴甩车通知卡、红外线热轴预报处理反馈记录、红外线交接记录簿、红外线轴温探测工作日志簿、铁路交通事故概况 4. 故障、检修停机后填写红外线探测设备故障、检修停机记录簿 5. 热轴甩车换轮后填写典型热轴故障反馈信息记录簿 6. 各种记录、台账填写准确无误，字迹清晰	资料齐全正确
4	19:00—19:30 7:00—7:50	交班	1. 填齐《红外线值班员交接班记录簿》及其他生产台账 2. 填写值班日志 3. 检查各设备、仪器，及打印纸余量、色带颜色，不足时进行添加和更换 4. 将生产、安全报表及有关分析材料备齐，做好交班	问题交接清楚

十五、施工调度员一日工作程序标准

序号	作业时段	作业项目	作业内容	要求
1	7:30—8:00	了解情况掌握问题	了解夜间施工情况，白天施工安排存在问题	了解情况准确
2	8:00—9:00	接收第三日施工计划	接收主管业务处提报的施工计划申请	施工计划收集正确
3	9:00—12:00	整理第三日施工日计划，编制、下达第二日施工日计划，下达第二日运行揭示调度命令，核对第二日施工调度命令，检查当日施工情况	1. 根据月度施工计划和主管业务处提报的施工计划申请，整理第三天施工日计划 2. 根据月度施工计划、主管业务处提报的施工计划申请和国铁集团调度处对I级施工和繁忙干线部管施工作业项目的批复，编制第二天施工日计划，并于12:00前向有关单位、调度台传递 3. 根据编制的施工日计划，核对第二日施工的运行揭示调度命令，并于12:00前向有关单位、调度台传递 4. 根据编制的施工日计划，核对第二日施工的施工调度命令，并及时向有关调度台传递 5. 到调度台巡视施工情况、协助列调处理施工问题	编制审核施工日计划准确，命令下达及时
4	13:30—17:30	审核、编制第三天施工日计划，上报部管施工作业项目，拟写第三日施工日计划、运行揭示调度命令、施工调度命令，检查当日施工情况	1. 根据月度施工计划和主管业务处提报的施工计划申请，审核、编制第三天施工日计划 2. 向国铁集团调度处上报I级施工和繁忙干线部管施工作业项目的施工日计划 3. 拟写第三日运行揭示调度命令 4. 拟写第三日施工调度命令 5. 到调度台巡视施工情况、协助列调处理施工问题	编制审核施工日计划准确命令下达及时上报国铁集团及时
5	17:30—7:30	夜间值班	1. 掌握施工情况 2. 协助列调处理施工问题	加强巡台发现问题及时解决

十六、安全分析员一日工作程序标准

序号	作业时段	作业项目	作业内容	要求
1	7:30—8:00	检查夜班安全生产情况	1. 深入各台了解掌握包保岗位安全情况和全局安全信息 2. 对非正常行车情况下的处理过程进行分析，提出改进意见和措施	按时到班巡台了解安全情况
2	8:00—8:30	参加交班会	1. 听取夜班安全生产情况的总结 2. 对夜班安全生产问题提出改进建议	了解夜班安全生产中存在的问题
3	8:30—9:00	本室碰头会	1. 向本室主任汇报晨检情况 2. 听取本室主任传达重点事项和布置工作	汇报安全上存在的问题
4	9:00—11:30	日常工作	1. 对前一日安全信息进行分析，提出好坏典型 2. 进行安全信息的收集、整理工作	加强分析，及时解决存在的问题
5	13:30—14:00	整理资料，本室碰头	1. 根据上午的安全生产情况和文件、电报要求，整理有关资料台账 2. 本室碰头，汇报上午工作，安排下午工作	提出安全生产上应注意的问题
6	14:00—17:30	公文电报、日常工作处理	1. 收集有关安全资料，对安全问题进行归纳整理 2. 登记更新各种台账 3. 根据室主任安排，完成其他工作	文电整理齐全

十七、分析室主任一日工作程序标准

序号	作业时段	作业项目	工作内容	要求
1	7:30—8:30	了解运输生产情况	了解昨日及一班运输任务完成情况，掌握有关国铁集团、局调度命令及领导指示和要求，根据运输任务完成情况及运输中存在的问题，及时总结调度指挥中的经验和问题	按时到班了解运输生产完成情况
2	9.00-9.30	参加运输生产例会	听取第一班运输生产完成情况及运输中存在的问题，及时总结经验	听取运输生产中存在的问题
3	9:30—10:00	整理一班运输工作情况	对交接班会和了解到的运输情况进行汇总，对安全情况、运输组织、车流调整、机车运用等工作进行整理	汇总运输生产存在的问题
4	10:00—10:30	调度生产电话会议	针对调度所对有关运输站段在运输生产中提出的要求，做好记录，抓好反馈	研究措施解决运输生产中存在的问题
5	10:30—11:30	做好信息沟通与反馈	针对运输生产中存在的问题，与有关站段沟通信息，详细了解现场情况，传达领导有关要求	及时沟通信息，传达领导有关要求

续表

序号	作业时段	作业项目	工作内容	要求
6	13:30—15:00	深入班组和调度台了解运输问题并整理汇总	了解当天任务完成预计，并分析当天存在的主要问题，以及各站、段存在的问题，未完成任务的主要原因	深入班组和调度台了解运输生产存在的问题
7	15:00—15:30	次日班计划平衡会	1. 了解次日工作重点 2. 了解当天生产任务完成情况，好坏典型	收取资料
8	15:30—17:00	收集17:30会议材料	收取机调、客调、货调、值班主任等有关17:30电话会议材料，按照要求进行整理装订	收取资料
9	17:00-17:30	参加日班计划审定会	了解次日工作重点	确定工作重点
10	17:30—18:00	参加17:30会议	参加路局电话会议，听取领导关于全局任务情况及要求，并认真做好记录。会后向室内人员通报会议精神和具体要求	听取指示及具体要求

十八、综合分析调度员一日工作程序标准

序号	作业时段	作业项目	工作内容	要求
1	7:20—7:50	参加班组接班会	了解一班运输任务完成情况，掌握有关部、局调度命令及领导指示和要求，根据运输任务完成情况及运输中存在的问题，及时总结调度指挥中的经验和问题	按时到班了解运输生产完成情况
2	8:00—8:40	参加班组交班会	参加交班会，听取夜间各台情况汇报，对一班安全情况、运输任务、机车使用、车流调整、分界口交接等认真了解，做好记录	记录运输生产中存在的问题
3	8:40—10:00	整理一班运输工作情况	对交接班会和了解到的运输情况进行汇总，对安全情况、运输组织、车流调整、机车运用等工作进行整理	汇总运输生产存在的问题
4	10:00—10:30	参加调度生产电话会议	针对调度所对有关运输站段在运输生产中提出的要求，做好记录，抓好反馈	研究措施解决运输生产中存在的问题
5	10:30—11:30	做好信息沟通与反馈	针对运输生产中存在的问题，与有关站段沟通信息，详细了解现场情况，传达领导有关要求	及时沟通信息传达领导有关要求
6	13:30—16:00	深入班组和调度台了解运输问题并整理汇总	了解当天任务完成预计，并分析当天存在的主要问题，以及各站、段存在的问题，未完成任务的主要原因	深入班组和调度台了解运输生产存在的问题
7	16:00—17:30	收集17:30会议材料	收取机调、客调、货调资料，按照要求进行整理装订	收取资料
8	17:30—18:00	参加17:30会议	参加路局电话会议，听取领导关于全局任务情况及要求，并认真做好记录。会后向室内人员通报会议精神和具体要求	听取领导指示及具体要求

十九、专题分析调度员一日工作程序标准

序号	作业时段	作业项目	工作内容	要求
1	7:20—7:50	参加接班会	掌握有关国铁集团、铁路局命令和领导要求，了解一班运输任务情况和重点事项	按时到班了解运输生产完成情况
2	8:00—8:30	参加交班会	听取各台汇报，认真了解第一班安全、任务、机车使用、车流调整等情况，对夜间工作中的成绩和存在的问题做好记录	记录运输生产中存在的问题
3	8:30—9:00	总结分析	对掌握的情况进行汇总，并作进一步的整理分析，总结成绩，发现问题	汇总运输生产存在的问题
4	9:00—9:30	运输生产例会	了解本班运输生产中工作的重点和难点，并做好记录	记录工作中的难点提出改进措施
5	9:30—11:30	专题分析	根据运输生产指标的完成情况，针对完成较差的作业项目进行专题分析，找出原因并提出改进的建议	研究措施解决运输生产中存在的问题
6	13:30—15:00	专题分析	根据运输任务完成情况及运输中存在的问题，及时总结调度指挥中好的做法，并提出切实可行的建议及方案	
7	15:00—15:30	次日班计划平衡会	了解对本班生产重点工作的调整情况，并做好记录	收取资料
8	15:30—16:30	查找问题	从运行图上查找图表填记、运行指挥等方面存在的问题，做好记录，并适时与有关人员沟通	查找图表填记、运行指挥等方面存在的问题
9	16:30—17:30	预测次日情况	根据当日生产情况，综合各方面因素，预测次日生产指标完成情况	综合多方面因素预测次日生产指标准确

二十、日常分析调度员一日工作程序标准

序号	作业时段	作业项目	工作内容	要求
1	7:20—8:30	参加交接班会	听取各台情况汇报，了解当日运输生产情况，发现典型事例，做好记录	记录运输生产中存在的问题及典型事例
2	8:30—9:20	登记运输台账	打印昨日18点统计表，汇总直快客车正晚点、事故概况及运输任务台账	资料齐全
3	9:20—9:40	整理站段上传运输资料	与站段沟通运输信息，收集站段运输作业信息材料，及时提供给有关人员，每旬对站段上传的运输材料进行汇总，提出分析报告	及时沟通信息，对站段存在的问题提出分析报告
4	10:00—11:30	整理有关调度命令、电报	对有关调度命令及送达的电报分类汇总，整理归档	文电齐全归档
5	13:30—15:00	维护指标数据库	维护各种运输指标数据库，及时刷新各阶段的数据，及时监控全局16项主要生产技术指标及站段主要运输、效率指标的变化及完成情况	数据材料齐全
6	15:00—17:30	整理运行图，查找存在的问题	对各台有关计划图、运行图按台别分别归档保管，查找存在的问题，做好登记，对运行图存在的问题每旬分析汇总	查找运行指挥等方面存在的问题，分析汇总

二十一、统计调度员一日工作程序标准

序号	作业时段	作业项目	工作内容	要求
1	14:00—16:00	计算旅速	抄写局管内昨日 18:01—当天 18:00 列车到开时分，填写列车重、空车辆公里。计算列车走行公里和旅行时间	按规定计算旅速
		填制第一班运统 11	抄写局管内昨日 18:01—当天 6:00 列车到开车次，统计调度员与所管辖车站核对现在车	与车站核对现在车
		填制第二班运统 11	抄写局管内当天 6:00—15:00 列车到开车次，统计调度员与所管辖车站核对现在车	与车站核对现在车
2	16:00—17:00	汇总局管内运输指标	收集 18 点相关资料，编制运报 5、6、8，客货正晚点，行包、快运、五定班列等报表	指标汇总正确
3	17:00—20:00	收集分界口出入、各站现在车，确认 18:00 在途车数据报局	收集分界口出入，各站现在车，核对货车出入，填写货车动态表。确认在途列车，输入各种报表。接收、核对、校验管内各站段上传数据，汇总正确数据上报国铁集团。打印各种报表，按规定送交各级领导和相关部门	按时向国铁集团上报数据

二十二、工务调度员一日工作程序标准

序号	作业时段	作业项目	工作内容	要求
1	6:00—8:00	了解夜间施工及安全情况	1. 在值班主任处看速报了解夜间安全情况 2. 与各工务段、机械段通话了解施工进度及安全情况 3. 审核次日施工计划、自轮运转运行计划、路用列车区间卸料计划 4. 向国铁集团调度汇报夜间安全情况 5. 查看轨道动态监测数据，对Ⅲ、Ⅳ级晃车督促工务段整修并反馈检查整修情况	按时到岗了解情况
2	8:00—9:00	工务处交班	1. 汇报夜间施工进度及安全情况 2. 汇报轨道动态监测情况 3. 汇报国铁集团领导的相关指示和要求	汇报工务系统安全信息
3	9:00—11:30	日常工作	1. 向主管局长汇报前一日安全情况（固定表格） 2. 向行车、施工、机车、计划调度主任、各列车调度台提报自轮运转运行计划、路用列车区间卸料计划、日施工封锁计划 3. 网络查看接收大修施工日报表、日安全情况、路料到达情况 4. 向国铁集团提报维修月报、大修快报、安全季报、钢轨伤损情况季报 5. 领导交办的其他重点工作	完成领导交办的任务，处理临时发生的问题

续表

序号	作业时段	作业项目	工作内容	要求
4	13:30—22:00	日常工作	1. 16:00 前行调看速报并与各段通话了解安全情况，向值班处长汇报 2. 审核区间卸料计划无误后，报施工台调度主任审核签认 3. 当日施工天窗兑现情况 4. 周安全情况统计分析 5. 22:00 向国铁集团汇报安全情况	完成领导交办的任务，处理临时发生的问题
5	22:00—6:00	安全监控	随时掌握全局设备安全情况，遇有突发断轨、红光带等设备故障，及时与现场取得联系，沟通情况、指导抢修并向主管领导、行车调度汇报现场情况和抢修进度	检查工务系统安全生产情况

二十三、电务调度员一日工作程序标准

序号	作业时段	作业项目	工作内容	要求
1	6:00—8:00	沟通安全信息、准备交班资料	1. 向各段调度了解管内夜间安全生产、施工兑现、天气等情况，与调度所值班主任、安监室值班监察核对夜间安全情况 2. 追查故障原因、处理经过及采取措施 3. 填写故障日报表	按时到岗了解情况
2	8:00—9:00	电务处交班	1. 汇报本班故障情况、局内施工及其他安全生产的信息 2. 根据处领导指示，完成交办事项	汇报电务系统安全信息
3	9:00—11:30	日常工作	1. 完成上班未尽事宜及交班会领导交办事项；追查原因不明故障；追查机车信号故障 2. 根据现场临时要点计划申请，与调度所有关部门联系施工点 3. 参加 10:50 国铁集团例会 4. 交班调度根据处领导指示到现场调查、分析故障及完成其他事务性工作	完成领导交办的任务，处理临时发生的问题
4	13:30—22:00	日常工作	1. 掌握局内施工天窗兑现情况，与调度所值班主任、安监室值班监察核对白天安全情况 2. 对电务故障认真追查，同时利用微机监测及调监进行回放分析 3. 督促有关段写出书面分析报告，并及时向主管处长汇报 4. 18:00 前向国铁集团汇报动车组试验情况	完成领导交办的任务，处理临时发生的问题
5	22:00—6:00	安全监控	对设备故障及现场反映涉及的安全生产问题，积极组织处理，并认真做好记录	检查电务系统安全生产情况

二十四、动车台调度员一日工作程序标准

序号	作业时段	作业项目	工作内容	要求
1	7:00—7:20 18:40—19:00	班前了解情况	1. 了解文件电报及部局有关命令 2. 了解途中动车运行情况及动车热备情况	按时到班了解情况
2	7:20—7:50 19:00—19:30	参加接班碰头会	听取领导布置传达有关指示和本班工作重点	汇报工作重点
3	7:50—17:00 19:30—5:00	班中工作	1. 对始发站动车组车底出库、入线靠台的盯控，当得到动车组库内作业延时、技术故障等非常情况的报告后，必须及时向国铁集团动车台、调度所值班领导、值班主任汇报 2. 掌握动车组途中运行情况，遇动车组晚点时，应提前 1 h 向相关车站进行通报 3. 每日 5 点前收取当日各线动车组运用及检修计划，编制车底交路表并交有关领导和调度台 4. 掌握动车组回送、临时排污及其他电报等情况 5. 第一班接班后，及时与动车段、相关铁路局动车台核对零点后动车组的相关信息，内容包括:车次、机车号、司机姓名、列车重量、列车长度，并于 2:00 前通知相关列车调度员，遇临时发生变化时，须及时通报	掌握动车组运行状况，处理临时发生问题
4	17:00—18:00 5:00—6:00	汇总动车写实	每日 18:00（6:00）将动车组运行、出入库写实情况汇总并向调度所值班领导汇报	写实及时正确
5	18:00—19:30 6:00—7:50	汇总动车组运行情况	将本班动车组运行情况及晚点原因汇总	交班注意事项

附录二：北京铁路局调度命令号码范围表

台名		命令号码起止范围
值班主任（101～799）	常用	101～399
	欠轴	401～599
	备用	601～699
	解备	701～799
列调台（12001～13000）	北京集中台	3001～3099
	京沪一台	3101～3199
	京沪二台	3201～3349
	天津南环台	3351～3399
	京包台	3401～3499
	京通台	3501～3599
	京承台	3601～3699
	丰沙台	3701～3799
	京原台	3801～3899
	京哈一台	4001～4009
	京哈二台	4101～4199
	唐山地区台	4201～4299
	京哈三台	4301～4399
	天津集中台	4401～4499
	津山一台	4501～4599
	津山二台	4601～4699
	京九一台	4701～4799
	京九二台	4801～4899
	天津地铁台	4951～5000
	京广一台	5001～5099
	京广二台	5101～5199
	石家庄集中台	5201～5299

续表

列调台（12001～13000）	京广三台	5301～5450
	石太台	5301～5399
	石德台	5501～5599
	邯长台	5601～5699
	沙午台	5801～5899
	京津城际台	5901～5950
	石太客专	5701～5770
向列控中心发布命令号（9151～9599）	京广一台	9151～9199
	京广三台	9201～9249
	京哈二台	9301～9349
	京沪二台	9401～9501
	天津集中台	9551～9599
	石太客专	5771～5799
货调台（54001～56099）货调命令（按月循环）	常用命令	54501～54999
	商务变更	55601～56099
	调剂卸车变更	55001～55599
	货调日计划批准命令编号	54001～54499
施工台（15001～15800）	施工一台日计划	1101～1131
	施工二台日计划	1201～1231
	施工三台日计划	1301～1331
	施工一台变更补充计划	1141～1199
	施工二台变更补充计划	1241～1299
	施工三台变更补充计划	1341～1399
	京津城际运行揭示命令	8951～8999
	京津城际施工计划变更补充	8901～8949
机调（11001～11699）	机调值班员	11001～11099
	客车机调	11101～1119
	机调一台	11201～11299
	机调二台	11301～11399

续表

机调（11001～11699）	机调三台	11401～11499
	机调四台	11501～11599
	机调五台	11601～11699
客调（16001～17200）	日常命令（大）	7501～8000
	日常命令（小）	6001～6500
	行包超重	6501～7000
	班计划（修改班计划）命令	7001～7100 7101～7200 7201～7400
	动车台	7401～7499
军调（12001～15199）	军用常用命令（军用加固器材设备回送、军用扣车）	12001～12999
	方案命令	13001～13999
	特种车使用命令（罐车洗刷扣车回送、剧毒口装车、挂车）	14001～14999
	特种车解备命令（备用）	15001～15099
	特种车解备命令（解备）	15101～15199
辆调	检调命令	按“京辆调（20XX）字第X号“1”开始顺序编号
	检修车回送命令	按年月日6位数编排，最后2位编号01-31（转国铁集团令号码前冠“B”；局令号码前冠“J”）
电调（8001～8400）	电调	8001～8100
	扩大行包命令D型车调动回送	8101～8200
	扩大行包命令D型车装车	8201～8300
	扩大行包命令行包甩挂回送	8301～8400
篷布命令（15021～15699）	篷布使用	15201～15399
	篷布回送	15401～15599
	装卸机械回送	15601～15699

附录三：武广高速铁路发布调度命令项目表

顺序	命令项目	受令者	
		司机	车站值班员
1	动车组列车转入或退出隔离模式	●	●
2	特殊情况下，办理客运的车站在非固定到发线接发动车组列车	●	●
3	动车组在区间被迫停车后，返回后方站	●	●
4	列车反方向运行	●	●
5	临时限速	●	●
6	列车需临时降弓运行	●	
7	人工办理进路接发列车	●	●
8	在列控设备和信号机均故障时接发列车（引导信号能够开放时除外）	●	●
9	向封锁区间发出救援、路用列车	●	●
10	利用天窗施工、维修		●
11	出动、开行救援列车	●	●
12	正线、到发线接触网停电或送电		●
13	越出站界调车	●	●
14	列车临时加开或停运	●	●
15	CRH-2 型动车组列控故障改 LKJ 控车时	●	
16	有必要发布的其他调度命令	有关人员	

附录四：调度业务流程图

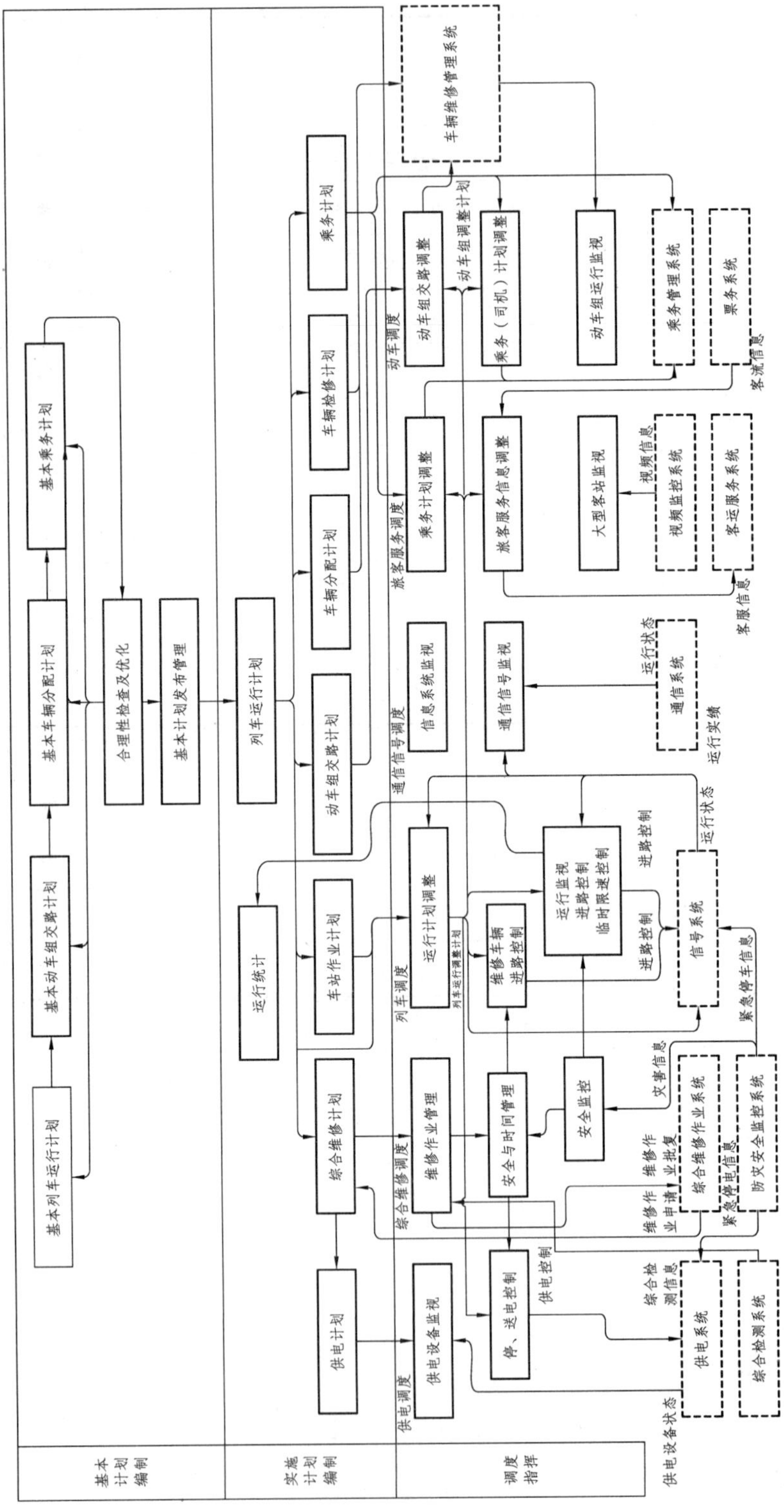
基本计划编制
实施计划编制
调度指挥
基本列车运行计划
基本动车组交路计划
基本车辆分配计划
基本乘务计划
合理性检查及优化
基本计划发布管理
列车运行计划
运行统计
车站作业计划
综合维修计划
供电计划
动车组交路计划
车辆分配计划
车辆检修计划
乘务计划
车辆维修管理系统
动车调度
动车组交路调整
动车组调整计划
乘务（司机）计划调整
动车组运行监视
乘务管理系统
票务系统
客流信息
旅客服务调度
乘务计划调整
旅客服务信息调整
大型客站监视
视频信息
视频监控系统
客运服务系统
客服信息
通信信号调度
信息系统监视
通信信号监视
运行状态
通信系统
运行实绩
列车调度
运行计划调整
列车运行调整计划
维修车辆进路控制
运行监视
进路控制
临时限速控制
信号系统
紧急停车信息
综合维修调度
维修作业管理
安全与时间管理
安全监控
灾害信息
综合维修作业系统
防灾安全监控系统
维修作业批复
维修作业申请
紧急停电信息
供电调度
供电设备监视
停、送电控制
供电控制
综合检测信息
供电系统
综合检测系统
供电设备状态

附录五：调度工作图表名称及代码

1. 国铁集团调度工作日况表	运调 1
2. 国铁集团货运工作轮廓计划表	运调 2
3. 主要分界站货车出入情况表	运调 3
4. 铁路局调度工作总结表	运调 4
5. 列车运行概况表	运调 5
6. 铁路局调度日间计划表	运调 6
7. 列车运行图及机车周转图	运调 7
8. 分界站列车车流出入情况表	运调 8
9. 列车运行图	运调 10
10. 编组站日（班）列车工作计划表	运调 11 甲
11. 技术站及区段管内日（班）列车工作计划表	运调 11 乙
12. 技术站日（班）列车工作计划表	运调 11 丙
13. 快速货物班列运行报告	运调 13
14. 各站待发车状况	运调 14
15. 分界口实际重车车流报告	运调 15
16. 局别交出重车车流报告	运调 16A
17. 局别接入重车车流报告	运调 16B
18. 中欧集装箱班列运行报告	运调 17
19. 铁路局间分界口能力利用率报告	运调 18
20. 货运工作日况总结表	运货 1
21. 铁路局货运工作日况报告	运货 2
22. 管内工作车去向表	运货 4
23. 货运工作日况报告附表	运货 5
24. 十八点待卸车分析报告	运货 6
25. 车站货车装卸作业报告	运货 7
26. 十八点待卸大点车报告	运货 8
27. 车站技术作业表	运站 1
28. 车站班计划表	运站 2
29. 国境站装卸作业计划表	运站 3
30. 口岸站状况报告	运站 4
31. 铁路交通事故（设备故障）概况表	安监报 1

附录六：铁路运输常用词汇

名词术语：名词术语释义

国家铁路：国铁集团投资建设和管理的铁路，包括组建有内部综合性支线管理机构的铁路。

合资铁路：国铁集团与其他部委、地方政府、企业或其他投资者合资建设和经营的铁路，包括规范改制的铁路支线有限责任公司或股份有限公司。

地方铁路：地方人民政府投资建设和管理的铁路。

新线：未交付运营部门的工程临管线路。

高速铁路：新建铁路旅客列车设计最高行车速度达到 250 km/h 及以上的铁路。

综合维修天窗：在列车运行图中，对某一区间、某一时段终止列车运行并停电，用于线路、接触网等设备检修的时间。

无线闭塞中心：采用无线通信方式实现列车间隔控制的地面设备。系统接收所有列车的位置信息，向所有列车发出行车许可并提供列车间隔控制功能。

应答器：存储和发送报文的高速数据传输设备。

无源应答器：发送已存储的固定报文的传输设备。

有源应答器：通过专用电缆与地面电子单元（LEU）连接，发送实时可变报文的传输设备。

铁路行车组织：铁路运输组织的重要组成部分，是铁路综合运用各种技术设备合理组织列车运行以实现旅客和货物运输过程的组织工作。它的主要内容包括：车站技术作业组织、车流组织、列车运行图和铁路通过能力、铁路运输工作技术计划和调度工作。

《铁路技术管理规程》：简称《技规》，是铁路进行技术管理和从事运输生产的基本法规。它的主要内容包括：铁路技术设备的基本要求和标准、行车组织工作应遵循的基本原则、工作方法和作业程序、信号显示的要求和方法以及铁路运输工作人员的主要职责和必须具备的基本条件。

《行车组织规则》：简称《行规》，是各铁路局根据《技规》规定的原则，结合铁路局管内设备的具体条件所制定的行车组织的补充规则，是铁路局行车组织工作的基本法规。

《车站行车工作细则》：简称《站细》，是根据《技规》和《行规》的有关规定，结合车站技术设备和作业条件等具体情况所制定的车站技术管理和作业组织的基本制度，凡参与车站作业的车务、机务、车辆、工务、电务、供电、给水等部门所有人员必须遵照执行。

列车：按规定编成的车列，挂有机车及规定的列车标志，并赋予车次的列车。

车组、车列：若干车辆连挂在一起称为车组，若干车组连在一起称为车列，分为调车车列和列车车列。

旅客列车：以客车（包括代用客车）编组的运送旅客及行李、包裹、邮件的列车。

国际旅客列车：有两个或以上国家联合开行的旅客列车。

特快旅客列车：最高运行速度为 120 km/h 以上至 200 km/h 并冠以“T”字的旅客列车。

快速旅客列车：最高运行速度不超过 120 km/h 并冠以“K”字的旅客列车。

普通旅客列车：特快、快速以下等级的旅客列车，包括普通旅客快车和普通旅客慢车。

混合列车：以运送旅客的车辆为基本车组，与运送货物的车辆混合组成的列车，或是货物列车中编挂乘坐旅客车辆 10 辆及以上的列车。

军用列车：专门为运输军事人员或军用物资而开行的列车。

行包快运专列：固定车辆编组及发、到站的专门运送旅客行李包裹的列车。

“五定”班列：定点、定线路、定车次、定时、定价的货物列车。即在货运量较大的货运站间开行、发到直达、运行线路全程贯通、车次全程不变、发到时刻固定、以车或箱为单位报价的货物列车。

快运货物列车：以快速客运系统的线路条件为基础，采用运行速度 120 km/h 的专用车辆，按旅客列车的形式，以高附加值货物为重要运输对象的快速列车。

直达列车：在装（卸）车站或技术站编组，通过一个及以上的编组站不进行改编作业的列车，其中包括始发直达列车、阶段直达列车、空车直达列车、循环直达列车、技术直达列车。

直通列车：在技术站编组并通过一个及以上的区段站不进行改编作业的列车。

区段列车：在技术站编组并到达相邻技术站，在区段内不进行摘挂作业的列车。

重载列车：在货运量到发集中的运输线路上采用大型专用货车编组，采用双机或多机牵引开行的一种超长、超重的货物列车，其特点是：车辆载重力大；列车编挂辆数多。根据现有的铁路主要技术政策规定，开行 5 000 t 的重载货物列车，车站的到发线有效长度为 1050 m，在运煤专线上开行 10 000 t 的重载货物列车，其部分车站的到发线有效长度为 1700 m。

冷藏列车：利用机械冷藏车专门运送鲜活、易腐败等需要保持特定温度的货物的货物列车。

摘挂列车：在技术站编组并在邻接区段内的中间站进行摘挂作业的列车。

自备车列车：为运输大宗、固定的货物往返运行于特定区段内，全部以企业自备车编组而成的货物列车。

小运转列车：在技术站和邻接区段规定范围内的几个车站间开行的列车。在枢纽内各站间开行的列车称为枢纽小运转列车。

路用列车：专为运送铁路自用物资或设备的列车。

换算长度：以机车车辆前后两钩舌内侧距离按 11 m 为一换算单位，计算得出的比值表示其长度。

车站：办理列车接发、会让及办理客货运输业务的有配线的分界点。

分界站：由国铁集团批准承认的铁路局间分界站及国境分界站（包括设在国家铁路、合资、地方铁路线路上的分界站），不包括各种交接站。

编组站：担当大量中转车流改编作业，编组技术直达、直通和其他列车的车站。在编组站还进行更换货运机车和乘务人员，对货物列车中的车辆进行技术检修和货运检查整理工作。编组站一般设有专用的到达场、出发场和调车场，驼峰调车设备以及机车整备和车辆检修等设备。编组站按照其在铁路干线上和枢纽内的位置，所担当的作业任务，可分为路网性编组站、区域性编组站和地方性编组站。

区段站：设于划分货物列车牵引区段的地点或区段车流集散地点，一般只改编区段到发的车流，解体与编组区段、摘挂列车的车站。区段站一般还进行更换货运机车或乘务员，对货物列车中的车辆进行技术检修和货运检查整理作业，设有接发列车、调车、机车整备和车辆检修等设备。

技术站：编组站和区段站的总称。

中间站：办理列车接发、会让、通过、列车摘挂的和装卸作业的车站。一般设在技术站之间区段内，有些中间站还进行机车给水、加煤等整备作业，补机摘挂，列车技术检查和凉闸作业，列车始发和终到作业。（只办理接发列车的中间站，单线区段称为会让站，双线区段称为越行站）

站界：车站与区间的分界点。单线区间以进站信号机柱中心线为界；双线或多线区段以各该线的进站信号机柱或站界标的中心线为界。

中转车：在车站不进行装卸作业的运用货车。中转车按作业性质分为无调中转车和有调中转车两种。

无调中转车：在技术站中转列车中未摘下的运用货车以及停运列车上的运用货车。

有调中转车：在车站需要进行调车作业的中转车。

货物作业车：在站线（或区间）、岔线及段管线内进行装卸、倒装的运用货车。

一次货物作业车：在车站只进行一次装车或卸车作业的货物作业车。

双重货物作业车：在本站卸空后，再进行装车的货物作业车。

行车闭塞法：通过相邻车站（线路所、闭塞分区）的设备或人为控制，保证在同一时间内、同一区间（闭塞分区、所间区间）只有一个列车运行的行车方法。

时间间隔法：车站一切电话中断时，双线区间正方向按规定的时间间隔连续发出列车的一种特定的行车方法。

空间间隔法：两列车以车站、线路所划分的区间，以及自动闭塞的通过信号机所划分的闭塞分区作为运行间隔的方法。空间间隔法分为基本闭塞法和代用闭塞法。基本闭塞法有自动闭塞、半自动闭塞和自动站间闭塞三种，代用闭塞法采用电话闭塞法。

站间区间：两相邻车站之间的区间。

所间区间：两线路所间或线路所与车站间的线路空间。它是两通过信号机柱中心线间的一段线路空间，或是进站信号机柱（站界标）中心线至站界标中心线（或进站信号机柱中心线）间的线路空间。

闭塞分区：自动闭塞区间，同方向相邻两通过色灯信号机柱的中心线间，或通过色灯信号机柱中心线与进站信号机柱中心线间，或出站信号机柱中心线与通过色灯信号机柱中心线间的一段线路空间。

区间空闲：区间未被列车、机车车辆占用，或相邻两站未办妥接发列车闭塞及出站调车手续时称为区间空闲。

区间占用：区间被列车、机车车辆占用，或相邻两站已办妥闭塞及出站（跟踪）调车手续时称为区间占用。

区间封锁：由于施工或区间发生事故等原因，根据调度命令，除指定救援列车外，禁止其他列车进入区间。

行车凭证：列车进入区间（闭塞分区）的凭据。

办理闭塞：车站值班员通过闭塞设备和电话联络，得到邻站对占用区间承认的过程。

发车预告：在自动闭塞和双线半自动闭塞区间，发车站无须接车站同意就可开放信号向区间发出列车，车站值班员在列车出发前将列车车次通知接车站称为发车预告。

列车进路： 列车在车站出发、到达、通过所经由的一段线路。

接车进路：由进站信号机起至接车线末端警冲标或出站信号机止的一段线路。

发车进路：由列车前端起至相对方向的进站信号机或站界标止的一段线路。

通过进路：该列车通过线两端进站信号机或站界标间的一段线路。

引导接车：在进站、接车进路信号机不能使用，以及无双向闭塞设备的双线区间由反方向行车时，使用引导信号或引导手信号接车。

交付行车凭证：向列车（或出站调车）司机交付占用区间的凭据。

列车接近：列车即将到达进站信号机（站界标）处时称为列车接近。一般自动闭塞区间为列车压上第二接近轨道电路，半自动闭塞区间集中联锁车站为列车压上预告信号机或预告标处的轨道电路,非集中联锁车站为列车头部到达预告信号机或预告标处为列车接近。

指示发车：车站值班员（助理值班员）向运转车长显示准许发车的发车指示或开放发车表示器的过程。

直接发车：车站值班员（助理值班员）按有关规定直接向司机显示发车信号。

优先发车站：单线区段，车站一切电话中断，使用书面联络法行车，根据有关规定确定具有第一个列车发车权的车站。

调车：除列车在车站的到达、出发、通过及在区间内运行外，凡机车车辆进行一切有目的的移动统称为调车。

解体调车：将到达的车列按车组分解到指定的线路上。

编组调车：根据列车编组计划、列车运行图和有关规章制度和特殊要求，将车辆选编成车列或车组。

摘挂调车：列车进行补轴、减轴、换挂车组及车辆甩挂等作业。

取送调车：为装卸货物、检修、洗刷消毒车辆等目的，向指定地点送车或取回车辆的作业。

单推单溜：驼峰只有一条推送线、一条溜放线，只用一台机车担当解体任务的作业方式。

双推单溜：驼峰具有两条推送线、一条溜放线，使用两台及其以上机车担当驼峰分解作业时，一台机车进行分解作业，一台机车可进行预推作业的组织方法。

双推双溜：有两条推送线和两条溜放线的驼峰，两台驼峰机车可同时在自己的调车系统内进行推峰、分解及整场的作业组织方法。

越出站界调车：越过进站信号机或站界标进行的调车作业。

跟踪出站调车：在单线区间和双线正方向线路上，按有关规定，跟随在出发列车后面越过进站信号机或站界标进行的调车作业。

手推调车：按有关规定，用人力推动车辆达到调移目的的调车作业。

编组隔离限制：为了列车运行和运输旅客货物的安全，对各种机车、车辆编入列车的位置、数量所规定的特殊要求。

关门车：为保证车内货物的运输安全或因车辆制动系统故障而关闭截断塞门的车辆。

闸瓦压力：机车车辆施行制动时，闸瓦抱住车轮，起制动作用的压力称为闸瓦压力，以千牛（kN）为单位，用以表示列车制动力。

换算闸瓦压力：为了便于计算编成列车的自动制动机闸瓦压力是否满足客、货列车每百吨重量不少于规定闸瓦压力的要求，通常采用计算摩擦系数，并将实际算出的车辆（机车）每辆（台）闸瓦压力，按规定的公式换算成每辆（台）计算闸瓦压力。

十、五、三车距离信号：在连挂车辆作业时，调车人员向调车长或调车长向司机显示的调车机车车辆距被挂车辆距离的联系信号。当调车的机车车辆距离停留车约十、五、三车时，分别显示相应的距离信号。

易行车、难行车：根据车辆的走行性能和装载货物的轻重，在溜放中相对单位运行阻力较小走行较快的车辆称为易行车，反之为难行车。

易行线、难行线：调车场的线路由于道岔、曲线、坡度等因素，对溜入的车辆产生阻力，阻力较小容易走行的线路称为易行线，反之为难行线。

堵门车：停留车距警冲标间的距离小于溜入车组的长度及安全距离，这种停留车称为堵门车。

车辆停留时间标准：在查定车站技术作业程序和时间标准工作中，所确定的中转车停留时间标准和货物作业车停留时间标准，统称为车辆停留时间标准。

有调中转车停留时间标准：查定的有调中转车在技术站的平均停留时间。有调中转车停留时间标准由到达技术作业、等待解体、解体、集结、编组、出发技术作业、等待出发等各项时间标准组成。

集结时间：车站编组列车（或车组）从为凑集该列车的第一个车组进入调车场或到达车站（本站作业车为装卸完了）时止，该车列每一货车的平均停留时间。

无调中转车停留时间标准：查定的无调中转车在技术站的平均停留时间。

中转车平均停留时间标准：中转车在技术站的平均停留时间标准是查定的有调中转车停留时间标准和无调中转车停留时间标准的加权平均数。

货车一次货物作业平均停留时间标准：按查定装卸车次数计算的货车每次货物作业在站平均停留时间。

车站最高限额车数：为不使车站发生堵塞状况而规定的现在车数最高临界值。

车站出入车数：车站到达和发出的货车总数，其中包括货物作业车、有调中转车、无调中转车、非运用车等。

现在车：货车和守车在车站、路局、全路的现有数。货车按运用的区别分为运用车及非运用车两大类。

运用车：参加铁路营业运输的铁路货车、外国货车和企业自备及企业租用车的重车，又可分为重车和空车。

非运用车：不参加铁路营业运输的铁路货车、外国货车和企业自备及企业租用车（包括按轴公里计费的重车），包括备用车、检修车、代用客车、路用车、洗罐车、整备罐车、改装及试验车、企业自备及企业租用空车和局管空车。

空车：卸完或待装货物的运用车。

重车：待卸或装满货物等待挂运的运用车。

有效车：根据列车编组计划、运行图和车站技术作业时间标准，于次日 18：00 前管内工作车能卸空、移交重车能交出、空车能装完或排出者，称为有效车。

通过能力：在一定的机车车辆类型和一定的行车组织方法的条件下，铁路区段内的各种固定设备，如区间、车站（通常指技术站）、机务段整备设备、给水、电气化铁路的供电设备，在单位时间（通常指一昼夜）所能通过或接发的最多列车对数（或列数）、车辆数或吨数。

现有通过能力：在现有设备和现有行车组织方法条件下，铁路各固定设备可能达到的通过能力。

车站改编能力：在合理使用技术设备的条件下，车站的固定调车设备（驼峰和牵出线）一昼夜内能够解体和编组各方向的货物列车数或车数。

列车出发正点率：在一定时期内，正点出发的列车数占出发列车总数的百分比。

调度命令：各级调度在组织指挥日常运输工作中对下级调度或站调，以及有关人员所发布的有关完成日常运输生产的具体部署和指挥行车工作的指令，其中必须在调度命令登记簿上登记的称为调度命令，无须登记的称为口头指令。

单一指挥：为保证安全生产，提高作业效率，在列车运行调整、接发列车、调车作业中，同一时间、同一地点、同一机车只能由一个人负责指挥、有关人员进行作业的工作制度。

列车反方向运行：双线区间因某种需要，按有关规定临时组织列车在反方向的正线上运行时，称为列车反方向运行。

列车保留：由于列车运行前方发生事故中断行车，或发生运输堵塞，或限制口交出列车数超过限额等原因，将通过或到达该地区的在途货物列车或编组站按班计划所编列车开往指定中间站，摘走机车，暂时保留，等到运行秩序恢复正常时再恢复其运行，这一运行调整措施称为列车保留，被保留的列车称为保留列车。

隔开设备：安全线、避难线及平行进路和能起隔开作用的有关联锁的防护道岔。

货物作业次数：在一定时期内，全路、铁路局或车站完成或计划完成的装车和卸车作业次数的总和。

装车数：全路、铁路局或车站在一定时期（年、季、月、日，通常指日，以下工作量指标亦同）内承运并填写货票，以运用车装车完了的货车数。

卸车数：全路、铁路局或车站在一定时期内以运用车运到，具有货票，并卸车作业完了的货车数。

货物周转量：在一定时期内，全路、铁路局（分局）或车站在货物运输工作中完成或计划完成的货物吨公里数。其值为不同运程的货物运送吨数与相应的货物运送里程的乘积之和。

换算周转量：在一定时期内，全路、铁路局或车站在运输工作中完成或计划完成的旅客和货物换算吨公里数。其计算公式为：换算周转量（换算吨公里）=货物周转量+旅客周转量×人公里成本/吨公里成本。当旅客人公里与货物吨公里的成本相等或接近相等时，换算周转量等于货物周转量与旅客周转量之和。

车站行车量：各方向的到发列车数。查定车站能力时先选定计划车流量，确定各方向各种列车的平均编成辆数，再计算其行车量。

车站作业组织：车站的行车工作组织（包括接发列车、调车作业、作业计划、调度指挥、设备运用、统计分析），技术作业程序和时间标准及车站通过能力和改编能力的查定等总称为车站作业组织。

核对现车：车号员将列车编组顺序表的内容与车列中的机车、车辆实际状况进行对照，修改和补充列车编组顺序表中的记载使之与实际状况相符的工作称为核对现车。

票据交接：列车到达后和出发前，车站值班人员与司机或运转车长交接列车编组顺序表及货运票据的作业过程。

分部解体：因作业组织和设备影响，解体车列需分几次牵出进行分解时称为分部解体。

坐编：到达解体列车内有符合出发编组要求的车组，将其保留在到发线上作为编发车列的基本部分，再编挂部分车辆即编成新车列的方法。

解体列车到达技术作业：列车到达技术站后全部车列需进行解体的列车称为解体列车。解体列车的到达技术作业有：车辆技术检修、货运检查、核对现车司机或运转车长与有关人员办理交接、准备解体等。

始发列车出发技术作业：在技术站或装车站编组出发的列车为始发列车。该种列车的出发技术作业有：车辆技术检修、货运检查、核对现车司机或运转车长与有关人员办理交接、准备发车与发车等。

调车钩：机车完成连挂、摘解或溜放车辆等调车工作数量的基本单位。

挂车钩：机车（或挂有车辆）驶往线路内连挂车辆后牵出至开始进行下一项作业地点的调车钩。当到达场与调车场纵列配置时，调车机车由峰顶驶往到达场挂车并推至峰顶的调车钩也为挂车钩。

推送钩：机车将车组推送至线路的预定地点摘车后，返回至开始进行下一项作业地点的调车钩。

溜放钩：机车用溜放方法完成摘车作业的调车钩。

钩分：完成单位调车钩的时间（min）。

选闸、试闸、磨闸、拧闸：选闸、试闸、磨闸、拧闸是有效地进行制动机制动的重要环节。调车人员在作业前选择制动车辆及手制动机类型、位置等，称为选闸。为保证手制动机的制动性能而对手制动机进行制动性能试验的过程称为试闸。在雨、露、霜、雪天气或车轮踏面有油渍时，为增大轨面及车轮踏面的摩擦系数，通过轻微制动，使车轮踏面与闸瓦间摩擦，借以提高制动效能的方法称为磨闸。用手制动机对车辆（组）施行制动的过程称为拧闸。

基本鞋、辅助鞋：在铁鞋制动作业中，事先放置在钢轨上的铁鞋称为基本鞋；放在走行车组两个台车间钢轨上的铁鞋称为辅助鞋。

车辆溜逸：停留在线路上的车辆，由于未采取防溜措施或防溜措施不当，导致车辆自然移动。

排风：在车列进行调车作业前，打开车列一端的折角塞门，放出车列制动主管内压缩空气的作业过程称为排风。在车列进行调车作业前，拉动车辆的排风线，排出副风缸内的余风，使自动制动机缓解的作业过程亦称为排风。

调整钩位：在连挂前将进行连挂的车钩调整到便于连挂的位置。

连挂：机车车辆间通过两车钩的抱合而连接在一起的过程。

连接制动软管：在机车车辆连挂后，连接机车车辆间的制动软管并打开折角塞门的过程。

摘解制动软管：在摘车前，关闭机车与车辆或车辆与车辆之间的折角塞门并摘开两个制动软管的作业过程。

试拉：为防止车辆在推进或牵引走行中脱钩，在机车车辆连挂后先进行一次牵引与制动试验，以便确认车辆的连接状态。

摘车：在机车车辆间进行摘管、提钩使之分离的作业过程。

提钩：操纵提钩杆，提起钩销，让车钩呈开锁状态，使连接的车钩分离的过程。

推进、推峰：机车推动车列或车辆使之运行为推进，将车列推至峰顶为推峰。

列车预报：调度所与调度所之间、调度所与车站之间为满足编制日班计划的需要，互相通报计划到达列车内容的资料。

列车确报：调度所、车站相互间关于列车实际编组内容的通报。始发站在列车已经编成，技术和货运检查已经合格，车次已经确定后，向有关单位传递列车确报。摘挂列车由运转车长将整理好的列车编组顺序表交确报传递站转报解体站。

车站技术作业过程：车站技术作业过程是在保证车站安全与质量的前提下，对全站每一车场和有关工种，规定出最合理的运用技术设备的方法以及完成各项作业的程序、时间标准和劳动组织的过程。

顺向道岔、对向道岔：机车车辆经过时，先经过辙叉再经过尖轨的道岔称为顺向道岔，反之为对向道岔。

监督器：色灯信号机的复示器，接近、离去及道岔区段的表示灯。

分界点：为保证行车安全和提高区段通过能力，将铁路线路划分为区间的设施。

线路所：无配线的分界点，只办理接发列车工作。

车场：技术站和其他较大的车站线路较多，为便于管理和减少各种作业间的互相干扰，实行平行作业，提高能力，将办理相同作业的若干线路连接起来的线群。

限界：为确保机车车辆在铁路线路上运行的安全，防止机车车辆撞击邻近建筑物和其他设备，规定铁路、建筑物、设备及机车、车辆均不得超过一定的轮廓尺寸线，这种轮廓尺寸线称为限界。

铁路线路：铁路线路分为正线、站线、段管线、岔线及特别用途线。

交叉渡线：由四组单开道岔和一组菱形交叉设备组成的设备。

越区供电：当某个牵引变电所发生故障或停电检修时，该供电所承担的供电臂通过分区所的开关闭合，由相邻的牵引变电所供电，这种供电方式称为越区供电。

牵引供电：电力系统从牵引变电所开始，向牵引接触网的供电称为牵引供电。

进路：在站内，列车、调车机车或车列由一个地点到另一个地点所运行的经路。

基本进路：集中联锁的车站，使用始、终端两按钮后所排出的运行经路。

变通进路：除基本进路外，所排出的进路称为变通进路，也称迂回进路。

敌对进路：互相干扰，不能同时开通的进路。

轨道电路：利用轨道的钢轨作导体，在一定长度的钢轨两端装设轨道绝缘物体（绝缘节），中间的两条钢轨间的轨缝用轨道接续线连接起来，并用引接线连接电源和接收设备的电路叫作轨道电路。

侵入绝缘限界：装有轨道电路的车站上，轨道绝缘距警冲标一般应不小于 3.5 m 且不大于 4 m。但是当相邻两组道岔警冲标之间的距离不足 7 m 时，安装于它们中间的分界绝缘就不可能满足以上要求，称为侵入绝缘限界。

道岔区段：设在车站道岔区的轨道电路区段叫作道岔区段轨道电路，该区段称为道岔区段。为了不让辙叉使轨道电路短路，在道岔处设置两个绝缘节，该绝缘节称为道岔绝缘。

进路锁闭：进路在建立状态时进路上有关道岔不能转换，敌对信号机不能开放。进路锁闭一般分为预先锁闭和接近锁闭两种状态。

预先（进路）锁闭：信号机开放后，列车尚未进入其接近区段时的进路锁闭状态，此时若关闭信号，进路立即解锁。

接近锁闭：也称完全锁闭，是指信号开放后，列车已进入接近区段时进路锁闭，此时若关闭信号，进路实行延时解锁。

区段锁闭：集中操纵的道岔，为了防止列车或调车车列占用道岔时道岔中途转换而危及行车安全，在有车占用的道岔区段，即使车站值班员操纵也不会使道岔转换的道岔锁闭方式。

故障锁闭：进路不应该锁闭而锁闭或应该解锁而没有解锁的状态。

警冲标：用来指示机车车辆停车时不准向道岔方向或线路交叉点方向越过，以防止停留在一线上的机车车辆与相邻线上运行的机车车辆发生侧面冲突，在两股道之间设置的一种标志。

超重列车：列车重量超过运行图规定该区段牵引重量 81t 及其以上的货物列车。

欠轴列车：列车重量按运行图规定该区段牵引重量欠重 81t 及其以上或换长欠 1.3 及以上的货物列车。

组合列车：由二或三列车联挂在一起组成的货物列车。

合并列车：将两列或以上同一方向运行的货物列车，在不改变原来列车编组的情况下首尾相接，合并连挂而成的列车。这种列车是以同方向运行的车流为基础，而不受货源、货流、车种、到站、品名及收、发货人的限制。

单元列车：一列固定机车车辆成为一个运营单元的列车，并以此作为运营计费的单位，利用其每车每列载重量和加快列车周转速度的办法，增加其吨公里，以达到尽可能降低单位运输成本的目的。

超限货物：一件货物装车后，在平直线路上停留时货物的高度和宽度有任何部位超过机车车辆限界者，均为超限货物；在平直线路上停留虽不超限，但行经半径为 300 m 的曲线线路时货物的内侧或外侧的计算宽度（已经剪去曲线水平加宽量 36 mm）仍然超过机车车辆限界时亦称为超限货物。

超长货物：一件货物的长度超过所装平车的长度，需要使用游车或跨装运输时称为超长货物。

集重货物：一件货物的重量大于所装平车负重面长度的最大容许载重量时称为集重货物。

超限货物列车：挂有装运超限货物的车辆并冠以超限列车车次的列车。

单机：未挂车辆在线路上运行的机车，准许顺路机车连挂车辆运行即单机挂车。

本务机车：在列车运行方向上处于第一位的工作机车。

军运号码：核准运输计划和区分运输等级的标志，也是军队和铁路各有关部门在运输过程中调度指挥和联系工作的代号。

推送：机车将车列或车辆推进货物线、专用线等的过程。

制动：通过设备或人力作用使走行的车辆减速或停车的过程。

目的制动：在溜放作业中使用手闸、铁鞋、减速顶、减速器等使溜出的车组减速，并停于预定地点的制动。

间隔制动：在溜放作业中使用车辆减速器、铁鞋、脱鞋器或手制动机调整车组的走行速度，使前后车组之间保持一定距离的作业过程。

列车停运：由于客流、货流、车流减少或临时变故，将规定开行的旅客列车或计划开行的货物列车撤销。

列车加开：由于客流、货流、车流增大或特殊需要而超过规定开行的客货列车称为加开列车，这一运行调整措施称为列车加开。

列车赶点：为使晚点列车恢复正点或因运行调整上的需要，要求缩短列车区间运行时分或停站时间。

列车正点：列车按照运行图或日班计划规定的时刻出发或到达称为列车正点。列车的正晚点统计办法由有关规则具体规定。

列车晚点：列车晚于运行图或日班计划所规定的时刻出发或到达。

列车早开：列车在运行图或日班计划规定的出发时间之前开出。

轻型车辆：由随乘人员能够随时撤出线路外的轻型轨道车及其他非机动轻型车辆。

小车：轨道检查小车、单轨小车及钢轨探伤小车。

呼唤 5 min 无人应答站：单线区间的车站，电话作用良好，经过闭塞电话、列车调度电话或其他电话呼唤 5 min 无人应答时，即为呼唤 5 min 无人应答站。

完全具备发车条件：发车前车站（助理）值班员必须确认发车进路准备妥当，凭证已经交付，出站信号机已开放，旅客上下，行包、邮包、货物装卸、列检作业完毕并已撤除防护信号，完成上述作业后叫作完全具备发车条件。

相对方向同时接车：车站两端进站方向同时开放进站信号机，接入两个相对方向开行的列车。

同方向同时接发列车：车站两端向同一方向同时开放进站、出站信号机，接发两个同一方向开行的列车。

天气不良：遇有暴风、雨、雪、浓雾，致使行车人员距 300 m 看不清列车信号，距 200 m 看不清调车信号显示时为天气不良。

列尾装置：由固定在机车司机室的司机控制盒（简称机控盒）和安装在列车尾端的尾部装置组成，尾部装置通过列车无线调度系统机车电台与司机控制盒进行通信。

尾部装置：安装在列车尾部的列车尾部安全防护装置。

机控盒：固定在司机操作室内用于控制尾部装置的设备。

“一对一”关系：尾部装置处于工作状态时只接受本务机车控制盒发出的重量的这种关系。

建立“一对一”关系：列尾作业站的列尾值班室或机车乘务员在接到车站值班员关于本务机车号码的准确信息后，用输码器或机控盒将该机车号码输入尾部装置，确认无误后该“一对一”关系即建立。

确认“一对一”关系：列车始发站（包括中间站保留停运列车再开）本务机车挂车时，当列尾装置发出“×××××号等待确认”的语音后，司机按压相应的提示键，列尾主机发出“××××确认完毕”的语音，司机核对无误后确认完毕。列车在中途站尾部主机因故需要与本务机车重新建立“一对一”关系时，按确认“一对一”关系的程序办理。

列尾作业站：设有列尾值班室的编组、区段站。

列尾装置检测站：对列尾装置进行检测维修的列尾作业站。

盲区：车机联控中，无线列调在特定环境区域内受到场强、地磁、折射、屏蔽影响，无线信号接收不到的区域。

长大下坡道：符合下列条件之一的下坡道为长大下坡道：线路坡度超过 6‰长度在 8 km 及其以上；线路坡度超过 12‰长度在 5 km 及其以上；线路坡度超过 20‰长度在 2 km 及其以上。

信号表示器：表示行车设备位置或状态的信号机具，通过它的表示对列车运行或调车作业发出指示。

行车事故：凡因违反规章制度、违反劳动纪律、技术设备不良及其他原因造成人员伤亡、设备损坏、经济损失、影响正常行车或危及行车安全的，均称为行车事故。

列车事故：列车发生冲突、脱轨、火灾、爆炸或与其他调车作业的机车、车辆互相冲撞而发生的事故。

调车事故：调车作业或以调车方式办理的其他行车作业发生的行车事故。

铁路人身伤亡事故：铁路职工在生产岗位上执行职务工作时，因违反劳动纪律、操作规程或规章制度及设备不良等原因，造成作业人员伤亡的事故。

冲突：指列车、机车、车辆（包括轨道起重机，下同）、动车、重型轨道车互相间或与设备（如车库、站台、车挡等）、轻型车辆发生冲撞招致机车、车辆、动车、重型轨道车破损。在列车运行中由于人为失职或设备不良等原因将车辆挤坏或拉坏构成中破及其以上程度，或在调车作业中由于人为失职或设备不良等原因将车辆挤坏或拉坏构成大破以上程度时，亦按冲突论。由于机车、车辆冲撞造成货物窜动将车辆撞坏、挤坏时算冲突事故，并根据所造成的后果确定事故性质。

脱轨：机车、车辆、动车、重型轨道车（包括拖车）的车轮落下轨面（包括脱轨后又自行复轨）。

挤道岔：车轮挤过或挤坏道岔。

行车中断：不论事故发生在区间或站内，造成单线区间或双线区间之一线不能行车。

耽误列车：列车在区间内停车；通过列车在站内停车；列车在始发站或停车站晚开，超过图定的停车时间或调度员指定的时间（包括早到没有早开，晚点列车增停）；列车停运、合并、保留。

列车发生火灾事故：列车起火造成机车、车辆破损（面积达到 5 m^2 及以上）、影响使用（失去基本功能），或发生货物、行包烧毁。

列车发生爆炸事故：由于爆炸造成机车、车辆设备损坏，墙板、车体变形或出现孔洞。

客车中途摘车：编挂在客运列车中的车辆未达到中破及其以上程度或虽未破损但已不能运行，必须在中途甩下（不包括始发站和终到站）。

向占用区间发出列车：占用区间是指区间内已进入列车；区间已被列车取得占用许可（包括准许时间内未收回的出站、跟踪调车凭证）；封锁的区间（以调度命令作为进入区间的许可除外）；区间内有停留或溜入的机车、车辆、动车、重型轨道车（包括列车出发后溜入的上述机车车辆）；正线出发的列车而区间内道岔向岔线开通；禁止在区间交会的超限货物列车进入区间。列车前端越过出站信号机或警冲标，就算向占用区间发出列车。办理越出站界调车后，没有取消手续，也没有办理列车闭塞手续，就用该调车手续将列车开出，也算向占用区间发出列车。

向占用线接入列车：占用线是指停有机车、车辆、动车、重型轨道车的线路或已封锁的线路。列车前端进入进站（进路）信号机或站界标就称向占用线接入列车（按站内无空闲线路接车方法接车时除外）。

未准备好的进路：进路上的道岔未扳、错扳、临时扳动或错误转动；进路上有轻型车辆（包括拖车）、小车及其他能造成脱轨的障碍物（不包括路外其他交通工具）；邻线的机车、车辆、动车、重型轨道车（包括拖车）越出警冲标；违反禁止办理相对方向同时接车和同方向同时接发列车的规定而办理同世界车或接发列车；超线列车（包括挂有超限货物车辆的货车）、客运列车由于错误办理造成进入非固定轨道。未准备好进路接发列车是指接入停车或通过的列车时，列车前端进入未准备好的进路的进站（进路）信号机或站界标或在未准备好的进路发出的列车已经起动。

未办或错办闭塞发出列车：未和邻站、线路所、车场办理闭塞手续，或办理闭塞的区间和列车运行的区间不一致。列车前端越过出站信号机（包括线路所通过信号机）或警冲标即算。客运列车，错办闭塞的区间虽与列车的运行区间一致，亦按本项论。未按规定办理手续而越出站界调车时，按本项论。

列车冒进信号或越过警冲标：列车前端任何一部分越过固定信号显示的停车信号；停车列车越过到达线末端计算该线有效长度的警冲标或压上线路脱轨器（指起接发列车隔开作用的脱轨器）均称为列车冒进信号或越过警冲标。

机车、车辆溜入区间或站内：车站以进站信号机或站界标为界，机车、车辆、动车、重型轨道车（包括拖车）由站内溜入区间或由区间溜入站内；或指在区间岔线内停留的车辆溜往正线越过警冲标。

错办或未及时办理信号导致列车停车：因办理不及时或忘办、错办信号使列车在站外或站内停车；禁止同时接车的车站或不准同时接入站内的列车，误使两列车均在站外停车；接发列车人员未及时或错误显示手信号使列车停车。

错误办理行车凭证发车或耽误列车：错误办理行车凭证发车是指于邻站已办妥闭塞手续，但由于未交、错交、未拿、错拿、漏填、错填行车凭证，以及自动、半自动闭塞区间为开放出站（进路）信号机发车或耽误列车。行车凭证交与司机或运转车长显示发车手信号后（车站直接发车时为发车人员显示手信号后），发现行车凭证错误，亦为错误办理行车凭证发车。

列车分离：列车分离包括车钩缓冲装置的破损，编组始发列车或甩挂作业后未确认连接状态或因车钩作用不良而发生车钩分离。

擅自发车：车站发车人员未确认出站信号，运转车长未得到发车人员的发车指示信号，车站发车人员未确认运转车长发车手信号盲目中转信号或违反规定而直接发车。

擅自发车：在正常情况下不应停车而停车。

擅自开车：司机未得到车站发车人员或运转车长的发车信号而开车。

错办通过：应停车的列车错办通过（不包括列车调度员按列车运行情况临时调整变更通过的列车）。

机车故障耽误列车：机车出段（包括折返段）后，因故障（包括补机或回送机车）而耽误列车。在站内处理故障，从列车到站停车时间至修复通知车站时间止，不超过 30 min 的不按耽误列车论，不列事故。但每一机车交路只准一次。因机车故障在机务段、折返段（点）所在地更换机车，不耽误列车，不列事故。调车机车在车站发生故障不列事故。

错误操纵及使用行车设备耽误列车：作业人员违反操作规程、使用方法造成机车、车辆等行车设备损坏而耽误列车。

车辆故障耽误列车：客运列车在中途站（包括有列检作业的车站）甩车，不论是否耽误列车，均算责任单位事故。但以下情况不列事故：列车在规定进行列检作业的车站处理车辆故障、燃轴；在车站上处理软管故障或调车作业拉断软管；因车辆故障在没有列检作业的车站甩车，不超过图定的停站时间。

整备作业：机车车辆在段管线或站管线上进行给水、给煤、给油、补砂、清扫、检查等而调移的作业。

列车运行中刮坏行车设备或货物坠落损坏行车设备：凡货物坠落、货物装载加固不良、篷布绳索松开、车门开放或脱落致使行车设备损害或人员伤亡，均按本项事故论。责任划分：货物装载加固不良或篷布苫盖捆绑不良列装车站责任；货检站未按规定检查处理时列货检站责任；运转车长未按规定检查发现时列运转车长责任。

列车中机车、车辆制动梁或下拉杆脱落：制动梁或下拉杆脱落在轨面或地面，列车中的机车、车辆及动车，由始发站开出后，在运行、中途站停留发生或发现即算。

危险货物：凡具易燃、爆炸、腐蚀、毒害、放射射线等性质，在运输过程中处理不当时，容易造成人身伤亡、人民财产受到损害的货物。

鲜活货物：在铁路运输过程中需要采取特殊措施防止腐烂变质或病残死亡的货物，包括易腐货物和活动物两大类。

易燃货物：凡遇明火或受高温容易引起燃烧和造成火灾的物品，在运输中称为易燃货物。

特种车辆：凡按特种用途设计，与一般车辆结构和用途不同的客、货车均属特种车辆。特种车辆种类很多，主要有发电车、无线电车、轨道检查车、电务试验车、通信车、除雪车、救援车、机械保温车、凹型车和落下孔车等。非工作机车、轨道起重机和空客车编入列车挂运时，亦按特种车办理。

平均坡度：在某一线路范围内将其各段线路的实际坡度折算成的一种平均坡度值。计算公式：$i' = (\pm i'1s'1 \pm i'2s'2 \pm \cdots \pm i'ns'n)/L$
其中，L：该线路范围总长（m）;

$i'k$：L 范围内第 k 段坡度的实际坡度值（‰），$k=1，2，\cdots$；

$ns'k$：第 k 段坡度的实际长度（m）。

曲线阻力当量坡度：将该线路范围内（L）的各曲线产生的阻力换算成相同阻力的坡度，该坡度值称为曲线阻力当量坡度。

计算公式：

$$i'' = 700\ (s''1/R1+s''2/R2+\cdots+s''n/Rn)\ /L$$

自动闭塞：将区间划分为若干闭塞分区，并在每一闭塞分区的入口处设置色灯信号机防护（第一个闭塞分区是由出站信号机防护），闭塞分区均装设轨道电路，列车在闭塞分区上行驶时借助轨道电路的作用，自动控制通过信号机的显示，调整列车运行间隔，自动完成闭塞作用的一种基本闭塞法。

半自动闭塞：装在两个相邻车站的闭塞机、出站信号机及专用轨道电路所构成的一种闭塞设备。

联锁：为保证行车安全，通过技术方法使进路、道岔及信号机直接按一定程序、一定条件建立起来的既互相联系而又制约的关系。为完成这种关系所装设的技术设备称联锁设备。

分段绝缘器：接触网进行电分段时采用的一种绝缘设备。

隔离开关：隔离开关的作用是连通或断开接触网中或变电所中各供电部分间的电路，增加供电的灵活性，作业时有明显的断路点。

三角坑：在 18 m 长的距离内两股钢轨顶面出现先是左股比右股高，后是右股比左股高的状态的不平顺的线路水平地段。

微机联锁系统：微机联锁系统是铁路行车指挥自动化控制系统的一个重要组成部分，它按照铁路行车调度计划在值班人员或上级自动化控制系统的操作下实现铁路车站道岔转辙机、信号机、轨道电路等行车设备之间的联锁动作，正确、高效地指挥列车运行，同时保障列车通过车站时的安全。

动车组：由两辆或两辆以上带动力的铁路车辆和客车固定编组在一起的车组，车组中带动力的车辆称为动车，不带动力的车辆称为随车或附挂车。